RESEARCH ON TELLING CHINESE SPORTS STORIES TO PROMOTE NATIONAL IDENTITY

王相飞　著

社会科学文献出版社
SOCIAL SCIENCES ACADEMIC PRESS (CHINA)

序

 2015 年 8 月，习近平总书记在中央第六次西藏工作座谈会上指出，要"不断增进各族群众对伟大祖国、中华民族、中华文化、中国共产党、中国特色社会主义的认同"。[①] 百年未有之大变局下，国际局势错综复杂。国家认同作为维系民族凝聚力和社会稳定的基石，其重要性不言而喻。促进国家认同的途径丰富多样，但是以讲故事的形式，更容易在讲述者和受众之间迅速建立情感上的联系，激发思想上的共鸣。"讲好中国故事"能够创造一种群体感，并由此凝聚"自己人"的认同，铸牢中华民族共同体意识。体育，作为跨越国界、种族与文化的共通语言，不仅承载着强身健体的基本功能，更是展现国家形象、传播民族文化、增强民族自豪感与自信心的重要载体，是国家认同的生动"注脚"。党的十九大、二十大报告先后提出"讲好中国故事，展现真实、立体、全面的中国，提高国家文化软实力""讲好中国故事、传播好中国声音，展现可信、可爱、可敬的中国形象"。《体育强国建设纲要》提出"讲好以运动员为主体的运动项目文化故事"。可以说，讲好中国体育故事是新时代促进国家认同的创新通路。新媒体重塑了时间、空间和人类的时空感知，成为构建媒介化社会的核心力量之一，是讲好中国体育故事的主要载体。《讲好中国体育故事促进国家认同研究》一书的问世，恰逢其时。

 中国体育故事是英雄主义和集体主义的交响，是传统体育与现代体育的融合，也是联通中外的桥梁。讲好中国体育故事，首先要深入挖掘其背后的文化内涵，包括体育精神、民族传统、历史背景等多个方面。只有全

---

① 六次中央西藏工作座谈会 都谈了什么？[EB/OL]. [2015-08-26] . http://cpc. people. com. cn/n/2015/0826/c397848-27520071. html.

面、深入地了解这些故事背后的文化意义，才能更好地传达其精神价值，激发人们的共鸣与认同。同时，在信息化时代，传播方式与手段的创新至关重要。除了充分利用新媒体技术，以更加生动、直观、便捷的方式讲述中国体育故事外，还要注重跨文化传播的策略与方法，根据不同国家和地区的文化背景与受众特点，进行有针对性的传播与推广。

本书是王相飞教授主持的国家社科基金项目"新媒体环境下讲好中国体育故事促进国家研究"（21BTY017）的主要研究成果，围绕中国奥运故事、中国运动员奥运会夺冠故事、中国女排故事、"双奥之城"北京故事、体育外交故事、传统体育故事等，形成了中国体育故事的叙事体系，并对中国体育故事跨文化传播与国家认同建构进行了积极的探索。本书探讨了如何通过讲述中国体育发展的辉煌历程与动人故事，促进国家认同的深化，为新时代构建更加坚固的国家认同体系提供了宝贵的理论支持与实践指南。

作为王相飞的博士后合作导师，很高兴看到自己的学生在完成上一个国家社科基金项目"大型体育赛事的新媒体传播与国家认同构建研究"之后，沿着这一领域继续深耕，这是同行专家对本项研究成果的高度认可，也是王相飞勤奋务实、严谨治学所得。更值得欣慰的是，他带领一众研究生参与到国家级课题的研究中，为新生力量提供平台、创造条件，不仅让青年学者一步步走上舞台被看到，也为体育学研究注入新的活力，实属不易。希望他继续秉持这份研究热情、学术初心和社会责任，精耕深耘，勇毅前行。

本书以独特的视角和深刻的洞察，为我们揭示了体育故事在国家认同构建中的重要作用与独特价值。它不仅是一部学术著作，更是一本启迪智慧、激发情感的读本。相信随着这本书的出版和传播，越来越多的人将更加深刻地认识到讲好中国体育故事的重要性与紧迫性，并积极参与到这一伟大事业中来。也期待本书能够激发更多的思考和讨论，共同促进这一领域研究的发展与进步。

国务院学位委员会学科发展战略咨询委员会委员
国务院学位委员会第五届、第六届、第七届体育学学科评议组召集人
福建师范大学原党委书记、原校长
黄汉升

目　录

下　篇

第八章　新媒体环境下讲好中国体育故事促进国家认同的问题

绪　论

国家认同是一个人确认自己属于哪个国家,以及这个国家究竟是怎样一个国家的心灵性活动①。认同本质上是一个关系概念,体现的是他者在与行为体自我互动中所生成的思想、情感和意识上的正面结果。从国家层面来看,国家认同根植于国家行为体的自我领悟,可理解为一种主体或单位层次的特征。这种自我领悟一方面源于国家内部,即国家内部认同,其核心是"对共同体价值的认同",执行国家认同的主体为国家内部成员。另一方面则是在国际语境下,将其理解为其他国家行为体对本国行为的再现与本国自我领悟之间的一致性,即国家外部认同。包括其他国家或其成员对本国所呈现的国家形象、价值理念等持有肯定和信任的态度。习近平总书记在中央第六次西藏工作座谈会上指出,要"不断增进各族群众对伟大祖国、中华民族、中华文化、中国共产党、中国特色社会主义的认同"②。从全球的角度来说,"百年未有之大变局"下,国际局势错综复杂。随着世界体系的转型,受文化差异、利益冲突等因素的影响,全球各国与各民族之间关系的维系和稳定面临严峻挑战。随着中国的发展,西方部分国家对中国进行了一系列制裁行动,部分西方媒体试图通过捏造谎言、污名化的手段强化西方社会对中国的意识形态偏见。因此,我国亟须增强国际社会的认同。从国内的角度来说,随着全球化的发展,我国公众既往形成的国家认同有被解构的风险,亟须强化国家内部认同。

---

① 江宜桦. 自由主义、民族主义与国家认同 [M]. 台北:扬智文化事业股份有限公司,1998.
② 阔步走在新时代康庄大道上——以习近平同志为核心的党中央关心西藏工作纪实 [EB/OL]. [2020-08-27]. https://www.gov.cn/xinwen/2020-08/27/content_5537952.htm.

讲好中国体育故事或是促进国家认同的可行路径，因为通过讲故事的方式更容易在讲述者和受众之间建立起情感联系并激发共鸣。党的十九大、二十大报告先后提出要"讲好中国故事，展现真实、立体、全面的中国，提高国家文化软实力""讲好中国故事、传播好中国声音，展现可信、可爱、可敬的中国形象"。相比其他类型的中国故事，中国体育故事的政治、文化和外交属性使其在国家叙事上具有全球性、共通性和兼容性的天然叙事优势。讲好中国体育故事的重要性被不断强调，《体育强国建设纲要》强调要"讲好以运动员为主体的运动项目文化故事"。

新媒体重塑了人类的时空感知，成为构建媒介化社会的核心力量之一，为讲好中国体育故事提供了叙事载体。相比于传统媒体，新媒体的信息传播速度更快，传播范围更广，有助于提高中国体育故事的可见度。但不可否认的是，在新媒体语境下，受叙事方式、叙事环境等因素的影响，中国体育故事在促进国家认同中的叙事效果仍存在较大优化空间。由此，本书以促进国家认同为落脚点，将讲好中国体育故事，促进国家认同置于新媒体环境下，探究如何讲好中国体育故事以促进国家认同。

一　国内外相关研究现状

（一）国家认同、体育与国家认同研究

1. 国家认同研究

"国家认同"（National Identity）一词较早出现在约瑟夫·列文森（Joseph R. Levenson）所著的《梁启超与中国近代思想》中。美国政治学家白鲁恂（Lucian Pye）将国家认同定义为"处于国家决策范围内的人们的态度取向"。国内对国家认同的研究较早出现在政治学领域。在我国台湾地区政治学家江宜桦看来，"国家"有广义与狭义之分，前者指政治共同体（Political Community），后者指近代民族国家。"认同"的意义有三个层次：一是"同一"（Oneness）、"等同"（Sameness），二是"确认"（Identification）、"归属"（Belongingness），三是"赞同"（Approval）、"同意"（Agreement）。在此基础上，江宜桦认为"国家认同"就是个人与国家产生了感情上的结合，个人（自我）在心理上认为其是国家的一部分。这种认可

能将个人与国家紧密联系在一起，实现个人与国家的一体化①。此后，佐斌基于"国家"内涵的变化将国家认同视为人们对自己国家成员身份（National Identity）的知悉和接受②。它涉及人们对自己国家的相关看法与对自己国家和人群的情感、情绪、评价等方面。贺金瑞和燕继荣认为，国家认同指一个国家的公民对自己祖国的历史文化、传统道德价值观、理想信念、国家主权的认同，即国民认同③。贾英健认为国家认同通常是从国民认同的意义上来理解的，并认为国家认同的产生与发展往往是各国政府借助传媒进行宣传和引导的结果④。在刘国强看来，国家认同是指生活在某一个国家之内的公民基于共同的国徽、国歌、国旗、国家主权以及历史传统、道德价值观、理想信念等建立起来的对一个国家的认同，其产生和发展一般是各国政府通过教育和大众传媒宣传的结果⑤。南长森将国家认同界定为"由族群发展到民族形成社会群体的个体（公民）对自己的民族属性延伸到国族属性的包括民族传统文化、社会制度、国家政策以及宪法法律合法性的自觉认同，是公民出于民族情感和文化习惯等内心自愿的情感归属和理想寄托，也是公民出自外敌侵犯或自然灾害的安全保护和祈求社会福祉的现实需求和良好愿望"⑥。

从既有的研究成果来看，虽然国内外学者对国家认同的界定不完全相同，但整体上无外乎从对内与对外、个体与整体、民族与主权国家等视角进行界定。既往学者关于国家认同的界定几近达成共识的是，对国家认同的使用时常存在于与他国共存的语境下，它是人们所构建出的"一个人确认自己属于哪一个国家以及这个国家究竟是怎样一个国家的心理活动"。国

①　江宜桦. 自由主义、民族主义与国家认同［M］. 台北：扬智文化事业股份有限公司，1998.
②　佐斌. 论儿童国家认同感的形成［J］. 教育研究与实验，2000（2）：33-37+72-73.
③　贺金瑞，燕继荣. 论从民族认同到国家认同［J］. 中央民族大学学报：哲学社会科学版，2008（3）：5-12.
④　贾英健. 从个体、群体和类的视角看全球化条件下多重认同的困境［J］. 天津社会科学，2007（1）：55-57.
⑤　刘国强. 媒介身份重建——全球传播与国家认同建构研究［M］. 成都：四川大学出版社，2009.
⑥　南长森. 西北地区少数民族新闻传播与国家认同研究［M］. 西安：陕西师范大学出版社，2014.

家认同主要包括内部认同与外部认同，而国家内部认同又分为个人层面的认同和国家层面的认同。国家认同在个人层面指一个国家的公民在心理上对自己祖国的历史文化传统、道德价值观、理想信念、国家主权等方面的认同；在国家层面则指一个国家具有区别于他国的特征，同时该国拥有坚守这些特征的意愿和权利，且两者均得到他国的承认，只有同时得到本国国民和国际社会的认同，国家才得以存续。

当前学界关于"国家认同"的阐释主要围绕角色确认、情感归属与爱国奉献等方面展开，并形成了国家认同与文化认同、民族认同、政治认同等的交叉研究①②。其影响因素主要包括自我认同、历史文化认同、政治文化建构、民族认同等③。

2. 体育与国家认同研究

20 世纪 80 年代至今，国外学者围绕体育与国家认同进行了较多研究，产生了大量研究成果。以 Raymond Boyle 和 Richard Haynes 的《权力的游戏》（*Power Play*）以及 Alina Eernstein 和 NeilBlain 编著的《体育、媒介、文化：全球和地区维度》（*Sport Media，Culture：Global and Local Dimensions*）为代表。这些研究成果多从政治学或社会学的角度，以欧洲或北美一国或一个地区的体育与政治相关联的现象或媒介（主要是电视、报纸和广播）的体育报道为研究对象。国内也有学者进行了相关研究，但成果不多，研究也不够深入。

国际体育社会学协会主席伊丽莎白·派克在第四届北京大学人文体育高层论坛期间（2014 年）谈道，利用体育增进国家认同，是体育社会学非常关注的议题。大量研究者都强调了体育对国家认同形成和强化的重要作用，认为一个国家在国际体育赛事中的失败会使该国在全球文化舞台上丧失声望。伊丽莎白·派克指出，体育可以作为定义国家认同的独特文化

---

① 韩震. 论国家认同、民族认同及文化认同——一种基于历史哲学的分析与思考［J］. 北京师范大学学报（社会科学版），2010（1）：106-113.

② 塞缪尔·亨廷顿. 文明的冲突与世界秩序的重建［M］. 周琪，刘绯等，译. 北京：新华出版社，2010.

③ 李艳霞. 曹娅. 国家认同的内涵、测量与来源：一个文献综述［J］. 教学与研究，2016（12）：49-58.

实践①。莱福（Lever）等认为，在国家内部，体育经常被用来促进政治的社会化；在国际关系中，它则被用来建立国家声望和提升综合国力②。汤姆林森（Tomlinson）提出，大型国际体育赛事在诸如国际奥委会（IOC）这样的团体中体现了一种基本张力，它为"国家主义情感的公开崇拜"提供了平台③。雷蒙德·波伊勒（Raymond Boyle）指出，足球与民族、国家主义之间具有天然联系④。卡什莫尔（Cashmore）⑤认为，有组织的竞技体育已被具有不同政治信仰的政府看作锻造"国家特征"的重要方面，这种体育经常服务于具体的政治目的。总的来说，西方大多学者都肯定了体育在促进国家认同方面的重要作用，并进行了大量研究。

　　体育与媒介存在亲和关系，媒介可通过塑造各种体育故事来传播体育文化，进而促进国家认同。丹尼尔·戴扬（Daniel Dayan）和伊莱休·卡茨（Elihu Katz）在《媒介事件：历史的现场直播》中指出，奥运会等重大事件的仪式传播有助于形成群体记忆，建构国家认同⑥。埃玛·波尔顿（Emma Poulton）通过对 1996 年欧洲杯电视报道进行文本分析发现，媒介体育报道引发了受众对英国的认同感，受众的国家认同可通过欧洲杯这样的国际体育赛事得到加强⑦。在奥登内尔（O Donnell）看来，国际性媒介体育报道往往是宣扬国家与民族优越性的重要场域⑧。哈维（Harvey）等认

①　董进霞，陆地，李璐场. 全球化世界中的体育与国家认同、伦敦奥运及女子体育——国际体育社会学协会主席 Pike 女士、副主席 Jackson 先生学术访谈录［J］. 体育与科学，2014，35（1）：86-90+96.

②　Lever MW, Elliot S, Joppe M. Pride and Promotion：Exploning Relationships between National Identification, Destination Advocacy, Tourism Ethnocentrism and Destination Image［J］. Journal of Vacation Marketing, 2023, 29（4）：537-554.

③　Tomlinson A. The Supreme Leader Sails on：Leadership, Ethics and Governance in FIFA［J］. Sport in Society. 2014, 17（9）：1155-1169.

④　Boyle R. Football Identity in Glasgow and Liverpool［D］. Stirling University（PHD），1995.

⑤　Cashmore E. Soprts Culture［M］. London：Routledge, 2000：132-139.

⑥　丹尼尔·戴扬，伊莱休·卡茨. 媒介事件：历史的现场直播［M］. 麻争旗，译. 北京广播学院出版社，2000：30.

⑦　Poulton E. Mediated Patriot Games：The Construction and Representation of National Identities in the British Television Production of Euro 96［J］. International Review for the Sociology of Sport, 2004（4）：437-455.

⑧　Donnell H. Current Trends in Media Sport, and the Politics if Local Identities：A "Postmodern" Debate?［J］. Culture, Sport, Social, 2000, 3（2）：1-22.

为国际体育事件已成为输出民族与国家主义的重要途径①。

奥运会经常成为媒体进行话语权博弈和建构认同的重要场域②,部分学者将奥运会的媒体报道与国家认同进行并置讨论。刘红霞从宏观层面探讨了媒介体育和国家认同之间的关系,并从微观层面对《中国体育报》在第6届夏季奥运会期间报道中国家认同的再现和建构进行考察。研究发现,体育对国家认同的形成和强化具有重要作用,媒介体育在国家认同的再现和建构中扮演重要角色,《中国体育报》对"国家认同"议题的报道较为重视,其通过强调奥运会中的体育事件,建构了国家认同感③。黄璐以伦敦奥运会国际媒体报道为案例,对新闻媒体建构国家认同进行研究,发现大多国家的媒体普遍选择扬长避短式的奖牌榜报道策略,以体现国家富强的主题叙事和身份认同。西方媒体擅长通过种族主义为国家认同提供话语支持④。王真真等以里约奥运会中国女排在新媒体平台的传播为样本,探讨新媒体传播中集体记忆与国家认同的相互作用关系。研究发现,里约奥运会中国女排的新媒体传播通过对国家记忆的时空建构,很大程度上实现了集体记忆与身份认同、情感归属、国家忠诚感的良性互动,加之基于集体记忆的国家主义话语表达,新媒体对中国女排的传播在互联网空间形成国民关于国家共同体的想象,推动了国家认同的建构。同时,围绕女排精神形成的国家记忆与国家认同应在更长的时间线和更广泛的空间内得到维系,有利于实现国家记忆与国家认同互动作用的最大化⑤。周金钰等以里约奥运会26个夺冠项目的短视频为研究对象,总结夺冠短视频构建国家认同的机制与框架。夺冠短视频的新媒体传播在构建国家认同中存在如下问题:碎片化打破集体记忆的叙事逻辑、互联网时代下夺冠短视频的仪式化解构危机、过度商

① Harvey J, Home J, Safai P. Altorglobalization, Global Social Movements and the Possibility of Political Transformation through Sport [J]. Sociology of Sport Journal, 2009, 26 (3): 383-403.

② 田秋霞,胡娅娟. 金牌榜传播:话语权博弈和文化认同 [J]. 青年记者, 2008 (35): 9-10.

③ 刘红霞. 媒介体育中国家认同的再现与建构 [J]. 体育科学, 2006 (10): 3-14.

④ 黄璐. 新闻媒体建构国家认同的价值发现——伦敦奥运会国际媒体报道案例 [J]. 体育成人教育学刊, 2013 (1): 7-9+99.

⑤ 王真真,王相飞,徐莹. 中国女排新媒体传播中的集体记忆与国家认同构建——以里约奥运会为例 [J]. 山东体育学院学报, 2020 (6): 36-43.

业化运作有碍国家认同建构功能的发挥。研究认为，未来我国大型体育赛事夺冠短视频的新媒体传播应重视夺冠短视频资源的整合，加强夺冠短视频传播中的舆论监测，以及平衡好夺冠短视频中商业性广告的比重，进一步发挥夺冠短视频在新媒体传播中构建国家认同的价值①。此外，王真真等对人民网体育频道里约奥运会报道中的国家认同建构②及大型体育赛事的新媒体话语策略与国家认同建构③进行探讨，确证了媒体的相关体育报道有利于促进国家认同，这些研究为本书的展开奠定了重要的理论基础。

（二）中国故事研究

故事侧重于对事情发生及发展过程、结果的描述。从狭义的角度说，"故事"属于文学体裁的一种，从广义的角度来说，但凡具有情节的，有起因、发展、高潮与结果的都可被视为故事。由此可得出"故事"的三个特质：时间性、顺序性和寓意性④。有学者指出"故事"由处在时间和因果秩序中、尚未形成诸话语的事件构成⑤，语境（Context）、行动（Action）、结果（Result）三个部分可构成完整的故事结构⑥。故事作为人们喜闻乐见的一种文化形态不仅仅因为其形象生动亲切可感的表现方式而富有生命力，更为重要的是，故事具有传承文明记载历史的功能，使它具有跨越时空的深远意义⑦。"中国故事"是指以中国作为叙事主体的故事，覆盖了中国的政治、经济、文化、社会、民族等各个领域。中国故事的母题样本是基于真实可信的新闻故事改编而成的⑧。中国故事是中国文化输出的重要组成部分，对于构建全面、真实、立体的中国形象，提升中国的文化

---

① 周金钰，王相飞，王真真，等．奥运夺冠短视频的新媒体传播与国家认同构建——以2016年里约奥运会为例［J］．山东体育学院学报，2019，35（4）：19-25.

② 王真真，王相飞，延怡冉．大型体育赛事的新媒体话语策略与国家认同构建［J］．成都体育学院学报，2021（1）：101-105.

③ 王真真，王相飞，李进，等．人民网体育频道在对里约奥运会报道中的国家认同建构［J］．体育学刊，2019（2）：21-26.

④ 赵晶晶．"讲好中国故事"国际传播案例研究［D］．北京：北京印刷学院，2019.

⑤ 热拉尔·热奈特．新叙事话语［M］．王文融，译．北京：中国社会科学出版社，1990.

⑥ 陈先红，于运全．中国好故事评价指标体系的建构［J］．新闻与写作，2019（7）：19-23.

⑦ 张海英．新闻故事化的现状分析及研究［D］．武汉：武汉大学，2004.

⑧ 陈先红，于运全．中国好故事评价指标体系的建构［J］．新闻与写作，2019（7）：19-23.

软实力具有重要意义①。讲好中国故事立足展现真实、立体、全面的中国，提高文化软实力的国家重大战略要求和部署，是习近平新时代中国特色社会主义思想的重要组成部分。党的十八大以来，习近平总书记多次强调讲好中国故事的重要性，讲好中国故事也由此受到越来越多学者的关注。

"讲好中国故事"的国内研究主要集中在叙事学、传播学、思想政治教育等领域。就研究主题来看，大致围绕着"讲好中国故事"的本质核心、价值意蕴、内容主题与叙事方式等方面展开，即什么是"讲好中国故事"、为什么要"讲好中国故事"、讲哪些中国故事、如何"讲好中国故事"。刘瑞生和王井②在深入研究"中国故事"国际传播中国家叙事主体内容、语境场域和话语规则的基础上，从单维度渐变、多维度整合两方面构建了提升中国故事国际传播能力的多维度国家叙事框架。党的十八大以来，习近平总书记多次提出加强对外宣传工作要讲好中国故事，"加快构建中国话语和中国叙事体系，讲好中国故事、传播好中国声音，展现可信、可爱、可敬的中国形象"③。讲故事就是讲事实、讲形象、讲情感、讲道理，讲事实才能说服人，讲形象才能打动人，讲情感才能感染人，讲道理才能影响人④。

整体上，已有研究大多从外宣的角度研究如何讲好中国故事，强调我国的传播理念和范式应从"宣传"向"引导传播"转变⑤，大多学者对"讲好中国故事"的外宣价值进行强调，并由此提出相应的叙事策略⑥⑦⑧⑨。随着相关研究的不断深入，中国故事在对内传播中的文化价值进入研究视

① 吴赟，牟宜武. 中国故事的多模态国家翻译策略研究 [J]. 外语教学，2022（1）：76-82.
② 刘瑞生，王井. "讲好中国故事"的国家叙事范式和语境 [J]. 甘肃社会科学，2019（2）：151-159.
③ 高举中国特色社会主义伟大旗帜 为全面建设社会主义现代化国家而团结奋斗——习近平同志代表第十九届中央委员会向大会作的报告摘登 [EB/OL]. [2022-10-17]. http://www.qstheory.cn/yaowen/2022-10/17/c_1129067786.htm.
④ 张子荣. 习近平关于讲好中国故事的方法论维度 [J]. 学校党建与思想教育，2019（12）：26-28+32.
⑤ Lams L. Examining Strategic Narratives in Chinese Official Discourse under Xi Jinping [J]. Journal of Chinese Political Science，2018（23）：387-411.
⑥ 程征. 讲好中国故事的几个路径创新 [J]. 中国记者，2016（9）：27-30.
⑦ 李学梅. 向世界讲好中国故事 [J]. 中国政协，2019（1）：30-31.
⑧ 高莹. 用大众文化讲好中国故事 [J]. 人民论坛，2019（29）：138-139.
⑨ 张卓. 媒体融合视角下中国故事的讲述理路与传播路径 [J]. 中国广播电视学刊，2019（10）：71-74.

野，有关"讲好中国故事"的研究视角更为多元，既注重从国际传播的视角对外讲好中国故事①②③，也兼顾对内讲好中国故事④⑤⑥，"中国故事"在对内传播时具有较强文化价值⑦。由此来看，若想"讲好中国故事"，需兼顾对外与对内两个视角。

曾祥明和曹海月⑧等学者基于习近平总书记提出的关于对外文化交流的重要论述，归纳出的讲好中国故事思想，为本书确定讲好中国体育故事的分析维度提供了启示。陈先红和宋发枝⑨、丁秋玲和张劲松⑩、周翔和仲建琴⑪等人基于叙事学从内容选择、叙事策略、叙事体验等方面对"讲好中国故事"进行的研究，为本书在研究样本的选择、研究设计的确定与研究方法的运用等方面提供了重要参考与启示。

（三）讲好中国故事与国家认同

故事是建构认同的重要工具，埃斯卡拉（Escalas）指出"故事"在实践中连接情感、建构认同⑫。古斯菲尔德（Gusfield）认为，体育即故事，体育故事同样对促进国家认同具有重要作用⑬。国内学者对"讲好中国故

---

① 张传泉. 新时代中国特色社会主义话语权探析［J］. 科学社会主义，2020（5）：75-81.
② 中国国际电视台. 向世界讲述真实的武汉故事——记全国抗击新冠肺炎疫情先进个人、中国国际电视台英语频道记者葛云飞［J］. 新闻战线，2020（18）：28-29.
③ 赵文刚. 海外华文媒体讲好中国故事的路径探析［J］. 对外传播，2020（8）：46-48.
④ 邵西梅. 主流媒体讲好中国抗疫故事的策略透视［J］. 青年记者，2020（35）：68-69.
⑤ 肖贵清，车宗凯. 新时代思想政治理论课如何讲好全面建成小康社会故事［J］. 思想理论教育导刊，2020（11）：97-104.
⑥ 林楠. 思政课视域下讲好中国故事的三个维度［J］. 中国青年社会科学，2020（6）：45-51.
⑦ 李曦珍. 融媒时代讲好"中国故事"的文化价值取向［J］. 甘肃社会科学，2018（6）：30-38.
⑧ 曾祥明，曹海月. 习近平对外文化交流重要论述研究的回顾与展望［J］. 南方论刊，2021（3）：28-31.
⑨ 陈先红，宋发枝. 讲好中国故事：国家立场、话语策略与传播战略［J］. 现代传播，2020（1）：40-46+52.
⑩ 丁秋玲，张劲松. 融媒体视域下对外讲好中国故事的叙事建构［J］. 学习论坛，2020（12）：12-19.
⑪ 周翔，仲建琴. 智能化背景下"中国故事"叙事模式创新研究［J］. 新闻大学，2020（9）：79-94+122.
⑫ Escalas. Imagine Yourself in the Product：Mental Simulation，Narrative Transportation，and Persuasion［J］. Journal of Advertising，2004（33）：37-49.
⑬ Gusfield J R. Sport as Story：Form and Content in Athletics［J］. Society，2020，37（4）：63-70.

事"与国家认同的并置讨论较少，大多学者从国家形象塑造①、提升国际话语权②、全球治理③、构建人类命运共同体④、跨文化传播等角度⑤对"讲好中国故事"进行探讨，偶有涉及国家认同，基于此形成的讲好中国故事促进国家认同的成果更少。

相比于对"讲好中国故事"的研究，有关中国体育故事的研究较少，仅有少数学者注意到中国体育故事的价值⑥⑦，国家体育总局宣传司强调应"讲好中国体育故事，树立良好国际形象"⑧。由此，朴勇慧基于《北京2022年冬奥会和冬残奥会遗产战略计划》，分析2022年北京冬奥会官方微博，发现北京冬奥会官方微博存在故事性和互动性不突出问题。若想促进大众冰雪项目普及并传播好中国声音，就应讲好冬奥故事⑨。

二　相关研究存在的问题

学界关于讲好中国故事的研究较为丰富，随着相关研究的深入，讲好中国体育故事的价值逐渐被学者注意到，但围绕讲好中国体育故事促进国家认同进行的研究较为鲜见。具体来说，既往研究存在以下不足。

（1）在研究对象上，既往大多学者聚焦媒体围绕体育赛事进行的报道与国家认同之间的关系展开论述，对中国体育故事与国家认同的关联性研

---

① 黄良奇. 新时代讲好中国故事：价值引领、议题方略与对外传播意义 [J]. 当代传播，2019（5）：54-60.
② 游迎亚，王相飞，宋菲菲. 讲好中国体育故事提升国际话语权的价值维度与叙事策略 [J]. 武汉体育学院学报，2021（5）：12-19.
③ 王昀，陈先红. 迈向全球治理语境的国家叙事："讲好中国故事"的互文叙事模型 [J]. 新闻与传播研究，2019（7）：17-32+126.
④ 吴敏苏，王鹏宇. 讲好人类命运共同体构想下的中国故事——中国日报社"新时代大讲堂"传播模式研究 [J]. 中国编辑，2019（5）：10-14.
⑤ 梁凯音，刘立华. 跨文化传播视角下中国国际话语权的建构 [J]. 社会科学，2020（7）：136-147.
⑥ 黄敁元. 新媒体环境下讲好体育故事的六个维度——兼论国外优秀体育记者采写手法 [J]. 传媒观察，2016（8）：62-64.
⑦ 吕夏頔，李晓栋. 体育故事的述与听——兼论"叙事"何以成为一种体育人文社会科学研究方法 [J]. 武汉体育学院学报，2018（12）：9-17.
⑧ 国家体育总局宣传司. 新中国体育文化宣传工作发展研究 [J]. 体育文化导刊，2019（10）：19-30.
⑨ 朴勇慧. 价值共创视域下北京冬奥会官方微博营销策略 [J]. 北京体育大学学报，2020（10）：21-36.

究较为匮乏，将特定议题置于新媒体环境下的研究更为鲜见。

（2）在研究视角上，较多学者从对外宣传的角度出发，对"讲好中国故事"与"讲好中国体育故事"进行探究，"中国体育故事"的对内叙事价值未被充分挖掘。

（3）在研究方法和范式上，既往大多研究属于定性研究，研究范式上更多采用理论思辨的形式，这在一定程度上致使研究结论的普适性与解释力有待进一步加强。

基于此，本书立足新媒体环境，从以下几个方面对中国体育故事与国家认同开展研究：①将中国体育故事与国家认同并置，阐释讲好中国体育故事促进国家认同的逻辑与机制；②撷取"讲好中国故事"理念中适用于内宣的内容，深入挖掘"中国体育故事"的对内叙事价值；③通过文本分析、内容分析、定性比较分析、情感分析等方法，对有关中国体育故事的媒介文本进行研究，探究讲好中国体育故事促进国家认同的效果与困境，提出讲好中国体育故事促进国家认同的优化策略。

三　本书的价值

结合国内外相关研究现状，相对已有项目和研究成果，本书具有以下价值。

（一）学术价值

1. 从跨学科视角开展讲好中国故事促进国家认同研究，推动学科融合

从中国体育故事入手，开展新媒体环境下的国家认同建构研究，融合了体育学、传播学、社会学、心理学的内容，对进一步打破学科边界、强化不同学科联系、开展不同学科的理论对话有积极的作用。

2. 基于不同类型的中国体育故事，形成中国体育故事叙事体系

在研究内容上，既往研究未能形成较为系统的中国体育故事叙事体系，在一定程度上削弱了讲述中国体育故事对国家认同的促进作用。本书围绕体育的属性和特征挖掘中国体育故事内容，涵盖了中国运动员奥运会夺冠故事、中国奥运故事、中国传统体育故事以及"双奥之城"北京故事等，形成中国体育故事的叙事体系，为讲好中国体育故事促进国家认同奠定基础。

3. 拓宽讲好中国体育故事体育构建国家认同的理论研究视野，推进既有研究进程

已有研究多以大型体育赛事为切入点对国家认同的构建进行探讨，本书以中国体育故事为切入点，在关注大型体育赛事、中华体育文化对国家认同构建的同时，还关注优秀运动员、中国奥运故事等叙事资源，从对外传播与对内宣传的角度出发，对讲好中国体育故事促进国家认同进行研究，尝试以此拓宽讲好中国体育故事构建国家认同的理论研究视野，并与既往有关"讲好中国故事"的理论形成对话，推进既有研究的进程。

4. 为中国体育故事与国家认同研究提供理论资源和参考

对于中国体育故事与国家认同领域研究成果系统性不足、深度不够的现状，本书依据体育学、社会学、传播学相关理论，基于情感叙事学理论、新闻叙事理论、新闻框架理论、修辞认同理论、认同心理学理论等，采用定量比较、情感分析以及语义网络分析等方法，分析中国体育故事与国家认同的关系和互动机制，较为系统全面地阐释了新媒体环境下讲好中国体育故事与国家认同的关系，并总结了新媒体环境下讲好中国体育故事促进国家认同实践中所存在的不足之处，以此探究新媒体平台及叙事者如何通过讲好中国体育故事提升国家体育形象、推动价值观念的传播，强化国内和国际受众对中国的认同，既对国家认同领域的研究理论进行补充和完善，又为后续研究提供有力参考。

（二）应用价值

1. 为讲好中国体育故事促进国家认同提供路径参考

以讲好中国故事的相关理论为基础，从对外传播与对内宣传两个角度，对讲好中国体育故事促进国家认同进行探究，探寻有关叙事过程中存在的问题，在此基础上提出相应的优化策略，服务于中国体育故事的对外传播与对内讲述，以期促进国家认同。

2. 从情感叙事维度为讲好中国体育故事提供方法论指导

讲情感是讲好中国体育故事促进国家认同的重要方法论，本书从情感叙事视角开展中国体育故事跨文化传播中建构国际认同的理论研究，同时结合情感叙事对中国运动员奥运会夺冠故事进行了系统的实证研究。基于理论和实证研究提出讲好中国体育故事促进国家认同的叙事策略，优化中

国体育故事的传播效果。

3. 为相关部门和媒体讲好中国体育故事提供战略指导和内容资源

本书研究所选定的中国体育故事内容比较全面、深入,不仅包括宏观层面的中国体育梦故事、中华体育文化故事、中国体育发展故事、中国体育交流故事,还关注了夺冠运动员群体,这些方面的中国体育故事对构建国家认同的实践能够起到很好的支撑作用。

四 研究思路

"讲好中国故事"是习近平总书记于 2013 年 8 月在全国宣传思想工作会议上提出的,习近平总书记指出,"要精心做好对外宣传工作,创新对外宣传方式,着力打造融通中外的新概念新范畴新表述,讲好中国故事,传播好中国声音"[①]。随着"讲好中国故事"研究的深入,"讲好中国体育故事"的价值被逐渐发现,其对外能够展示中国形象并传播中国好声音,对内能够促进国家认同并增强民众的凝聚力。在百年未有之大变局下,国际局势错综复杂,亟须增强国际社会对我国的认同。与此同时,随着全球化的发展,我国公众既往形成的国家认同有被解构的风险,亟须强化国家内部认同。基于此,本书尝试围绕"讲好中国体育故事增强国际社会对我国的认同"与"讲好中国体育故事强化国家内部认同"进行探讨。在此基础上,归纳新媒体环境下讲好中国体育故事促进国家认同的问题与对策。具体来说,本书的核心架构和主要内容如下。

上 篇

第一章 讲好中国奥运故事,促进国家认同;

第二章 讲好中国运动员奥运会夺冠故事,促进国家认同;

第三章 社交媒体讲好中国女排故事,促进国家认同;

第四章 讲好"双奥之城"北京故事,促进国家认同。

中 篇

第五章 中国体育故事跨文化传播的国际认同建构;

---

① 习近平强调:努力把宣传思想工作做得更好 [EB/OL]. [2013-08-20]. https://www.gov.cn/ldhd/2013-08/20/content_2470599.htm.

第六章　国家级主流媒体讲好体育外交故事，促进国际认同；

第七章　中国对外主流媒体讲好传统体育故事，促进国际认同。

下　篇

第八章　新媒体环境下讲好中国体育故事促进国家认同的问题；

第九章　新媒体环境下讲好中国体育故事促进国家认同的策略；

第十章　结论与研究不足。

五　研究方法

（一）内容分析法

（1）在讲好中国奥运故事，促进国家认同的研究中，以抖音短视频平台上有关中国奥运故事的视频与评论为研究对象。以"中国奥运""奥运会""奥运会+中国""冬奥会""双奥"等关键词检索奥运故事的相关视频，并通过"北京奥运会""2008年北京奥运"等关键词对历届奥运会视频进行检索，最终获得68个样本。另外，抓取所选取视频中的用户评论，共获得88735条样本，对相关内容进行分析。

（2）在讲好中国运动员奥运会夺冠故事，促进国家认同的研究中，以人民网讲述的2022年北京冬奥会夺冠故事为研究对象。以"北京冬奥会""夺冠""冠军"等为关键词，从人民网数据库检索出2022年北京冬奥会期间（2022年2月4日至20日）中国夺冠运动员故事的相关报道210篇，对这些故事文本进行内容分析。

（3）在讲好"双奥之城"北京故事，促进国家认同的研究中，对抖音短视频讲述的"双奥之城"北京故事进行分析。首先，以"双奥之城""双奥之城北京"为关键词在抖音数据库进行视频检索，初步选择标题中含有相关关键词的视频为样本，共823个。其次，由于研究对象为短视频讲述的"双奥之城"北京故事，根据已有研究对故事的定义及故事结构的组成要素（语境、行动、结果），共筛选出325篇有关"双奥之城"北京故事的媒体报道，对这些报道文本进行内容分析。

（二）文本分析法

在中国对外主流媒体讲好中国传统体育故事，促进国际认同的研究中，收集中国国际电视台（CGTN）自2016年12月31日至2023年12月

31 日期间关于中国传统体育的相关报道数据，按照故事构成要素，所选择报道需要包含语境、行动和结果，初步获取传统体育故事 224 篇。同时选取播放量较好的 YouTube 作为评论数据抓取的平台，获取用户评论，以探究不同修辞策略的运用是否有利于受众产生相应的认同。最终对获取的 173 个传统体育故事以及 18347 条评论进行文本分析。

（三）语义网络分析法

语义网络分析法能够对文本中关键词的词频、相互关系以及聚类情况进行分析，以了解文本的整体主题类型和具体内容规律，进而有助于把握文本所表达的态度立场和价值理念。本书主要将语义网络分析法运用至中国对外主流媒体讲好传统体育故事，促进国际认同的研究中。

在中国对外主流媒体讲好传统体育故事，促进国际认同的研究中，通过语义网络分析法在了解中国传统体育故事文本关键词特征的基础上，从整体上概括 CGTN 采用的国际认同促进策略。通过 Vosviewer 工具进行语义网络分析，得到关键词之间的相互关系以及聚类情况，以明晰 CGTN 关于传统体育故事叙事的内容特征。具体运用中，选取 CGTN 中的传统体育故事，根据"Wushu""Kungfu""Martial Arts"以及具体各类武术项目（如"Tai Chi""Yongchun""Hongquan"）或武术项目相关的知名人物（如"Bruce Lee""Ip Man"）、门派（如"Shaolin""Wudang"）进行检索，共获得相关样本 224 篇。按照故事构成要素对样本进行筛选，最终获得 173 篇中国传统体育故事样本和 18347 条评论数据，并对这些文本进行语义网络分析。

（四）情感分析法

情感分析法可以通过关键词的含义、情感属性和组合关系，得到语篇文本所表达的整体情感倾向，情感分析法主要用于讲好中国运动员奥运会夺冠故事，促进国家认同的研究中。基于大连理工中文情感词语本体库，对中国运动员奥运会夺冠故事的不同结构内容进行情感分析，以了解故事结构中不同情感的分布情况及特征词，探究中国运动员奥运会夺冠故事使用的情感叙事策略及其国家认同建构的现状。

（五）可解释性机器学习技术

可解释性机器学习是机器学习领域中的一个重要分支，旨在使机器学习模型的决策过程透明、可理解和可解释，以便更为精准地识别影响结果变量的关键因素。在具体操作中，首先，基于多个模型，对预设的条件变量和结果变量及其对应数据进行训练和验证，以选择训练效果最佳的模型，将其作为探究条件与结果变量关系的工具。其次，使用 SHAP 库计算每个特征对模型预测的贡献程度和作用方向，进一步明确预设变量中，哪些因素是影响结果变量的关键条件。因此，结合可解释性机器学习技术，可以初步分析既有叙事维度的条件变量对国家认同建构的贡献程度，并根据分析结果和定性比较分析法的条件要求，筛选出关键变量，探究其对国家认同建构的作用方向。本书中，该方法主要结合定性比较分析法共同使用（因定性比较分析对条件变量数量有所限制，故预先采用可解释性机器学习识别关键因素），具体用于对"社交媒体讲好中国女排故事，促进国家认同"和"国家级主流媒体讲好体育外交故事，促进国际认同"的研究中。

（六）定性比较分析法

定性比较分析是结合量化与质性双重取向的分析方法，可以根据案例的多重因素和结果，生成多重因果关系和多元逻辑条件组合①。但条件变量的选取数量存在一定的限制，通常适用于分析 6~8 个条件变量。而在可解释性机器学习技术分析的基础上，采用定性比较分析法可以进一步对影响国家认同建构的核心变量进行单一条件的必要性检验，并分析变量之间的组合效应，进而归纳出利于国家认同建构的组态路径，为讲好中国体育故事提供有效的参考。本书中，该方法具体用于对"社交媒体讲好中国女排故事，促进国家认同"和"国家级主流媒体讲好体育外交故事，促进国际认同"的研究中。

（七）案例研究法

以人民网讲述的 2022 年北京冬奥会夺冠故事、抖音短视频平台上有关中国奥运故事等为案例，分析新媒体环境下中国体育故事叙事实践中存在的问题，以此提出相应的优化策略。

---

① 彭祝斌，范岳銮，朱晨雨. 欧洲焦点事件在华传播热度的影响因素及作用机制——基于 30 起案例的模糊集定性比较分析 [J]. 新闻与传播研究，2021（2）：106-125+128.

○ 上　篇

第一章

讲好中国奥运故事，促进国家认同

——以抖音短视频平台为例

国家认同是一国公民对自己国家成员身份的主观认知及由此获得的归属感，是维系国家凝聚力的重要纽带①。在全球化背景下，伴随着国家和民族之间的政治、文化冲突，国民的国家认同构建面临一定挑战②。奥运会作为当前世界最高水平且历史悠久的大型体育赛事，是20世纪以来媒介事件的重要代表③，可以通过媒介象征再现集体参与感，促使国民在特定时空形成强大的向心力和凝聚力，是促进国家认同构建的重要资源④。

讲故事是在特定的社会文化语境中用口语、书面语或辅之态势语、音像、图片等综合手段表述一件或一系列真实或虚构事件的行为过程⑤。党的二十大报告指出，要"讲好中国故事、传播好中国声音，展现可信、可爱、可敬的中国形象"，为我国参与奥运的相关媒介事件的传播提供了方式引导。在叙事中，相应的人物活动、情节设置以及叙事者所处的具体情

---

① 柏贵喜. 民族认同与中华民族认同浅论 [J]. 西南民族大学学报（人文社会科学版），2011，32（11）：34-39.

② 俞新天. 集体认同：增强国际话语权的关键 [J]. 国际展望，2016（3）：1-16+142.

③ Katz Elihu, Dayan Daniel. L'esprit de L'escalier：25 Years of Hindsight [J]. Media, Culture & Society，2018（1）：144-151.

④ 吴明惠，李乾丙，王真真，等. 运动员成长的情感叙事与国家认同促进——以"讲好中国奥运夺冠故事"为旨归 [J]. 广州体育学院学报，2023，43（3）：66-74.

⑤ 曾水英，殷冬水. 国家认同何以形成？——以爱国主义教育中的"国家叙事"为分析中心 [J]. 江汉论坛，2020（10）：46-52.

境，可以体现国人共同的集体记忆、价值观念等，有利于展现正面的国家形象，唤醒国民的民族意识，从而更为有效地提升国家认同感①。

然而，随着新兴媒介在奥运传播系统中的普及与应用，奥运会长期以来高度依赖的传统大众传播模式受到社会化传播模式的挑战②③。以抖音、快手为代表的短视频平台更是以其碎片化、即时化、情感化的传播特征，从深层次影响并改变了中国奥运故事的叙事方式④。尤其在 2020 年东京奥运会和 2022 年北京冬奥会期间，国内短视频平台通过多种形式传播中国奥运故事。诸如快手平台在东京奥运会期间策划推出《这就是冠军》《奥运一年级》《冠军来了》等多档直播、自制内容，以讲好运动员的赛前备战故事，为受众提供了奥运赛场内外的相关信息⑤。抖音平台在北京冬奥会期间开设的"全民冰雪季"活动，通过"冬日暖央 young""冬奥 dou 知道"等形式，对夺冠运动员经历和运动项目开展情况等展开互动叙事，受到用户群体的广泛关注⑥。从国家认同的角度来看，虽然大众媒介的表象是信息传递和娱乐休闲的工具，其深层却蕴含着文化渗透、思想引导、价值建构、政治教化的功能⑦。以娱乐休闲为主的短视频平台同样潜藏着无数个体用户集成的政治倾向、社会态度、认知模式、心理偏好和意识形态⑧。在短视频传播奥运会的过程中，得益于平台所创设的虚拟叙事空间，也有利于中国参与奥运的仪式场景、比赛瞬间、个人

① McAdams D P. The Psychology of Life Stories [J]. Review of General Psychology, 2001, 5 (2)：100-122.
② 王真真，王相飞，延怡冉. 大型体育赛事的新媒体话语策略与国家认同构建 [J]. 成都体育学院学报，2021，47（1）：101-105.
③ 李静亚，谢群喜，王润斌. 媒介生态学视域下奥运会的社会化传播转向——兼论对北京 2022 年冬奥会传播的启示 [J]. 成都体育学院学报，2021，47（4）：129-135.
④ 付晓静，徐千禧，潘陈青. 算法推荐机制下北京冬奥会的"可见性"——基于抖音短视频平台的研究 [J]. 北京体育大学学报，2023，46（4）：50-62.
⑤ 快手开启"奥运短视频时代"赛事+内容+玩法全景呈现东京奥运 [EB/OL]. [2017-07-20]. https://baijiahao.baidu.com/s? id=1705781232872461915&wfr=spider&for=pc.
⑥ 冰雪赛事落幕，冠军们留在了抖音 [EB/OL]. [2022-02-22]. https://sports.sohu.com/a/524602743_649045.
⑦ 马尔库塞. 单向度的人 [M]. 张峰，译. 重庆：重庆出版社，1988：9.
⑧ 朱碧波. 社交类短视频赋能铸牢中华民族共同体意识研究 [J]. 华侨大学学报（哲学社会科学版），2023（1）：18-27.

经历等方面的建构与重塑①。而短视频所保留的这种集体记忆是重要的意义创作工具，其蕴含的体育精神和内容符号能够凝聚公众对中国的正面认知，进而在价值同一的基础上强化受众关于国家的政治归属感和认同感②③。

然而，目前关于国家认同构建的实践中，虽然强调故事的内容质量，但更多从传播层面出发，侧重故事的触达环节，较少从叙事层面出发，探究故事的创作环节，导致对策的可操作性不强④⑤。鉴于此，本书尝试以中国奥运故事在短视频平台的文本叙事为视角，围绕"短视频平台讲述中国奥运故事，促进国家认同构建"这一核心问题，逐步回答以下问题。①短视频平台传播奥运故事过程中，叙事者采用了怎样的叙事策略，是否有利于构建受众国家认同？②除叙事方面外还在哪些方面影响国家认同构建？③后续短视频平台叙事者应采用怎样的叙事策略以促进国家认同？

第一节　核心概念与理论视角

一　核心概念

（一）中国奥运故事

故事是人类个体、群体的叙述或叙事行为的结果，是人类生活中发生的事件及其过程的记录，由故事语境（Context）、行动（Action）和结果（Result）三个部分构成⑥。据此，结合中国奥运相关的媒介事件特征，将

---

① 刘兰. 新媒体时代北京冬奥会的集体记忆建构与中国人的国家认同研究［J］. 首都体育学院学报，2023，35（5）：542-547.

② 贺幸辉. 网络媒介中奥运会开幕式与文化认同——以 2012 伦敦奥运会开幕式为分析个案［J］. 体育与科学，2015，36（5）：96-102.

③ 周金钰，王相飞，王真真，等. 奥运夺冠短视频的新媒体传播与国家认同构建——以 2016 年里约奥运会为例［J］. 山东体育学院学报，2019，35（4）：19-25.

④ 周金钰，王相飞，王真真，等. 奥运夺冠短视频的新媒体传播与国家认同构建——以 2016 年里约奥运会为例［J］. 山东体育学院学报，2019，35（4）：19-25.

⑤ 胡晓菲，胡翼青. 破界、融合、创新："讲好中国故事"研究的现状与展望［J］. 传媒观察，2021（9）：5-16.

⑥ 陈先红，于运全. 中国好故事评价指标体系的建构［J］. 新闻与写作，2019（7）：19-23.

中国奥运故事界定为中国参与奥运过程中所发生的个体或群体事件及其过程的记录，是一种采用一定修辞方式，且具有内在逻辑的蕴含语境、行动、结果的叙事形式①。

（二）国家认同

国家认同体现出个体与集体、国内与国际的双重维度②。就个体而言，是个体从心理层面对所属共同体的认识与情感体验总和；就集体而言，属于一种意识形态控制，是国家独特性的展现和他国对这种独特性的承认。就国内而言，是国民归属感及为国奉献的心理和行为，是国家凝聚力、向心力的重要表现；就国际而言，涉及一个现代意义上的主权国家与主导国际社会的认同程度。本部分关于国家认同的研究主要从个体和国内的认同维度出发，即国内受众基于短视频平台中的中国奥运故事内容，进一步形成对自己国家这一政治共同体肯定性的认识、态度、情感及信念。

具体从个体层面来看，国家认同至少包括异同感、归属感、忠诚感、理想感和立场感五个渐次递进的心理过程③。①异同感：指个体因感受到与他国国民的差异，而给予自己一种"我是谁"的身份感。②归属感：指个体从集体视角出发，客观地认为自己属于国家的自我归类过程。③忠诚感：指个体在自我归类过程中，主观上形成对国家的热爱、奉献和效忠。具体体现为对国家历史、文化、制度、法律等方面的认可。④理想感：指个体自我理想化表述的过程，认为自己作为国家的一员，期望或相信国家或自己"是什么"的价值预期。⑤立场感：指个体忠诚并归属于所属国家，且认为国家应有这样而非那样的一种立场。

在讲述中国奥运故事的过程中，展现各国运动员同场竞技、中外国家领导人交流等场景有利于受众形成有别于他国的身份感。并且，中国运动员在历届奥运赛场上为国争光、顽强拼搏的行为能够向受众传达集体主义精神，并塑造共同的记忆，进而增进受众对国家形象、价值理念的正面认

---

① 杨茜，郭晴．历史叙事与身份建构：奥运转播史线上档案研究［J］．体育科学，2021（9）：90-97．

② 梅培军，戴佳佳．教材的国家认同意识研究：回顾与展望［J］．教育理论与实践，2022，42（19）：46-52．

③ 苏晓龙．浅论中文语境中的国家认同［J］．科学社会主义，2008（6）：76-79．

知，有利于构建受众的国家归属感和忠诚感。在此基础上，也可能进一步表达出受众对国家或国家体育事业未来发展的期许和发展目标的主观认知，从而促进国家理想感和立场感的构建。

二 理论视角：数字叙事

叙事是叙述者（Narrators）向受叙者（Narratees）传达某个真实或虚构事件（Event）的行为和过程①。而在"数字转向"的宏观背景下，传统的叙事形式向数字化转型，并由此延伸出"数字叙事"这一概念，即可将其理解为"使用数字工具和多媒体形式创造、表达、解释和分享故事、文学艺术作品、个人经验等的实践或方法"②。近年来，Lambert、Marie-Laure 等人相继对"数字叙事"进行了理论探索，主要围绕传播主体、传播媒介、传播互动和受众体验四个方面，解读数字叙事环境相较于传统叙事环境的变化特征③。在叙事层面，主要根据当前数字媒介环境中多模态的表征方式，从符号、语义和情景三个方面分别分析叙事形态、感知和生产方面变化特征④。①叙事符号方面：由于当前短视频、VR 新闻、H5 新闻等新兴媒介形态不断推陈出新，叙事文本表征的符号形式呈现视觉化特征，即更多地依赖图像化的元素、框架和结构方式，并通过交互技术，呈现更具劝服力的叙事内容⑤。②叙事语义方面：尽管传统的叙事也重视情感表达，但基于数字媒介环境下的叙事往往可以更为有效地挖掘文本表达的情感内涵和意义落点，使情感化表达更为普遍和多元，有利于促进受众的情感认同⑥。

① 杰拉德·普林斯. 叙事学词典 [M]. 乔国强, 李孝弟, 译. 上海：上海译文出版社, 2016：136-140.
② 王贞子. 数字媒体叙事研究 [M]. 北京：中国传媒大学出版社, 2012：30-35.
③ Sánchez Laws A L. Can Immersive Journalism Enhance Empathy? [J]. Digital Journalism, 2020, 8 (2)：213-228.
④ 刘涛, 刘倩欣. 新文本 新语言 新生态 "讲好中国故事" 的数字叙事体系构建 [J]. 新闻与写作, 2022 (10)：54-64.
⑤ Oh J, Hwang A H C. Interactive Data Visualization Enhances Preventive Intentions in COVID-19 News Stories：The Mediating Role of Fear and the Moderating Role of Political Orientation [J]. Journal of Broadcasting & Electronic Media, 2021, 65 (4)：479-504.
⑥ Orgeret K S. Discussing Emotions in Digital Journalism [J]. Digital Journalism, 2020, 8 (2)：292-297.

③叙事情景方面：情景塑造是话语介入的基础和引擎，在流量主导的数字媒介传播过程中，互动性、趣味性、消费性成为话语生产的"标准"形式，且相应文本的生产可以塑造沉浸式的叙事情境，拓展用户的参与方式和互动深度，以此提高叙事体验①。

中国奥运故事的传播即通过叙事的方式，构建讲述者和受众之间的情感关联，进而增进受众对叙事者和叙事内容的认同。短视频作为一种新兴的媒介传播形式，使奥运故事的叙事不再受传统线性结构和单一模态限制，而可以借助平台的多模态、互动性和非线性结构叙事的媒介功能，为受众提供不同的叙事体验②。进一步而言，相较于传统叙事模式，短视频平台中体现国家或民族价值理念的叙事内容在叙事形态、感知和生产方面也存在一定差异，从而可能对受众关于国家形象、国家价值理念的认知产生不同影响③。结合数字叙事理论，能够从叙事形态的视觉符号、叙事感知的情感语义和叙事生产的情景塑造三个方面，较为全面地了解当前短视频平台中奥运故事的叙事策略，同时根据国家认同的构成维度和受众的反馈情况，能够进一步了解受众的国家认同情况。

第二节　研究方法

以抖音平台中的中国奥运故事为研究对象，运用内容分析法，结合数字叙事理论，从视觉符号、情感语义和情景塑造三个方面考察中国奥运故事的叙事表征及其构建受众国家认同的情况。

一　研究样本

本书选取抖音短视频平台中国奥运故事的视频及评论作为案例，原因有如下两方面。①抖音是目前国内短视频平台的头部应用。截至 2023 年 9

---

① 张新军. 数字时代的叙事学——玛丽-劳尔·瑞安叙事理论研究 [M]. 四川：四川大学出版社，2017：164-177.
② 王贞子. 数字媒体叙事研究 [M]. 北京：中国传媒大学出版社，2012：30-35.
③ 周金钰，王相飞，王真真，等. 奥运夺冠视频的新媒体传播与国家认同构建——以2016 年里约奥运会为例 [J]. 山东体育学院学报，2019，35（4）：19-25.

月，抖音月活跃用户增长量为 7.43 亿人，同比增长 5.1%①。②抖音平台
中奥运相关的视频数量及创作者较多，且具有较高用户关注度。抖音平台
注重奥运视频传播，在东京奥运会和北京冬奥会期间先后推出多档独家体
育节目，目前包括奥运在内的体育类万粉创作者数量已超 6.3 万人②。同
时，抖音平台中，不乏与中国奥运有关的标签检索设置（如"北京冬奥
会""2008 年北京奥运会""北京奥运"等）。说明中国奥运相关视频在抖
音平台中传播数量较多，且部分视频的播放量及点赞量等数据较高。因
此，探究抖音平台中奥运故事构建国家认同的叙事策略具有一定代表性。

样本获取步骤如下，①时间范围设定：抖音平台创办于 2016 年 9 月 20
日，为最大范围获取中国奥运故事，收集自平台创办至研究开始时的奥运相
关视频（2016 年 9 月 20 日—2023 年 12 月 31 日）。②故事检索及筛选：首
先，以"奥运会""中国奥运""冬奥会""双奥"等关键词检索奥运相关视
频；其次，筛选中国相关的奥运视频；再次，根据检索结果，由于重复视频
较多且受众反馈情况不同，进一步结合视频点赞量，获取具有较高受众关
注、互动的视频样本，通过反复尝试，选取点赞量大于 1 万的视频样本，
相应内容能够较好地反映抖音平台中国奥运视频传播的情况；最后，以故
事的语境、行动和结果要素划分作为中国奥运故事的筛选标准，最终获得
68 个故事（见表 1-1），其中大多数高热度故事发布于 2021 年，时间节点
位于东京奥运会举办前后或举办过程中，同时，抓取所选视频中的用户评
论，在删减语气词、表情等内容后，共获得 88735 条样本。

表 1-1　中国奥运故事样本

单位：万

序号	故事标题	发布者	发布时间	点赞量	评论量
1	满满的震撼与感动！东京奥运会闭幕后，千架无人机重现中国奥运健儿夺金瞬间	《中国青年报》	2021 年 8 月	382.1	10.4

① 界面新闻网.2023 年新媒体生态洞察：行业用户规模 10.88 亿，用户流转、分流进入新阶段 [EB/OL]. [2023-11-21]. https://www.jiemian.com/article/10422640.html.
② 6 亿人在抖音看体育，品牌如何让体育营销升维？ [EB/OL]. [2022-06-23]. http://news.sohu.com/a/560302776_120018796.

续表

序号	故事标题	发布者	发布时间	点赞量	评论量
2	没有对比就没有伤害 北京奥运会真的是 yyds	曼巴篮球	2021 年 7 月	363.2	10.1
3	中国体操奥运历史首金,最后这一跳太震撼,已绝迹江湖	PP 体育	2021 年 6 月	353.2	9.4
4	中国奥运史上最惊喜的一块金牌!替补受伤队友出战,竟满分夺冠	PP 体育	2021 年 6 月	340.5	8.9
5	北京奥运会能有多震撼?	华夏名人馆	2021 年 7 月	257.3	8.4
6	奥运版《错位时空》,看到泪目!多想你能看到,今天奥运赛场上的中国骄傲!	《人民日报》	2021 年 8 月	241.5	8.1
7	94 年奥运经典一幕,刘璇单臂大回环接京格尔空翻,至今无人超越	PP 体育	2021 年 6 月	218.8	4.3
8	公认最成功的三届奥运会!第一名无可争议!	社长知道	2021 年 7 月	215.7	3.3
9	艺高人胆大!2016 里约奥运会,林丹比赛中球拍断线了,他是这么操作的……	奥林匹克运动会	2021 年 7 月	195.7	3.0
10	奥运赛场上的中国飞人,最慢起跑方式,后程爆发夺冠	大国重器	2021 年 6 月	194.3	6.1
……	……	……	……	……	……
68	热泪盈眶!用 100 只猫演绎中国奥运史	中分兄弟	2021 年 8 月	4.5	0.1

二 类目建构

本书的目的是考察故事中的叙事表征及其国家认同的构建情况,包括两个分析单位,一是利于国家认同构建的叙事表征;二是反映受众国家认同的评论特征。

(1)分析单位 1:中国奥运故事与国家认同构建的叙事表征。根据数字叙事理论,从短视频平台讲述奥运故事的视觉符号、情感语义和情景塑造三个方面,探究构建国家认同的叙事表征。

视觉符号方面。奥运故事中的视觉象征符号是构建国家形象的方式,旨在通过象征符号的作用将受众带入同一阈限空间中构建国家认同[1]。根

---

① 李华君,窦聪颖,滕姗姗. 抗战胜利 70 周年阅兵仪式的象征符号、阈限和国家认同建构 [J]. 新闻大学,2016(2):93-99+114+151.

据象征符号的划分①，以及短视频有关体育方面的叙事特征，奥运会相关的视觉符号主要涉及物化象征符号（如国旗等物质）、行为象征符号（如运动员身披国旗等行为）、感觉象征符号（如夺冠次数统计呈现、象征中国文化的图案等）和社会象征符号（如将运动队、运动员刻画成"中国军团""奥运军团"等暗含军人特征的象征符号)②。四类符号可以增进受众对国家和民族的理解、认知，促进国家认同构建。因此，将其作为故事视觉符号方面的编码类目。

情感语义方面。认同是个体对其归属群体的认知，并从其获得的群体资格中得到某种情感和价值意义。因此，国家认同的构建根植于情感③。中国奥运相关的情感叙事一方面体现在运动员个体层面，通过运动员为国争光、顽强拼搏等行为的刻画，增进受众的情感共鸣，深化受众对国家的情感联结程度，进一步强化受众国家认同的稳定性和趋向性④。另一方面，体现在历史文化层面，作为大型体育赛事的奥运会，在叙事过程中，可以通过仪式互动和赛事符号形成双向互动，进而唤醒受众历史记忆，更新集体记忆，在文化体验场域形成对国家形象和价值理念的共情、共鸣和共识，从而加深国家认同⑤⑥。因此，将运动员和历史文化作为情感语义维度的编码类目。

情境塑造方面。数字媒介环境下，短视频讲述中国奥运故事需要在修辞策略和表现手法上不断创新，以增强信息表达的具象性、趣味性和可读性，为受众提供沉浸式的接受情境，进而强化符号和情感所呈现的价值理念，促进受众认同⑦。结合伯克修辞理论，叙事者从相应的叙事视角，可

① 瞿明安．象征人类学视野中象征的构成要素［J］．贵州社会科学，2013（8）：40-43.
② 周金钰，王相飞，王真真，等．奥运夺冠短视频的新媒体传播与国家认同构建——以2016年里约奥运会为例［J］．山东体育学院学报，2019，35（4）：19-25.
③ 彭茜．论国家认同的"情感转向"及其教育意蕴［J］．西北师大学报（社会科学版），2022，59（1）：69-79.
④ 吴明惠，李乾丙，王真真，等．运动员成长的情感叙事与国家认同促进——以"讲好中国奥运夺冠故事"为旨归［J］．广州体育学院学报，2023，43（3）：66-74.
⑤ 高洁，蒋依依．大型体育赛事提升国家认同的作用机理与实施路径［J］．体育文化导刊，2024（5）：27-33+76.
⑥ 王真真，王相飞．共情传播视域下中国体育故事跨文化传播的国际认同建构［J］．山东体育学院学报，2024，40（1）：97-104+126.
⑦ 刘涛，张媛媛．中华优秀传统文化"双创"的数字叙事及其语义修辞机制——以融合新闻叙事实践为例［J］．新闻界，2024（3）：4-15.

以使受众进入修辞者构建的场景之中，构建与叙事人物或叙述者身份的同一，继而有利于促进受众对修辞内容从无意识认知到认可①。与之相应的，在短视频平台中，叙事者可以通过相应的视觉呈现和语言表述，调整叙事视角，构建身份同一。因此，将受众与叙事者身份、受众与叙事人物身份同一两个维度，作为增进受众情境体验的编码类目。

（2）分析单位2：受众国家认同相关的反馈情况。主要根据受众对奥运故事视觉符号、情感语义和情景塑造三个方面的反馈情况，对其国家认同的相关表述进行类目建构，具体划分为异同感、归属感、忠诚感、理想感和立场感五个方面。其中，根据这五个方面的内涵，异同感方面的评论内容需同时体现中国与他国/世界的相关表述；归属感和忠诚感方面的评论内容需表达自身对所属国家的正面认知（如体现国家自豪感的相关表述）；理想感方面的评论内容需体现对国家或国家体育方面未来发展的期许（即希望未来国家/国家体育如何发展），或对自身关于国家层面的相关要求（即希望自身应该如何做）；立场感方面的评论内容需体现对国家或国家体育方面未来发展的认知（即表达未来国家/国家体育应该如何发展）。

三　编码与数据分析

由两名编码员对故事及评论进行编码，首先，对中国奥运故事与国家认同构建情况进行编码；其次，结合受众评论情况，筛选出能够体现国家认同且对应视觉符号、情感语义和情景塑造三个方面叙事特征的相关评论，进而对相应评论进行编码。各类故事及评论编码结果的一致性均高于0.75。由此，进一步对编码内容的特征进行梳理，初步了解短视频平台讲述中国奥运故事与国家认同构建的情况（见表1-2）。其中，在视觉符号方面，主要构建受众国家认同的感觉象征符号，以呈现中国传统文化和中国参与奥运历程；在情感语义方面，运动员和历史文化两个方面的类目皆有涉及，并主要通过刻画运动员困难经历和共同历史记忆引发受众共情；在情景塑造方面，主要通过叙事方式和叙事镜头的呈现，构建叙事者与受众的身份同一。

----

① 邓志勇. 修辞批评的戏剧主义范式略论［J］. 修辞学习，2007（2）：36-40.

表1-2 短视频平台讲述中国奥运故事与国家认同构建情况

单位：条

叙事方面				反馈方面	利于国家认同构建的维度
维度	具体策略	数量	代表性叙事文本（叙事者、标题）	特征（代表性评论）	
视觉符号	1. 关于中国传统文化的语图互文叙事，彰显中华文化的价值意涵	27	北京奥运会开幕式中，关于清明上河图、乾隆八旬万寿图卷等中国历史最有名的五福城图。伴随着琴弦的缓缓消失，舞台中央还是浮现了古代四大发明之一的活字印刷术……（华夏名人馆的作品；《北京奥运会能有多震撼?》）	增进对传统文化的认知，增强民族自信（用开幕式向世界展现了中国传统文化。当时看得我心澎湃，内心无比骄傲作为中国人）	归属感忠诚感理想感
	2. 关于中国参与奥运历程的动画图文演绎，体现国家体育发展成效	3	第十届奥运会，中国第一次正式派出选手参赛……2008年北京奥运会中国首次位于金牌榜榜首……（中分兄弟的作品；《热泪盈眶！用100只猫演绎中国奥运史》）	增进对中国体育发展成效的认可，并表达对国家未来发展的期许（太棒了，以后我们的国家一定会国泰民安，繁荣昌盛）	
情感语义	1. 刻画运动员训练和参赛的困难经历，引发受众同情	25	洛杉矶经过了三个礼拜海上的颠簸，刘长春的体力难免受到影响……在比赛结束后，刘长春因为路费不够而回不了国……（读书人老宫的作品；《感恩生在盛世中华》）	增进对运动员的认可，并对国家发展表达相应观点（致敬英雄；心里难受，祖国要强大）	归属感忠诚感立场感
	2. 构建中国参与奥运的共同历史记忆，引发受众共情	45	中国第一支国家足球队早在1913年就已经诞生了。那一年，被看作亚运会前线的远东运动会迎来了第一届赛事……（崔磊-为思考点赞的作品；《鲜为人知的第一代中国国足，称霸亚洲足坛二十年，被称为"铁军"》）	增进对运动员认可，强化记忆建构（铭记我们的英雄！铭记曾经辉煌而让人敬佩的中国足球先驱！）	归属感忠诚感理想感

续表

叙事方面				反馈方面	利于国家认同构建的维度
维度	具体策略	数量	代表性叙事文本（叙事者、标题）	特征（代表性评论）	
情景塑造	1. 第一人称的叙事方式，构建受众与叙事者身份同一的叙事情景	37	这是我们第一次在世界顶级赛事的田径短道项目上为自己国家的运动员握紧拳头……[赛北抖（体育）的作品；《2004雅典奥运会男子110米栏决赛》]	增进对运动员行为认可和民族自信（棒棒的中国健儿，我们的英雄刘翔告诉我们，黄种人一样可以成为田径赛世界冠军）	归属感忠诚感
	2. 隐身式长镜头的画面呈现，构建受众与叙事者身份同一的叙事情景	54	李宁被选为最终点燃圣火的主火炬手，只见李宁高擎着手中的火炬徐徐升到空中……（PP体育的作品；《中国人最自豪的瞬间之一，2008年北京奥运会，李宁飞天点燃主火炬》）	增进对开幕仪式的认可和民族自信（忘不了那场让世界为之动容的伟大赛事，奢华的设计，有内涵的节目，处处向世界宣告着中国人民的自信、自强）	

第三节　抖音平台讲述中国奥运故事构建国家认同的叙事策略

围绕数字叙事的视觉符号、情感语义和情景塑造三个方面，探究抖音平台叙事者讲述中国奥运故事中的叙事策略及其国家认同构建情况。

一　符号：通过互文呈现中华文化意涵和体育发展成就，凝聚共同体意识

数字媒介环境中，叙事文本的视觉转向强调发挥图像符号表征的修辞能力，并对信息进行可视化的编码或转译，从而在视觉维度上生产劝服性话语，提高叙事质量[①]。就抖音平台所讲述的奥运故事而言，叙事者往往会通过对视觉文本中色彩、图案、标识、布局等视觉语言的使用，呈现中

---

① Weber W, Engebretsen M, Kennedy H. Data Stories: Rethinking Journalistic Storytelling in the Context of Data Journalism [J]. Studies in Communication Sciences, 2018, 18 (1): 191-206.

国传统文化意涵和我国体育事业发展成就，进而形塑受众对国家形象和体育发展的共同认知，凝聚中华民族共同体意识。

（1）通过语言与图像的互文呈现传统文化，传递中华文化价值意涵，形塑国家形象，凝聚中华民族共同体意识。抖音平台叙事者多以北京奥运会开幕仪式相关内容体现文化意涵，具体而言：共计 27 个故事以 2008 年北京奥运会开幕仪式为主题，约占整体样本的 40%。故事中，叙事者通常采用视频图像和解说相结合的方式，呈现五福城图、古代四大发明等可以代表中国传统文化且受众普遍知晓的文化符号。而象征国家传统的文化符号不仅是文明体系的内容表达，也是能被共同感知的客观存在。并且，其背后所包含的精神属性，能够不断形塑公众的心理和意识①。从国家认同的角度来看，由于国家民族的本质是一个"文化符号共同体"。因此，认同构建的底层基础源于国家历史的文化符号所形成的意义空间②。同时，从受众角度来看，由于文化符号对于民族意识的形成具有先在性影响，即可以通过对文化符号的抽象编码能力，促进社群某种共同意识的形成，进而引发族内群体对族群的自豪感③，抖音平台叙事者对象征中华民族存在和共同历史记忆的文化符号的呈现，也有利于激发受众的民族自豪感（"用开幕式向世界展现了中国传统文化。当时看得我心澎湃，内心无比骄傲作为中国人"），并可能通过受众之间的观点传递，使其他受众产生类似的认知体验，从而促使受众在对奥运开幕式中中国传统文化符号认知的基础上，形成中华民族共同体意识，激发国家忠诚感和理想感。

（2）通过动画演绎的方式呈现中国参与奥运的历程，体现国家体育事业的发展成就，增进受众对体育强国形象的认知和认同。动画作为视听一体的叙事方式，是集绘画、漫画、文学等众多艺术门类于一身的表现形式④，可

---

① 祖力亚提·司马义，刘庆斌. 文化符号视域下铸牢中华民族共同体意识研究 [J]. 社会科学战线，2023（4）：212-218.

② 本尼迪克特·安德森. 想象的共同体：民族主义的起源与散布 [M]. 吴叡人，译. 上海：上海人民出版社，2011：12.

③ 恩斯特·卡希尔. 人论：人类文化哲学导引 [M]. 甘阳，译. 上海：上海译文出版社. 2013：43-46.

④ 周梅，谭欣. 新媒体背景下少数民族动画符码赋能铸牢中华民族共同体意识 [J]. 民族学刊，2024，15（1）：111-119+132.

以通过夸张、隐喻、象征等手法呈现独特的美学风范和娱乐属性①。在抖音平台上，虽然仅3个故事采用动画叙事的形式，但都具有较高的关注度。例如创作者"中分兄弟"，通过动画形式，借助可爱的动物或人物原创形象，配以简约的文字说明和背景音乐，生动且直观地向受众演绎我国参与奥运的过往历程，呈现我国从首次参与奥运至今的成绩变化（"第十届奥运会，中国第一次正式派出选手参赛……2008年北京奥运会中国首次位于金牌榜榜首……"）。各类项目的赛绩不断突破，可以使受众感受到中国体育事业发展的成就，从而提振民族自信，建构受众对祖国的归属感和忠诚感。并进一步引导受众在对中国体育形象认知和认可的基础上，表达对国家未来发展的期许（"太棒了，以后我们的国家一定会国泰民安，繁荣昌盛"），从而有利于国家理想感的构建。

二　语义：通过克服逆境和参赛历史构建记忆，强化情感认同

情感是人类共通的心理语言，其认知语法简单而直接，一个感人的故事能够引发公众广泛的认同②。数字叙事的情感转向强调立足个体的情感认同，以共情为心理基础，增强叙事内容的感召力与可信度③。在抖音平台上，叙事者一方面会对运动员面临并克服逆境的情节进行刻画，使受众体会到运动员为国争光的爱国之情；另一方面会通过对参赛历史的再现，构建受众共同的集体记忆，调动爱国主义情感，以强化情感认同。

（1）通过对运动员克服逆境行为的刻画，表达其顽强拼搏、甘于奉献、为国争光的情感体验，构建受众情感认同。在参赛过程中，运动员往往面临伤病、挫折、身心压力等问题。例如在刘长春参与奥运会的故事中，叙事者对其赛前、赛后面临的困难进行刻画（"洛杉矶经过了三个礼拜海上的颠簸，刘长春的体力难免受到影响……在比赛结束后，刘长春因

① 刘晓婷. 全球化语境下中国动画的民族身份认同与文化自信建构［J］. 当代电影，2018（9）：164-167.
② Wahl-Jorgensen K. An Emotional Turn in Journalism Studies？［J］. Digital Journalism，2020，8（2）：175-194.
③ 王真真，王相飞. 共情传播视域下中国体育故事跨文化传播的国际认同建构［J］. 山东体育学院学报，2024，40（1）：97-104+126.

为路费不够而回不了国……"），以此塑造人物面临的逆境。随后，叙事者进一步对其坚持完成比赛，为国争光的行为进行刻画，体现其顽强拼搏、甘于奉献的精神。一方面，运动员作为"真实的人"，其克服逆境的行为，更容易展现立体、鲜明的个性特征，也更容易与社会公众建立情感连接[①]。另一方面，运动员是民族、人民集体形象的投射物，是国家这一集体伟大形象的集中彰显[②]。虽然其作为历史或现实中的一员，拥有与普通人一样的情感和生活体验。但在逆境面前，又体现出部分普通人不具备的不畏困难、坚韧不拔、百折不挠的精神品质。这些高贵的精神品质正是应被国民推崇、继承和弘扬的[③]。对此，该类叙事也可以增进受众对运动员的认可，有利于唤醒其国民身份感，从而促进归属感和忠诚感形成（"背后付出多少汗水，为自己是个中国人感到骄傲"）。此外，结合彼时故事中的国家背景，部分受众也进一步表达出国家需要不断发展和强大的立场感（"心里难受，祖国要强大"）。

（2）通过对参赛历史事件的再现，塑造共同奥运记忆，实现受众对运动员爱国主义行为和国家体育事业发展的意义感知和情感共鸣。中国参与奥运的历史再现了无数中国运动健儿顽强拼搏与不断创造奇迹的场景，更易在国民心中扎根，从而在国家归属感的基础上，促进忠诚感的形成[④]。例如创作者"崔磊-为思考点赞"在关于第一代中国国足的叙事中（《鲜为人知的第一代中国国足，称霸亚洲足坛二十年，被称为"铁军"》），通过当时国足称霸亚洲的事件开展叙事（"中国足球队的奇迹在于包揽了其中九个冠军，那是国足最辉煌的时代，称霸亚洲足坛20年，被称为铁军"），复现男足共同拼搏的场景和共同缔造的辉煌，由此可以与受众个

① 陈林柯. 情感的连接和引导：体育赛事新闻语篇的主观性叙事研究 [J]. 体育与科学，2022，43（6）：65-72.
② 吴玉军. 国家认同视域下革命英雄记忆的传承 [J]. 中国特色社会主义研究，2021（2）：96-102.
③ 薛文婷. 认同建构视野下的《人民日报》女排"五连冠"报道分析 [J]. 北京体育大学学报，2012，35（9）：28-33.
④ 张淑娟，王硕. 铸牢中华民族共同体意识视域下集体记忆的整合逻辑 [J]. 学术界，2023（12）：82-95.

体记忆产生高度的情感联通和共鸣①。此外，创作"集体辉煌"的追求也成为传续集体记忆的内在动力，并表现为个体对特定内容主动追忆与想象的理想感②。在具体的反馈中，受众也出于对运动员的认可，进一步呈现对既往参赛时刻主动回溯和追忆的特征（"铭记我们的英雄！铭记曾经辉煌而让人敬佩的中国足球先驱！"），从而有利于促进受众的集体记忆整合和国家认同构建。

三 情境：通过人称和镜头构建叙事情境，促进国家身份认同

相比于传统媒介，数字媒介的显著特点便是创设了一种沉浸、交互式的叙事情景。Aarseth 认为，这种叙事情境的构建实际上是将受众代入拓扑结构之中，打造沉浸式的叙事体验③。在此基础上，有利于受众可以在毫无自觉意识的情况下，与叙事者或叙事人物构建身份同一，从而对叙事的价值理念产生认同④。在抖音平台中，叙事者多借助第一人称视角的话语表达以及隐身式长镜头的呈现，为受众营造一种沉浸式的叙事体验，实现受众与叙事者身份同一。由此，增进叙事者对中国奥运事件的认知，相关视觉符号的呈现和情感表达也更易被受众接受，有利于促进受众的国家身份认同。

（1）在人称运用方面，叙事者在具体故事的叙事中，多运用第一人称的群体指示语，表达对运动员参与奥运比赛的感知。例如"赛北抖（体育）"在刘翔故事的创作中，运用第一人称的群体指示语强调，"这是我们第一次在世界顶级赛事的田径短道项目上为自己国家的运动员握紧拳头……"（《2004 雅典奥运会男子 110 米栏决赛》），从而避免明显的说教意味，拉近与受众的距离。在此基础上，进一步描述运动员在奥运会赛场

---

① 孙倩颖，黄维．中华民族共同体意识的三重意蕴［J］．学术探索，2022（12）：42-48.

② 张淑娟．抗战时期中国共产党对中华民族共同体意识的纵向传布及其当代启示［J］．新疆大学学报（哲学·人文社会科学版），2019，47（6）：73-80.

③ Aarseth E. Cybertext：Perspectives on Ergodic Literature［M］．Baltimore，London：The John Hopkins University Press，1997：1-2.

④ 樊小玲．国家话语修辞、族群叙事与华裔新生代身份认同——基于马来西亚华文小学教科书的话语分析［J］．华东师范大学学报（哲学社会科学版），2023，55（6）：15-25+170.

上的完美表现，更好地向受众展示了中国运动员的技术和实力。对此，受众也会无意识地产生与叙事者一致的身份认同，并借由叙事者对运动员的认可，表达自身的民族自豪感（棒棒的中国健儿，我们的英雄刘翔告诉我们，黄种人一样可以成为田径赛世界冠军），进而增进对国家身份的认同，促进归属感和忠诚感的构建。

（2）在镜头呈现方面，对于特定奥运事件的叙事，为进一步还原特定场景，叙事者通常会采用第三人称隐身式的叙事镜头，从而构建受众与叙事者身份的同一性。同时，选择长镜头的叙事，更加真实、鲜活地呈现辉煌时刻。例如：PP体育在北京奥运会开幕式的故事叙事中（《中国人最自豪的瞬间之一，2008年北京奥运会，李宁飞天点燃主火炬》），结合解说，全过程地呈现李宁飞天点燃主火炬的场景，提高受众的临场感。同时，故事中中国国旗、祥云等国家象征符号也会通过镜头更加生动地呈现给受众，其视觉完全被画面的主体意象所占据，这使得画面传达的视觉意象更容易获得受众的重视和接受。进而有利于激活受众对特定场景的记忆和民族自豪感（"忘不了那场让世界为之动容的伟大赛事，奢华的设计，有内涵的节目，处处向世界宣告着中国人民的自信、自强"），从而构建受众对国家的归属感和忠诚感。

第四节 抖音平台讲述中国奥运故事构建
国家认同的不足

抖音平台叙事者在讲述奥运故事的过程中，通过象征性的视觉语言表达、共情式的情节刻画以及沉浸式的情景塑造，增进了受众对于中国体育形象、价值理念等方面的认知和认可，但也存在诸如缺乏数字转译的可视化语言呈现、过度渲染中外对立民族情绪、缺少受众与故事人物的同一性身份构建等不足，在一定程度上影响国家认同构建。

一 较少利用可视化语言开展叙事，影响异同感和忠诚感建构

视觉符号方面，在视觉性主导的当代文化逻辑中，抖音平台上，中国奥运故事大多通过语图互文的方式，满足受众的信息需求，提高受众的阅

读体验。然而，可视化叙事并非仅仅体现为信息模态的图像化转译，也涉及数字转译的可视化呈现。即以深挖数据价值为基础，从时间、空间或剪辑语言层面，选择、征用或构造一定的视觉图式或视觉意象①。相比于图像化转译的叙事方式，数字转译的叙事更能够体现信息的历时性变化，并在主体的叙事中，呈现彼此的差异②。就中国奥运故事的叙事而言，数字转译的可视化多通过动态统计图来呈现中国或其他国家近年来参与奥运的相关数据变化情况（如金牌总数、举办次数等），使受众直观感受到中国参与奥运的历时性变化。并在与他国对比下，进一步感受到我国体育发展的成就，有利于构建国家异同感和忠诚感。目前抖音平台中虽然不乏此类的统计视频（如"中国健儿奥运金牌总数排名""全国哪个省奥运冠军最多？""决胜东京！2分钟回顾历届奥运金牌榜1896—2020年，为中国健儿点赞"等作品），但仅是呈现数据统计的动态变化情况，缺少叙事性，并未对其数据背后的价值意涵进行深入挖掘，从视频的受众反馈情况来看，也较少呈现国家认同的相关话语。

二 过度渲染民族情绪易引起身份对立，影响立场感构建

情感语义方面，抖音平台叙事者多从运动员经历或历史记忆层面出发，连接受众共同的情感体验，促进国家认同构建。然而，奥运会作为全球性赛事，关于中国奥运故事的叙事也难免涉及他国的相关内容。但囿于当前短视频平台中，快餐化、娱乐化、商业化、庸俗化倾向，以及碎片化、浅表化、极端化的网络表达，叙事者在涉及他国的叙事中，容易过度渲染中外对立的民族情绪，从而易导致受众在短视频平台中，形成对全球和平发展理念的对抗性话语，影响国家立场感的构建③。

从故事叙事角度来看，多存在于中外奥运会开幕式举办的对比叙事

① 丹尼斯·阮，王蓓. 理解数字中国：数据驱动技术的中国视角 [J]. 全球传媒学刊，2022，9（5）：44-72.
② 任瑞娟，李心玉. 数据新闻的三重意义建构及重构社会共识研究 [J]. 当代传播，2023（4）：36-41.
③ 吕小玉. 国家意识视阈下英雄记忆的形塑：价值、挑战及实践理路 [J]. 理论导刊，2022（10）：112-117.

中，即通过与他国排名，凸显 2008 年北京奥运会开幕式的壮观、雄伟、奇妙和创新。但过往奥运会排名往往缺少客观、科学的依据和标准。例如：抖音平台创作者"重启技能"等叙事者会将 NBC 环球关于"史上最炫目的奥运会开幕式"的评选结果曲解为"世界公认最成功的三届奥运会开幕式"，并通过排名的方式，使得故事在民族情绪渲染中存在过往记忆的任意拆解、拼凑和刻意歪曲等潜在问题。从受众反馈角度来看，相关类型的故事通常具有较高的浏览和评论量，并多通过略带嘲讽或贬低的消极评论，对他国产生错误认知和曲解。由此，与我国秉持和平、包容的理念形成对抗性话语。进一步而言，这种源于网民自由、任意表述的合力，更容易使受众形成一种较为狭隘的爱国主义①，产生较为偏激的国家立场感，不利于国家认同的构建。

三 同一性身份构建不足，影响归属感和忠诚感构建

情境塑造方面，抖音平台叙事者通过第一人称镜头呈现与语言表达，将受众代入叙事者的视角，使受众接受叙事者为其设置的立场，从而采纳叙事者关于国家形象、价值理念的观点，以此实现叙事者与受众身份同一的叙事情景，促进国家归属感和忠诚感的构建。然而，故事叙事必然涉及故事人物、叙事者与受众三者。相较于受众与叙事者的身份关系，进一步构建受众与故事人物身份同一的叙事场景，更有利于提高受众跨越时空的临场感，以此增进受众对于国家身份的认同。在中国奥运叙事中，故事人物包含运动员、观众等不同角色，但结合既有样本来看，视频叙事者并未直接呈现关于运动员、国民受众等人物的话语，更无从通过故事人物进行的同一性修辞表达以构建国家身份同一。同时，在镜头呈现方面，也较少采用第一人称镜头，从故事人物的角度为受众呈现特定的奥运画面，故事人物与国家情怀、价值观点相关的话语表达无法有效传递于受众，在一定程度上制约归属感和忠诚感的构建。

---

① 刘培功. 网络非理性民族主义的特征、危害与价值引导［J］. 河南社会科学，2021，29（6）：46-54.

第五节　短视频平台讲述中国奥运故事，促进国家认同的建议

根据抖音平台讲述中国奥运故事及其构建国家认同的现有特征与不足，建议未来的传播中，可以运用图像化叙事语言，展现中国体育发展成就和中华文化，强化认同；深化全球与国家视角下的叙事，促进情感认同；注重同一性身份叙事，促进身份认同。

一　运用图像化叙事展现体育发展成就和中华文化，强化认同

短视频中的视觉文本含有色彩、图案、标识、布局等多种视觉语言，可以通过修辞实践产生劝服性话语。因此，短视频平台讲述奥运故事可以运用图像化叙事语言，真实展现中国参赛过程，并注重中华文化传播，以此强化受众对国家体育形象的认知和文化认同。

（1）在视觉呈现语言方面，注重在语图论证结构中处理好图像的叙事角色，一方面，要注重挖掘奥运会期间能够体现中国文化和中华民族传统精神的符号元素，包括体现国家特征的衣着图案、颜色等感觉象征符号；另一方面，通过"环境再现"的视觉图像真实地展现领导人、教练员、运动员等人物在奥运会举办过程中的相应行为，例如运动员取得优秀的赛事成绩、我国领导人与他国领导人交流等情节。

（2）在可视化语言方面，通过历时性的可视化数据展现中国参与历届奥运会的异同。可以实时关注历届参赛过程中，我国整体或各类项目竞赛情况，并与其他国家或以往比赛成绩对比。使之在"时间"或"国家"轴线上，突出中国参与奥运会取得的显著成绩，呈现当前中国体育发展成就，塑造正面体育形象。

二　深化全球与国家视角下的叙事，促进情感认同

短视频叙事的情感框架是一种基础性的元框架（Meta-Frame）形态，其功能就是通过视听模态的呈现方式，创设感性场景，从而在情感维度上构筑公众的认同体系。因此，叙事者应深化对国家与全球视野下的记忆建

构和价值呈现，合理引导民族情感。

（1）注重国家视野下，个人及国家的价值理念传递，促进价值认同。一般而言，国内主流媒体在奥运期间，会相继报道各项目代表队日常刻苦训练的情况，并不乏通过短视频平台进行传播。因此，可以围绕奥运参赛运动员在训练场、奥运赛场等多个场景，刻画运动员克服伤病等困难，坚持训练和比赛的拼搏精神。从而呈现个人为国争光的爱国之情，并以此反映出当前国家向受众传递的主流价值观，构建受众的价值认同。

（2）注重全球视野下，多元共存价值理念的呈现和记忆建构，合理引导受众的民族主义情绪。短视频叙事者应注重讲好中国与他国交流的奥运故事，呈现中外友好关系。例如在巴黎奥运会期间，正值中法建交 60 周年，短视频创作者可以注重中法既往和此次交往的情节刻画，进而构建集体记忆，传递中国对外的价值理念。同时，关于奥运期间受众在短视频平台中的中外对抗性话语表达，叙事者可以通过互动修辞和理性沟通，合理引导受众民族主义情绪，构建正确的国家立场感。

三 注重同一性身份叙事，优化叙事体验，促进身份认同

情景构建被视为话语介入的发生基础和引擎，而只有在一定的情景中，才能促进受众的信息接收，获得较好的叙事体验。抖音平台叙事者通过构建与受众的身份同一情景，有利于增进受众对叙事者建构的国家价值理念、国家形象的认可。因此，建议短视频平台叙事者以此为鉴，构建多主体间的身份同一性，塑造沉浸式的叙事体验。

（1）注重叙事者与受众身份同一的叙事视角。在镜头呈现方面，从第三人称隐身式叙事的角度，构建与受众的身份同一。运用特写或长镜头的呈现方式，刻画故事人物行为或呈现象征中国元素的符号，以此优化故事的视觉呈现效果，更好地表现中国奥运代表团的辉煌时刻。以此强化受众对中国人物、国家形象的认知和认同。在话语表达方面，则可以在对相关热点事件的观点论述和解析中，更多地使用第一人称的视角呈现国家层面的观点，以此将受众代入叙事者的视角，深化对相关事件、人物的认知和视频中传递的观点的认同。

（2）注重故事人物与受众身份同一的叙事视角。建议叙事者尽可能地

深挖中国既往参赛期间的相关影像、采访记录、报道等内容，并注重将人物视听画面和话语融入奥运故事中。诸如运动员备战奥运会的日常训练、竞赛前后采访的话语表述、影像记录，或是教练员或观众视角下的镜头语言叙事。以此构建受众与奥运故事人物跨时空的身份同一，塑造在场、共时、共景的沉浸式叙事场景。

第二章

讲好中国运动员奥运会夺冠故事，促进国家认同

——以人民网讲述的 2022 年北京冬奥会夺冠故事为例

国家认同是一个国家国民最基本的认同，它既是国家的心理基础，也是国家统一和稳定的重要条件①。全球化进程的加深导致国家认同理念的削弱，而中国作为一个多民族国家，为保证民族团结和国家统一，应把国家认同放在首位②。体育承载着国家强盛、民族振兴的梦想③。体育成就是公民对国家感到自豪的重要原因，可以提高国家公民的认同感、归属感、团结感，对国家认同的形成与强化具有重要作用④。

叙事是建构国家认同的重要方式⑤，党的二十大报告指出要"加快构建中国话语和中国叙事体系，讲好中国故事、传播好中国声音，展现可信、可爱、可敬的中国形象"。因此，可以通过讲好中国体育故事，弘扬中华体育精神，传播中华体育文化，以此促进国家认同。习近平总书记强调，"奥林匹克频道要通过奥林匹克运动和文化传播，讲述中国体育故事、

① 周平. 论中国的国家认同建设 [J]. 学术探索, 2009 (6): 35-40.
② 韩震. 论国家认同、民族认同及文化认同——一种基于历史哲学的分析与思考 [J]. 北京师范大学学报 (社会科学版), 2010 (1): 106-113.
③ 建设体育强国 展现时代风采 (奋进新征程建功新时代) [EB/OL]. [2022-02-22]. https://mr. mbd. baidu. com/r/PgszrIsnL2? f=cp&u=de1a64b31659d833.
④ 刘红霞. 媒介体育中国家认同的再现与建构 [J]. 体育科学, 2006 (10): 3-14.
⑤ 何承林, 郑剑虹. 叙事认同研究进展 [J]. 中国临床心理学杂志, 2016 (2): 376-380.

弘扬中华体育精神"①。作为全球性的"媒介事件",奥运会借助媒介象征再现了集体参与感,促使民众在特定时空形成了强大的向心力和凝聚力,在维护国家主流价值观念和建构国家认同方面发挥重要作用。运动员在奥运会上夺冠能进一步强化大众的国家政治归属感和认同感②。运动员激烈竞争时,本国观众共同呐喊助威,在夺冠运动员领奖时,国旗缓缓升起、国歌响彻场馆,这一幅幅场景构成了大众的集体记忆,唤起了民众的情感共鸣,为国家认同的建构提供了基础③。因此,应讲好中国运动员奥运会夺冠故事,可以将运动员夺冠的个人题材过渡为大众民族自豪和民族认同话题,从而促进国家认同。2022年北京冬奥会是新冠疫情以来首次如期举办的全球综合性体育盛会,冬奥会的承办展现了我国政治稳定、文化丰富、社会和谐、经济繁荣、文明开放的大国形象,激发了全国人民的民族自豪感④。中国体育代表团在本届冬奥会上共收获9枚金牌,创历史新高,因此,以2022年北京冬奥会为例讲好中国运动员奥运会夺冠故事可以提升民族凝聚力,建构国家认同。

情感是认同的根基⑤,结合情感讲故事即情感叙事,其本质在于用语言文字等方式的共情传播唤醒受众情感,以情感激发共鸣并获得认同⑥。中国运动员奥运会夺冠故事的国家认同构建,即通过叙事实现目标受众对国家情感、态度、认知的变化,最终目的在于走进传播对象的内心,实现内化认同。这一目标的达成离不开对目标受众心理诉求和情感需要的满足⑦。

① 全面展示北京冬奥会冬残奥会精彩非凡卓越的奥林匹克新篇章 为推进中华体育强国建设作出贡献 [EB/OL]. [2021-10-26]. http://politics.people.com.cn/n1/2021/1026/c1024-32263936.html.

② 刘红霞,凡菲,蔡晓楠,等.《中国体育报》北京奥运与伦敦奥运报道国家认同议题框架分析 [J]. 沈阳体育学院学报,2013 (6):34-37.

③ 周金钰,王相飞,王真真,等. 奥运夺冠短视频的新媒体传播与国家认同构建——以2016年里约奥运会为例 [J]. 山东体育学院学报,2019,35 (4):19-25.

④ 周榕,周肖,万晓红. 从国际均衡到自我凸显:现实建构主义视域下我国主流媒体"双奥"报道框架的转向 [J]. 武汉体育学院学报,2022 (10):30-37+43.

⑤ 彭茜. 论国家认同的"情感转向"及其教育意蕴 [J]. 西北师大学报 (社会科学版),2022 (1):69-79.

⑥ 徐书婕. 现实题材电视剧的情感叙事及其认同建构研究 [J]. 中国电视,2019 (4):54-58.

⑦ 徐明华,李丹妮. 情感通路:媒介变革语境下讲好中国故事的策略转向 [J]. 媒体融合新观察,2019 (4):14-17.

但部分媒体在讲述中国运动员奥运会夺冠故事时，情感表达方式选择不当，可能造成受众对于夺冠运动员的误解，从而无法发挥夺冠故事促进国家认同的作用。因此，媒体需要找到合适的情感表达方式，以讲好中国运动员奥运会夺冠故事，促进国家认同。本章拟从叙述者的角度出发，探究讲好中国运动员奥运会夺冠故事的有效情感叙事方式，以激起大众情感共鸣，满足大众情感需求，从而建构并促进国家认同。

第一节　核心概念与理论基础

一　核心概念

1. 国家认同

国家认同是一个国家的公民对自己祖国的历史文化传统、道德价值观、理想信念和国家主权等内容的认同[1]，包含异同感、归属感、忠诚感、理想感和立场感，这五个层次的意义逐渐递进[2]。①异同感：国家认同必须在有他国存在的前提下才会存在，一个人必须有"我国"和"他国"的区分，感受到自己有某些特殊属性异于他国国民，才能产生身份感。②归属感：作为集体认同来讲，对内求同可以在人们内心深处构建一种"准亲属关系"，使人们在心理上进行自我归类，把自己归属于某个国家。③忠诚感：归属感的进一步发展是对国家的热爱、奉献与效忠。忠诚感使国家公民更愿意积极地为共同生活效力，而且在危难时刻愿意牺牲自我。④理想感：国家认同概念中，人们所认同的国家都是被理想化的、优越于他国的祖国，是通过比较来证明自己国家的优越性而获得的。⑤立场感：体现为支持国家的国际立场和价值理念。

2. 中国运动员奥运会夺冠故事

故事由处在时间和因果秩序中的、尚未形成诸话语的事件构成[3]。语

---

① 袁娥. 民族认同与国家认同研究述评 [J]. 民族研究，2011 (5)：91-103+110.
② 苏晓龙. 浅论中文语境中的国家认同 [J]. 科学社会主义，2008 (6)：76-79.
③ 热拉尔·热奈特. 新叙事话语 [M]. 王文融，译. 北京：中国社会科学出版社，1990：170.

境（Context）、行动（Action）、结果（Result）三个部分可以构成完整的故事结构①。据此，本章将中国运动员奥运会夺冠故事定义为："对在一定故事语境下，将中国运动员奥运会夺冠相关事件的行动过程和结果等内容，按一定时间顺序与因果关系排列组合的描述。"

从中国运动员奥运会夺冠故事的定义出发，根据故事结构及其操作化定义，本章对中国运动员奥运会夺冠故事的各个结构、内容进行了具象化表示（见表2-1），由此得出夺冠故事的语境部分主要为运动员夺冠相关背景，行动部分主要为运动员夺冠比赛相关内容，结果部分主要为夺冠结果展示与意义升华。据此对中国运动员奥运会夺冠故事文本进行结构区分，从而可以从夺冠故事的不同结构、内容中更加准确地探究出其使用的情感叙事策略。

表2-1　中国运动员奥运会夺冠故事结构、内容

故事结构	操作化定义	具体内容
语境	故事的时间地点	赛事举办时间地点
	故事的主人公	夺冠运动员个人背景
	主人公的目标	夺得冠军
	主人公取得的成绩	夺冠运动员过往赛绩
行动	需要解决的问题	比赛竞争激烈
	解决问题的态度	运动员竞赛态度
	解决问题的行为	运动员比赛过程
	解决问题的方法技巧	国家、团队给予的帮助
结果	主人公的结局	夺冠结果描述
	听众的思考	受众关联内容
	关联思考	国家、社会关联内容
	态度或行为改变	运动员夺冠后行为

① 陈先红，于运全．中国好故事评价指标体系的建构［J］．新闻与写作，2019（7）：19-23.

二　理论基础：情感叙事学

2011 年帕特里克·科尔姆·霍根出版专著《情感叙事学：故事的情感结构》，正式提出了"情感叙事学"理论①。霍根认为，情感不仅决定故事的发展目标，也影响故事的发展方式，故事结构从根本上是由人的情感系统塑造和定向的②。情感叙事是从情感层面出发，通过艺术化呈现与情感表达，将人类共通的情感内含在叙事中，从而引发受众情感体验的一种叙事方式③。

国家认同根植于情感，与情感相互作用、密不可分。认同是个体对其归属的群体的认知，并从获得的群体资格中得到某种情感和价值意义。国家认同既包括人们对自己国家和人群的知识的相关看法，又涉及人们对自己国家和人群的情感、情绪和评价等方面的内容④。罗伯斯·庞尔认为，国家是一种纯粹的、完美的、近乎狂热的情感共同体⑤，个体对于国家的忠诚，来源于日常生活及其切身体验与所获情感。情感是群体认同、社群联系及社会动员的动力。从国家政治认同来看，政治权力的实施代表着权力客体对主体具有发自内心的信任与忠诚感，而这种意志力的形成需要情感认同调动大众激情。从国家文化认同来看，历史记忆、民俗节庆等内容都借助情感体验，唤起大众对于国家及文化的情感认同。因此，以情感进行叙事可以促进国家认同。

中国运动员奥运会夺冠故事中运动员与公众的兴奋、激动、骄傲、愤怒、感动等情绪、感受是进行情感叙事的基础和条件。情感叙事能使受众对夺冠运动员及国家产生赞同和热爱等态度，并在反复的情感体验中不断地发展与巩固这种态度，进而达到情感认同的高级阶段，发自内心地产生

①　Hogan P. Affective Narratology：The Emotional Structure of Stories［M］. Lincoln & London：University of Nebraska Press，2011.
②　Hogan P. Affective Narratology：The Emotional Structure of Stories［M］. Lincoln & London：University of Nebraska Press，2011.
③　欧阳宏生，徐书婕. 新世纪以来现实题材电视剧的情感呈现研究［J］. 西南民族大学学报（人文社科版），2019（5）：135-139.
④　袁娥. 民族认同与国家认同研究述评［J］. 民族研究，2011（5）：91-103+110.
⑤　于京东. 现代爱国主义的情感场域——基于"记忆之场"的研究［J］. 社会科学战线，2020（5）：131-139.

自豪、幸福等情感，深化对国家的情感联结程度，从而进一步强化其认同的稳定性与趋向性。情感叙事视域下讲述中国运动员奥运会夺冠故事是将运动员激情拼搏的故事与国家蓬勃发展的故事相联结，把受众对于运动员夺冠的情感内化为对于国家的认知，是集主观性、客观性于一体，个人结构特征与社会现实性相统一的复合型叙事结构。因此研究以情感叙事讲好中国运动员奥运会夺冠故事，促进国家认同是合理且可行的。

第二节　研究设计

对人民网讲述的 2022 年北京冬奥会中国运动员夺冠故事进行具体情感分析，基于国家认同的层次，探究其使用的情感叙事策略，及其对于国家认同构建的现状与问题，并提出以情感叙事讲好夺冠故事，促进国家认同的策略。

一　研究对象与样本选取

本章以人民网讲述的 2022 年北京冬奥会中国运动员夺冠故事为研究对象。原因如下：①持续地建构和再生产国家认同是大众媒体的"既定目标"和"天然责任"[①]，人民网作为国家级主流媒体网站，更是如此。②人民网是中国网络媒体创办的第一个网上时政论坛，作为国际互联网上最大的综合性网络媒体之一，在国内外具有较大影响力。③人民网重视讲述 2022 年北京冬奥会的中国运动员夺冠故事。以 130 个专题板块，近千篇稿件，引领网络空间，全面展示冬奥盛况，并推出冬奥冠军独家视频连线，以及冬奥冠军系列报道[②]。从人民网讲述的中国运动员奥运会夺冠故事入手，基于情感分析，探究其在讲好中国运动员奥运会夺冠故事中以情感叙

---

① Hutcheson J, Domke D, Billeaudeaux A, et al. U. S. National Identity, Political Elites, and a Patriotic Press Following September 11 [J]. Political Communication, 2004（1）：27 - 50.
② 时代感·发展观·体育情——人民日报北京冬奥会报道刍议 [EB/OL]. [2022 - 05 - 31]. https://mp. weixin. qq. com/s? __biz = MjM5NjEwMjMwNw = = &mid = 2649861960&idx = 1&sn = 86e61fc0e76067de7770ba654df3c8a5&chksm = beeb6684899cef92514f37f0b3490fba93efb 18b58e55f5061af9b043b66dee1977ac975fa7b&scene = 27.

事促进国家认同的情况，具有一定的代表性。

以"北京冬奥会""夺冠""冠军"和冠军姓名等为关键词进行全文检索，从人民网数据库检索出 2022 年北京冬奥会期间（2022 年 2 月 4 日至 20 日）的中国夺冠运动员相关报道 210 篇。对内容重复的报道及内容关联度低的图片、视频报道进行剔除，剩余 62 篇。在此基础上，根据上文对中国运动员奥运会夺冠故事的定义，选择故事类内容，最后获得有效数据共 52 条。

二 研究方法：情感分析

文本情感分析是对带有情感色彩的文本进行分析、处理、归纳和推理的过程，挖掘文本带有的情感倾向[①]。基于情感词典的情感分析方法，是指根据不同情感词典提供的情感词的情感极度，来划分不同粒度下的情感极性[②]。大连理工中文情感词汇本体库是在 Ekman 的六大类情感分类体系基础上构建的，将情感分为"好、恶、乐、怒、惧、惊、哀"七大类[③]。其中"好""乐""惊"属于积极情感，消极情感包括"哀""惧""恶""怒"。各类情感的情感强度被设置为 1、3、5、7、9 五个等级，9 档强度最大，1 档强度最小。相较于其他情感词典，大连理工中文情感词汇本体库的情感强度划分更为细致。因此，本章基于大连理工中文情感词汇本体库，对中国运动员奥运会夺冠故事不同结构内容进行具体情感分析，以了解故事结构中不同情感的分布情况及特征词。

根据运动员姓名、体育运动项目等专有名词构建自定义词典，并将标点符号以及不涉及情感且无实际意义的词列入停用词典。在 Python 中调用 jieba 库，引入自定义词典和停用词典对夺冠故事不同部分的文本进行分词，再引入大连理工中文情感词汇本体库，对分词后的故事文本进行具体

① 王婷，杨文忠．文本情感分析方法研究综述［J］．计算机工程与应用，2021（12）：11-24

② 王婷，杨文忠．文本情感分析方法研究综述［J］．计算机工程与应用，2021（12）：11-24．

③ 李吉，黄微，郭苏琳，等．网络口碑舆情感强度测度模型研究——基于 PAD 三维情感模型［J］．情报学报，2019（3）：277-285.

情感分析，列出各条文本中的情感特征词及其出现频率，以及各故事文本的情感倾向，以探究夺冠故事的情感叙事方式。

第三节　中国运动员奥运会夺冠故事的情感叙事及其国家认同建构

基于大连理工大学中文情感词汇本体库，对中国运动员奥运会夺冠故事的语境、行动、结果部分进行具体情感分析（见表2-2），探究夺冠故事使用的情感叙事策略，及其国家认同建构的情况，发现中国运动员奥运会夺冠故事已经尝试使用情感进行叙事，但情感叙事在故事中的占比较小，主要从异同感、归属感、忠诚感层次来建构国家认同。

表2-2　夺冠故事不同结构情感叙事及国家认同建构示例

单位：%

故事结构	情感倾向	情感内容	所占权重	示例文本	国家认同
语境	积极	优异成绩	87.8	他们都有一颗不屈的灵魂，都展现了超乎寻常的顽强斗志	忠诚感
				在冬奥会之前的一系列比赛中，她取得了6金2银1铜的骄人战绩	
	消极	伤病背景	12.2	由于竞技状态等方面的因素，她曾数战冬奥失利，无缘金牌	
				运动生涯的高起点，让他承受不小的压力，伤病的困扰更增加了不确定因素	
行动	积极	完美表现	76.1	最后一跳，面对巨大的压力，谷爱凌的表现无懈可击，得到86.23分的高分	异同感 归属感
				中国队选手隋文静、韩聪翩若惊鸿，婉若游龙，表现堪称绝美	
	消极	激烈竞争	23.9	第二枪，实力更强的任子威和刘少林相继领先，在终点前发生"纠缠"，几乎同时伸腿冲线	
				由于赛况"复杂"，结果迟迟没能产生。裁判经过反复研判，最终宣布刘少林同一组比赛中两次犯规	

续表

故事结构	情感倾向	情感内容	所占权重	示例文本	国家认同
结果	积极	金牌价值	89.2	定格下载入史册的荣耀时刻：高亭宇勇夺北京冬奥会速度滑冰男子 500 米冠军	忠诚感
				"冰丝带"成为"最快的冰"，是国家速滑馆团队一直以来不断探索和追寻的梦想，也是场馆在建设过程中不断汇聚各界专业力量所取得的成果	
	消极	赛后感慨	10.8	很多人在赛后都没有看到苏翊鸣掩面而泣、仰天痛哭的场景，唯有他的日本籍教练佐藤默默地安慰他	
				说不遗憾那是假话，取得这样的成绩，武大靖也对得起过去 4 年的努力和坚守	

一　语境：以优异成绩和伤病背景，展现热爱效忠之情，建构受众忠诚感

忠诚感是国家认同的重要组成部分，忠诚于国家的观念对于国家认同的培育和强化具有积极的意义，体现为个体热爱国家、效忠于国家、愿意为国家的利益而奉献自我的热忱。夺冠故事的语境部分以积极情感描述夺冠运动员过往的优异赛绩，以消极情感描述其赛前伤病背景，注重对过往比赛经历的描述，以夺冠运动员热爱祖国并多次为国出征、克服伤痛并为国家荣誉奉献青春等内容，树立夺冠运动员效忠于祖国的榜样形象，激发受众忠诚感。

（一）以积极情感强调运动员为国所获得荣誉，表达其爱国之情

在中国运动员奥运会夺冠故事语境部分的情感叙事中，积极情感占比较大，相关的情感特征词包括"新星""骄人""祝贺""奇迹"等。结合情感特征词相关的夺冠故事文本，例如"2004 年出生的苏翊鸣，是全场年龄最小的选手，苏翊鸣是中国单板滑雪运动冉冉升起的一颗新星""在冬奥会之前的一系列比赛中，她取得了 6 金 2 银 1 铜的骄人战绩"，中国运动员奥运会夺冠故事语境部分，以积极情感描述了夺冠运动员优异的过往比赛成绩，塑造了"优秀""完美"的精英式夺冠运动员形象，用夺冠运动

员为祖国赢得的一系列荣誉，展现运动员对祖国的热爱之情。并以"为国争光""表现神勇""为中国再次创造奇迹"等祝贺式表达，激励受众以夺冠运动员对祖国的热爱、奉献、效忠为榜样，建构受众对国家的忠诚感。

（二）以消极情感描述运动员克服伤痛为国争光，展现其甘愿奉献之姿

中国运动员奥运会夺冠故事的语境部分消极情感出现得较少，相关的情感特征词包括"困扰""失利""遗憾""紧张"等。相关情感特征词所在的夺冠故事文本内容大致包括"运动生涯的高起点，让他承受不小的压力，伤病的困扰更增加了不确定因素""由于竞技状态等方面的因素，她曾数战冬奥失利，无缘金牌"等内容。由此可见，中国运动员奥运会夺冠故事的语境部分着重以消极情感描述夺冠运动员在运动生涯中患的伤病、遇到的挫折和承受的压力，用赛前的遗憾失利、克服伤痛的不易，与奥运会夺冠形成极大反差，从侧面衬托出夺冠运动员付出的巨大努力。夺冠故事指出"他们努力拼搏，是为自己拼，更是为祖国拼"，体现出夺冠运动员为祖国献力的热情，以"十年磨一剑"的经历展现出夺冠运动员为国奉献、效忠祖国的决心，可以激发受众的国家使命感，从而建构其忠诚感。

二 行动：以完美表现，激发民族自豪感，建构受众异同感与归属感

认同本质上是一个比较性概念，对于集体来说，对外求异的最终目的为对内求同，通过明确"我们"与"他们"的不同，更加确认"我们"的相同，从而在心理上进行自我归类，产生归属感。中国运动员奥运会夺冠故事的行动部以积极情感刻画夺冠运动员在赛场上的完美表现和英勇形象，以消极情感刻画竞争对手的"威胁性"形象，通过两者形象的对立，唤起受众异同感与归属感。

（一）以积极情感刻画夺冠运动员英勇形象，激发受众民族自豪感

在中国运动员奥运会夺冠故事的行动部分，积极情感相关的情感特征词大致包括"领先""训练有素""自豪""如愿以偿"等内容。结合其情感特征词相关的夺冠故事文本，例如"最后一跳，面对巨大的压力，谷爱凌的表现无懈可击，得到 86.23 分的高分""中国队选手隋文静、韩聪翩若惊鸿，婉若游龙，表现堪称绝美"，大部分积极情感的文本内容在中国

运动员奥运会夺冠故事的行动部分，描述了奥运会决赛过程中，运动员在赛场上的完美表现，向受众展示了夺冠运动员过硬的技术与实力。以"姿态完美""发挥出色""创造历史"等积极情感特征词塑造了夺冠运动员"英勇奋斗"的形象及其过人实力，并从运动员夺冠出发，以"中国队选手""我国运动员"等集体表征性词语，将叙事重心从夺冠运动员过渡到其所代表的国家上，进一步强调运动员与国家的紧密联结，激发受众的民族自豪感与归属感。

（二）以消极情感刻画竞争对手"威胁性"形象，区分"我国"与"他国"

在中国运动员奥运会夺冠故事的行动部分，消极情感的占比较高，相关情感特征词大致包括"犯规""纠缠""泪水""失望""担忧"等内容。相关情感特征词对应的夺冠故事文本内容大致包括"由于赛况'复杂'，结果迟迟没能产生。裁判经过反复研判，最终宣布刘少林同一组比赛中两次犯规""经过激烈的争夺，最后的冠军在刘少林和任子威之间展开，两人的竞争也十分激烈，在冲线时，刘少林摔倒后率先触线"等内容。结合消极情感特征词与夺冠故事行动相关文本来看，大部分消极情感内容聚焦于夺冠运动员决赛过程中出现的失误，以及运动员与对手争夺冠军时的激烈竞争场景。以"未能超越""发挥一般""发挥失误"等消极情感特征词描述作为"他者"的别国运动员"威胁性"的对立形象。以对比描述区分了"我国"与"他国"，唤起受众异同感。同时通过"对比"拉大了我者与他者之间的差别，以对立面差异衬托我们的"相同"，并通过强调"集体"特征，突出我国运动员的"实力强悍"，从而建构受众对国家的归属感。

三　结果：以金牌价值和赛后感慨，引发情感共鸣，激发受众忠诚感

国家认同中的忠诚感体现为个体热爱国家的文化、传统和历史，坚持国家利益至上，效忠国家并愿意为国家奉献自己。夺冠故事的结果部分以积极情感叙事说明了运动员夺冠的意义价值，展现了夺冠运动员为祖国效力之姿；以消极情感叙事展现了运动员夺冠后流露的真情，描述了夺冠运动员对祖国的热爱之情，从夺冠运动员对祖国的热爱、效忠与奉献中引导夺冠故事受众形成忠诚感。

（一）以积极情感展示金牌价值，强调夺冠运动员为祖国奉献力量

在中国运动员奥运会夺冠故事的结果部分，积极情感的内容占绝大部分，相关的情感特征词大致包括"荣耀""奖牌""夺冠""惊叹"。相关情感特征词对应的夺冠故事文本内容大致包括"定格下载入史册的荣耀时刻：高亭宇勇夺北京冬奥会速度滑冰男子 500 米冠军""希望自己的表现可以让更多人了解滑雪这项运动，走上雪场，体验驰骋于雪白世界的自由酷炫，实现梦想"。用"荣耀""辉煌"等内容，集中描述奥运金牌对于夺冠运动员的重要意义与价值，以"为中国创造历史""为中国速滑实现了全新突破"等话语，展现夺冠运动员以奥运金牌为祖国作出贡献，为国家建设献出一份力，激发受众荣誉感，从而建构其对祖国的忠诚感。

（二）以消极情感描述夺冠运动员赛后的真情流露，凸显其效忠祖国之心

在中国运动员奥运会夺冠故事的结果部分，消极情感相关情感特征词大致包括"严重""不好""热泪盈眶""遗憾"等内容。相关情感特征词对应的夺冠故事文本内容大致包括"很多人在赛后都没有看到：苏翊鸣掩面而泣、仰天痛哭的场景，唯有他的日本籍教练佐藤默默地安慰他""把曾经的遗憾化作前进的动力，踏实练好每一天，成功就水到渠成"。此部分着重以消极情感回顾过往波折与艰辛，通过描述夺冠运动员赛后感慨，引发受众共情。以运动员奥运会夺冠后流露的真情展示，拉近受众与夺冠运动员之间的距离，达到感同身受的效果。消极情感叙事以"为祖国拼""唱国歌时流泪"等话语，描述运动员的真情流露，体现其热爱并效忠于祖国，以情动人，增强民族凝聚力，从而激发受众忠诚感。

第四节　中国运动员奥运会夺冠故事的情感叙事促进国家认同的问题分析

对中国运动员奥运会夺冠故事的情感叙事及其国家认同建构进行分析，发现夺冠故事注重以情感叙事促进异同感、归属感、忠诚感等低层次的国家认同，而缺少对具有亲和力内容的展示、缺少对国家人文关怀之情的展示、缺少对具有积极指向的"国家优越性"的描述，是影响受众形成高层次国家认同的重要原因。

一　夺冠故事的语境部分缺少对具有亲和力内容的展示，影响受众归属感

归属感是国家认同的重要组成部分，是通过个体的对内求同，寻找集体内所有个体之间的共性，形成的内心深处的一种"准亲属关系"。归属感的产生是个体自我归类的过程，是出于比较自身与集体中个体的相似性，从而将自己归属于某个群体或国家的过程。从中国运动员奥运会夺冠故事语境部分的情感叙事分析来看，情感叙事主要聚焦于夺冠运动员过往比赛经历，忽视了以情感叙事描述运动员个人背景，因而未能有效增强故事亲和力。大部分受众可能没有参加大型体育赛事的经历，因此夺冠运动员的比赛经历对于大部分夺冠故事的受众来说通常不具备共性。缺少亲和力，难以引发受众同感共情，影响受众归属感的产生。

夺冠故事的语境部分可以引发受众归属感的内容应该是带有"中国元素"的内容，即对于中国受众来说具有典型性、普遍性、大众化的内容，可以以具有亲和力和贴近性的内容唤起受众的集体记忆，从而引发受众对于国家的归属感。从夺冠故事的语境部分包含的内容来看，夺冠运动员的个人背景可以展示与受众的共同之处，以此塑造受众归属感。夺冠运动员的个人背景可以以积极情感叙事展示各个年龄阶段运动员的鲜明个性特征、来自中国不同地区运动员的地域特征，以消极情感叙事展示来自平凡家庭运动员的"中国式"家庭特征等内容，突出夺冠故事与受众的共同点，激发受众情感共鸣，从而引发受众归属感。而夺冠故事语境部分的情感叙事对于运动员个人背景描述的缺失，可能导致故事缺少贴近性与亲和力，致使普通大众无法从夺冠故事中找到共通之处，从而无法激发其对于集体和国家的归属感。

二　夺冠故事的行动部分缺少对国家人文关怀之情的展示，影响受众忠诚感

忠诚感是归属感的进一步发展，是个人对于国家的热爱、效忠与奉献。忠诚感体现为个人对于国家历史、文化、传统的尊重与热爱，对于国

家法律制度的服从，以及愿意为国家利益而奉献自己的热忱。从中国运动员奥运会夺冠故事行动部分的情感叙事分析来看，此部分注重以情感叙述运动员奥运会决赛过程，而行动部分不仅包括奥运会决赛过程的展示，还包括国家、团队对于运动员夺冠的帮助与保障。国家和团队保障相关内容包括国家对夺冠运动员提供的体育政策保障与训练设施支持，以及国家为运动员夺冠提供的生活上的帮助等。这些相关内容可以体现出国家对于集体中个体的关怀与重视。主体对个体的人文关怀可以提高个体对主体的忠诚度①，国家关怀之情的展示，可能激发受众对于国家的热爱之情、奉献精神以及效忠行为的产生。中国运动员奥运会夺冠故事行动部分的情感叙事对于团队保障等相关内容的忽视，未能很好地展示国家"人文关怀"，可能会影响受众忠诚感的形成。

三 夺冠故事的结果部分缺少对具有积极指向的"国家优越性"的描述，理想感和立场感建构不足

理想感是个体对于想象中的集体的认同。个体认同的对象通常是经过"理想化"之后的角色。在国家认同中，人们所认同的国家通常是优越于他国的国家。立场感是国家认同的最高层次，是个体选择忠诚于国家的深层原因。在国家认同中，立场感体现为人们对于国家立场的了解与赞同，支持国家提出的理念、国家参与国际事务的姿态，以及追逐国家利益的方式。从中国运动员奥运会夺冠故事结果部分的情感叙事分析来看，此部分的积极情感注重描述夺冠结果与金牌对于夺冠运动员的个人意义。消极情感部分以运动员夺冠后"痛哭""热泪盈眶"等状态，激发受众情感共鸣。

理想感和立场感的构建需从国家优越性和国家立场的角度出发，以积极情感叙事升华夺冠故事的意义。但是中国运动员奥运会夺冠故事结果部分的情感叙事仅站在夺冠结果的角度，对其本身的价值进行说明，忽略了以积极情感叙事，从国家视角出发探讨中国运动员奥运会夺冠所体现出的"国家优越性"特点，更忽略了以国际视角窥探夺冠故事中体现的中国理念和立场，从而影响了受众理想感与立场感的生成。

---

① 王海光. 领导风格与员工忠诚度关系分析 [J]. 科技与管理, 2009 (5)：133-136.

第五节　中国运动员奥运会夺冠故事的情感叙事
促进国家认同的策略

结合夺冠故事的情感叙事及国家认同建构的现状和问题来看，以情感叙事讲好中国运动员奥运会夺冠故事，促进国家认同，可以从故事的语境、行动、结果部分包含的内容出发，以适当的情感叙事策略，循序渐进地促进受众对国家的归属感、忠诚感、异同感、理想感、立场感的生成。

一　语境：注重夺冠运动员"中国式"背景描述，以情感认同强化受众归属感

归属感形成的重点是确定个体与国家集体内个体的共性，个体寻求到这种共通之处从而将自己归类于此国家。中国运动员夺冠故事的语境部分可以注重对夺冠运动员"中国式"背景的描述，以积极情感叙事描述夺冠运动员与大众相似的地域背景，增添故事亲切感，以消极情感叙事描述"中国式"家庭背景等，引发受众情感共鸣。通过情感叙事与家国叙事的结合，提升中国运动员奥运会夺冠故事受众情感认同，强化受众归属感。

（1）以积极情感叙事描述地域背景可以强调夺冠运动员的家乡省份、家乡特征等内容，以地域上的相同点，展示夺冠故事的亲切性，激起受众的归属感。例如在任子威的夺冠故事中，可以描述其来自黑龙江哈尔滨，那里冬天零下二三十度，孩子们都爱去户外"打出溜滑"，任子威也因此爱上了滑冰。或者描述任子威个性活泼开朗，说话还带有东北口音等。这些地域背景相关描述，可以以积极情感叙事，通过地域相似性，唤起受众归属感。

（2）以消极情感叙事描述家庭背景可以说明夺冠运动员平凡普通的家庭背景，以消极情感讲述励志故事，用贴近大众的"中国式"家庭来唤起夺冠故事受众的归属感。例如在范可新的夺冠故事中可以讲述其来自并不富裕的家庭，小时候的衣服缝缝补补穿好几年，她放学回家的路上还会捡拾废品换钱来购买文具，家人以修鞋维持生计供其学习训练。夺冠故事的受众可以在这样"父母倾其所有培养孩子"的"中国式"家庭中找到共同

点，从而引发情感共鸣，产生归属感。

二 行动：积极情感与消极情感叙事协同，强化忠诚感激发异同感

异同感是大众形成的心理上的关于"我国"与"他国"区别的认识，是国家认同的前提。忠诚感是个人对国家文化传统的热爱，对国家法律政策的认知，以及愿意为国家奉献自己力量的动力。中国运动员奥运会夺冠故事的行动部分，可以以积极情感叙事再现决赛过程中运动员身上带有的国家象征物，并说明国家、团队给予的保障，唤起受众爱国热情与国家使命感，建构忠诚感。在对决赛过程的描写中，可以以消极情感叙事展现运动员决赛的激烈竞争，强化受众对"中国人"身份的意识，建构异同感。

（1）以积极情感叙事突出夺冠运动员身上的国家象征物，如"中国红"队服、"龙纹"滑雪服，以及国旗国徽等标志性象征物，这些象征性符号可以反映一个国家的历史背景和文化传统，体现国家民族的特有属性，从而唤起受众的集体记忆与使命感，建构其忠诚感。例如，很多参赛选手战服上的"京剧脸谱""国画"等中国元素。这些标志物作为文化象征可以建构受众文化认同。另外，夺冠运动员在领奖时场馆会奏响国歌、升起国旗，运动员敬礼注视国旗升起等，这些具有国家象征意义的内容可以增强受众的自豪感和凝聚力，从而建构受众对国家的忠诚感。

（2）以积极情感叙述国家为运动员们提供的设施保障，团队中教练、队医、营养师等为运动员提供的支持帮助等，这些内容可以体现国家、团队对于个人的帮助与关照，展现夺冠故事的人文关怀，从而增强受众对国家的信任感和忠诚感。

（3）以消极情感叙事重现运动员决赛夺冠场景，即他国运动员与我国运动员同场竞争的激烈场面，强化夺冠故事受众关于"他国"与"我国"的观念，激起异同感产生。例如，在任子威的夺冠故事中可以再现他与强劲竞争对手刘少林的比赛场面，两人在接近终点线时发生身体接触，几乎同时过线，在比赛结果成为悬念时，裁判宣布刘少林犯规，最终任子威夺冠。夺冠故事的行动部分可以着重以消极情感描述他国运动员与我国运动员的同台竞技，并复现"我国""中国选手""祖国"等集体表征性强的词语，强化受众"中国人"的身份意识，从而塑造异同感。

三　结果：以积极情感叙事关联国家与社会，突出理想感和立场感

从国家层面理解，认同不仅是个体确认自己属于哪个国家的心理活动，更是个体确认自己属于何种国家的心理认知。国家认同中的个体认同于一种自诩的带有价值预期的预制身份，即一种理想化的、优越于他国的身份，这也是个体理想感的体现。立场感则体现着个体的选择，是个体忠诚于国家、支持国家立场的深层原因。从国家认同的层面看，体现为个体认可本国持有的价值观。结合上文的分析来看，夺冠故事的结果部分不仅需要以积极情感展示奥运夺冠的结果，以消极情感说明奥运金牌对于夺冠运动员本人的重要性，还可以以积极情感叙事说明夺冠故事与国家、社会的关联，展示国家体育制度的优越性和中国体育发展的前景，以建构受众的理想感。同时，可以进一步以积极情感叙事说明中国的国际立场和先进的价值理念，塑造受众的立场感。

（1）以积极情感说明中国运动员奥运会夺冠故事与国家、社会的关联，展现国家体育发展前景，以建构受众理想感。从国家层面来看，北京冬奥会是疫情防控下首次如期举办的全球综合性体育盛会，中国精准防疫，在冬奥期间没有发生聚集性、溢出性疫情，为全球抗疫和举办国际重大活动提供了有益经验[①]。对其进行说明，可以体现国家政策优越性，建构受众理想感。从社会层面来看，夺冠故事的结果部分可以展示我国以北京冬奥会为契机，大力发展冰雪运动和群众体育，助力"健康中国""全民健身"的发展，进而推进全面小康目标的实现，体现国家制度的优越性。夺冠故事的结果部分还可以以"三亿人上冰雪"愿景的实现、"冰雪+旅游"等方案的实施，以及"冰雪运动进校园"等活动的开展，描绘我国体育发展的蓝图与发展前景，从而唤起夺冠故事受众理想感。

（2）以积极情感叙事展现中国秉持的价值理念及其优势，赢得受众支持，从而塑造受众的立场感。从"胸怀大局、自信开放、迎难而上、追求卓越、共创未来"的北京冬奥精神出发，建构受众的价值认同。从冬奥会

---

① 北京冬奥会彰显社会主义制度优越性［EB/OL］.［2022-04-24］. https://mp. weixin. qq. com/s/sUpwEkDmVjqWnoT2EwN9eg.

开展的国际交流活动出发，增进夺冠故事受众对于"人类命运共同体""一起向未来"等理念的认同，以此塑造受众的立场感。

中国运动员奥运会夺冠故事可以以情感叙事展现故事亲和力、体现国家人文关怀、说明国家体育发展前景，从唤起受众异同感、归属感、忠诚感、理想感和立场感的层面促进国家认同。讲好中国运动员奥运会夺冠故事具有现实意义和时代价值，情感叙事作为一种叙事修辞，能够在更大程度上发挥讲述中国运动员奥运会夺冠故事的功效，引发受众情感共鸣、改变受众情感态度，从而激发受众国家认同。面对世界百年未有之大变局，媒体可以以情感叙事讲好中国运动员奥运会夺冠故事，增强民族凝聚力，维护国家稳定统一，促进国内认同。在此基础上，可以以夺冠故事讲好中国体育故事，传播好中国声音，增强中华文明影响力，展现可信、可爱、可敬的中国形象，以增进国际认同。

第三章

社交媒体讲好中国女排故事，促进国家认同

国家认同是国民产生的对本国身份的归属意识，并表征出对国家存在的价值肯定和情感倾向①。在全球化背景下，伴随各国和各民族交流的日渐密切，国家和民族之间的政治、文化冲突等问题频发，使国家认同面临一定挑战②。叙事是建构国家认同的桥梁和纽带③。尤其是以体育为代表的叙事所呈现的国家形象、国家理念，可以通过故事的创生、解读和转化，促进国民对国家形象的正面认知和价值认同④。在国内，中国女排无疑是认同度非常高的体育叙事内容⑤。其40余年的发展之路与中国改革开放的伟大历程同期、同向、同步，在体育强国建设的伟大进程中具有突出的地位和作用⑥。同时，女排相关的人物活动、情节设置以及叙事者所处的具体

① 吴玉军，郭妍丽．国家认同建构中历史记忆的书写——基于民族身份视角的考察［J］．南通大学学报（社会科学版），2021（2）：1-8.
② 俞新天．集体认同：增强国际话语权的关键［J］．国际展望，2016（3）：1-16+142.
③ 吴明惠，李乾丙，王真真，等．运动员成长的情感叙事与国家认同促进——以"讲好中国奥运夺冠故事"为旨归［J］．广州体育学院学报，2023，43（3）：66-74.
④ 郝东方．运动叙事：叙事理论下的体育运动［J］．北京体育大学学报，2020，43（12）：149-156.
⑤ 张志扬，杨海晨．讲好体育故事：《中国女排》电视纪录片的多模态话语分析［J］．体育与科学，2021，42（3）：82-88.
⑥ 舒为平，李军，王世伟，等．改革开放40年中国女排的发展历程与时代意义［J］．成都体育学院学报，2018，44（6）：18-23.

情境，可以体现国人共同的集体记忆、价值观念等①。从而有利于增进国民对国家的归属感②。

随着社交媒体的出现和普及，其逐渐成为中国女排故事的叙事载体。在理想情况下，社交媒体所创设的虚拟叙事空间，可以更好地刻画女排相关的仪式场景、比赛瞬间、个人经历等情节③。进而将其蕴含的体育精神符号和内容符号更好地传递给用户，从而促进国民对女排和国家形象的正面认知，并在价值同一的基础上强化关于国家的政治归属感和认同感④。但受叙事方式、叙事环境等因素的影响，目前社交媒体中包含中国女排在内的体育叙事仍存在一定的优化空间⑤⑥。结合学界关于中国女排叙事的研究，虽然有学者认为中国女排故事作为讲好中国体育故事的重要议题，具有叙事性和建构性意义⑦。但更多学者对女排的发展历程⑧、女排精神的内涵⑨⑩和功能价值⑪⑫进行解读，缺乏对女排叙事实践及其建构国家认同的探索。

因此，有必要进一步结合社交媒体中女排叙事及对用户国家认同建构

① McAdams DP. The Psychology of Life Stories [J]. Review of General Psychology, 2001, 5 (2): 100-122.
② 薛文婷. 认同建构视野下的《人民日报》女排"五连冠"报道分析 [J]. 北京体育大学学报, 2012, 35 (9): 28-33.
③ 刘兰. 新媒体时代北京冬奥会的集体记忆建构与中国人的国家认同研究 [J]. 首都体育学院学报, 2023, 35 (5): 542-547.
④ 贺幸辉. 网络媒介中奥运会开幕式与文化认同——以2012伦敦奥运会开幕式为分析个案 [J]. 体育与科学, 2015, 36 (5): 96-102.
⑤ 吴明惠, 李乾丙, 王真真, 等. 讲好中国体育故事：中国运动员奥运会夺冠故事的叙事聚焦研究 [J]. 天津体育学院学报, 2023, 38 (3): 355-360.
⑥ 卢兴, 郭晴, 荆俊昌. 中国体育故事国际传播的显性要素与隐序路径——基于国际视频网站YouTube的叙事认同研究 [J]. 上海体育学院学报, 2021, 45 (5): 1-9.
⑦ 张志扬, 杨海晨. 讲好体育故事：《中国女排》电视纪录片的多模态话语分析 [J]. 体育与科学, 2021, 42 (3): 82-88.
⑧ 张波, 鲍婷, 夏天, 等. 经验, 反思, 启示：新中国70年中国女排发展历程口述史研究 [J]. 天津体育学院学报, 2021, 36 (1): 117-124.
⑨ 舒为平, 李军, 王世伟, 等. 改革开放40年中国女排的发展历程与时代意义 [J]. 成都体育学院学报, 2018, 44 (6): 18-23.
⑩ 孔年欣, 柳鸣毅, 但艳芳, 等. 中国"女排精神"的发展历程、基本内涵与传承路径 [J]. 成都体育学院学报, 2022, 48 (5): 59-64+96.
⑪ 钟秉枢, 李楠. 女排精神与体育文化 [J]. 成都体育学院学报, 2020, 46 (2): 5-7.
⑫ 张明, 袁芳, 梁志军. 体教融合背景下高校排球课程思政理论与实践研究——女排精神融入排球普修课程的设计 [J]. 北京体育大学学报, 2021, 44 (9): 156-165.

的基本情况，分析中国女排叙事如何有效促进国家认同，从而为社交媒体讲好中国女排故事，促进国家认同提供启示。

第一节　相关概念与理论基础

一　相关概念：国家认同

从心理学角度来看，"认同"的结构并不是一维的，而是多维的，"认同"是一种由认知到情感，进而影响个体行为层面的心理过程，并与所处社会环境密切关联，形成相互作用机制①②。管健和郭倩琳进一步将心理学理论引入国家认同研究，认为国民的国家认同同样是一种从认知到情感，进而影响行为层面的心理过程，具体从个体层面可以划分为共同体成员的价值倾向、情感确认和行为投入 3 个维度③及相应的具体要素（见图3-1）。

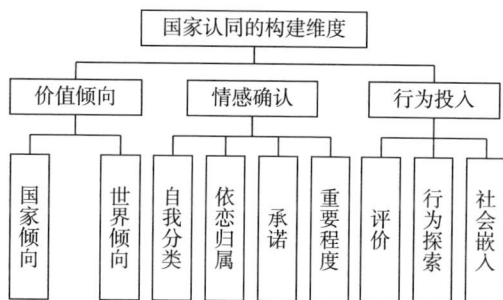

图 3-1　国家认同构建的层级结构

①价值倾向维度，代表个体的选择倾向，也是其态度、观念的深层结构，是重要的个体社会心理过程和特征。在当前全球化背景下，国家的全球化水平使国民产生世界倾向与国家倾向两种认同表现，世界倾向观念涉

①　Richard D，Kay D，McLaughlin-Volpe T. An Organizing Framework for Collective Identity：Articulation and Significance of Multidimensionality［J］. Psychological Bulletin，2004（1）：80-114.

②　Hekman S. Beyond Identity［J］. Feminist Theory，2000（3）：289-308.

③　管健，郭倩琳. 国家认同概念边界与结构维度的心理学路径［J］. 西南民族大学学报（人文社科版），2019（3）：214-221.

及一种超国家的认同观念，而国家倾向则趋于一种对国家价值观念的支持和赞许①。②情感确认维度，体现在个体对于国家特定内容所表达的情感态度，并主要呈现为自我分类、依恋归属、承诺以及重要程度四个方面②。自我分类是个体将自己划分为国家所属成员的体现；依恋归属是个体作为国家成员所形成的对于国家或国家其他成员的一种亲和倾向；承诺则在依恋归属的基础上，使个体对国家形成一种有意识的重视和认可；重要程度指个体根据对国家的亲和倾向和重视程度，进而对自我对国家的重要性的主观性评价，是情感确认维度的最终体现。③行为投入维度，体现为个体在国家认同方面的一系列行为特征。具体来看，国家认同的行为投入首先包括评价要素，即个体对自己所属国家的好感度评价和个体对感知到的公民身份的好感度；其次为行为探索要素，即个体是否主动思考、了解、谈论与自己国家相关的信息；最后包括社会嵌入要素，关于国家认同的构建不仅涉及个体自身的情感、态度、行为等，也涉及个体所处的社会环境③。

国家认同的形成是社会建构的结果，从社交媒体讲述中国女排故事的角度来看，用户对女排的认知和表述，不是被动反应，而是主动地参与建构，涉及创作者的内容传播以及用户接收故事后的相关行为。以价值倾向、情感确认和行为投入三个维度为依据，可以为用户在接受女排故事过程中的国家认同情况提供可测量的理论框架。

二 理论基础：叙事理论

叙事是叙事者向受叙事者传达真实或虚构事件的行为和过程④。为理解和解释叙事过程中所表达的信息、经验和意义，茨维坦·托多洛夫（Tz-

---

① 杨宜音. 个体与宏观社会的心理关系：社会心态概念的界定 [J]. 社会学研究，2006（4）：117-131+244.

② Christensen P N, Rothgerber H, Wood W, et al. Social Norms and Identity Relevance: A Motivational Approach to Normative Behavior [J]. Personality and Social Psychology Bulletin, 2004, 30 (10): 1295-1309.

③ Gaines S O, Marelich W, Bunce D, et al. Multigroup Ethnic Identity Measure (MEIM) Expansion: Measuring Racial, Religious, and National Aspects of Sense of Ethnic Identity within the United Kingdom [J]. Identity, 2013, 13 (4): 289-317.

④ 杰拉德·普林斯. 叙事学词典 [M]. 乔国强，李孝弟，译. 上海：上海译文出版社，2016：136-140.

vetan Todorov）首次提出从"故事"与"话语"的角度，区分叙事表达对象与表达形式①。随后，热奈特对其进一步作出修正，提出从"故事""叙事话语""叙事行为"三个方面，更为准确地把握叙述的事件、文本构成和产生话语的行为过程②。此后，里蒙-凯南为探究叙事文本如何吸引受众关注，在热奈特"三分法"的基础上，进一步从故事（Story）、文本（Text）和叙事行为（Narration）三个维度对叙事进行解构。在新媒体环境下，实际的叙事活动中存在大量真实受众介入叙事进程的现象，因此，结合里蒙-凯南的划分维度可以更好地基于受众接受的角度对叙事内容的特征进行解析。

在故事层次，强调叙事的基本内容，涉及事件、角色和时间顺序。为提高叙事接受效果须克服空间、文化和心理距离所造成的传受差异，注重故事精准呈现。社交媒体中的传播信息，具有便捷性、即时性、海量性等特征，要求叙事在故事层面能够精准呈现故事主题、人物和情节，从而吸引受众，增进认同③。在文本层次，强调故事通过语言或其他符号系统表达出来的形式，涉及叙事的具体语言、结构和风格。而在社交媒体环境下，叙事的语言往往呈现多模态性和交互互联性特征。一方面，文字与其他的媒介元素相结合所生成的多模态文本，能够为受众塑造沉浸式接受环境，从而保证足量的信息和深度的阅读空间④；另一方面，社交媒体的超文本叙事与受众的交互成为常态，可以通过点赞、评论、标签设置等功能实现跨文本互动⑤。在叙事行为层次，强调讲述故事的过程和方式，涉及叙述者的角色、身份和意图。随着社交媒体中叙事文本的沉浸式、体验性、虚拟性发展，叙事者往往立足于受众的情感认同，注重文本情感力量

---

① Shen D. Story-Discourse Distinction ［M］. London：Routledge，2005.
② Genette G. Figures Ⅲ ［M］. Paris：Editions du Seuil，1972.
③ 玛丽-劳尔·瑞安. 故事的变身 ［M］. 张新军，译. 南京：译林出版社，2014：93-120.
④ 尼基·厄舍. 互动新闻：黑客、数据与代码 ［M］. 郭恩强，译，北京：中国人民大学出版社，2020：27.
⑤ 张新军. 数字时代的叙事学——玛丽-劳尔·瑞安叙事理论研究 ［M］. 四川：四川大学出版社，2017：115.

的释放，以体现故事的叙事情感特征①。

目前，叙事理论被广泛应用于讲好中国故事的议题研究中，以探究不同媒介语境下中国叙事体系的建构②。中国女排故事在社交媒体的传播过程中，必然涉及叙事者与公众双方的修辞实践，相关叙事内容的呈现与传播不再受传统的线性结构和单一模态的限制，而可以借助平台多模态、互动性和非线性结构叙事的媒介功能，为受众提供不同的内容体验。结合叙事理论，可以较为全面地了解社交媒体讲述中国女排故事的特征规律，进而探究用户的国家认同建构情况。

第二节　研究设计

一　研究方法

本节以可解释性机器学习技术和定性比较分析法为研究方法，探究社交媒体讲述中国女排故事对国家认同建构的核心影响因素及促进国家认同的有效路径。具体方法的应用过程及原因如下。

（1）可解释性机器学习技术。可解释性机器学习技术是机器学习领域中的一个重要分支，旨在使机器学习模型的决策过程透明、可理解和可解释，以便更为精准地识别影响结果变量的关键因素。在具体操作中，首先，基于多个模型，对预设的条件变量和结果变量及其对应数据进行训练和验证，选择训练效果最佳的模型作为探究条件与结果变量关系的工具。其次，使用 SHAP 库计算每个条件变量对结果变量的贡献程度和作用方向，进一步明确预设的条件变量中，哪些是影响结果变量的关键条件。因此，结合可解释性机器学习技术，可以初步分析既有叙事维度的条件变量对国家认同的贡献程度，并根据分析结果和定性比较分析法的条件要求，筛选出关键变量，探究其对国家认同的作用方向。

---

① 曾祥敏，杨丽萍. 叙事学视角下"中国故事"的话语转场、建构与创新［J］. 传媒观察，2024（4）：45-54.
② 唐润华，叶元琪. 符号·故事·互动：数字游戏讲好中国故事的三重叙事模式［J］. 现代传播（中国传媒大学学报），2023，45（10）：43-51.

（2）定性比较分析法。定性比较分析法是结合量化与质性双重取向的分析方法，可以根据案例的多重因素和结果，生成多重因果关系和多元逻辑条件组合①。但条件变量的选取数量存在一定的限制，通常适用于分析6~8个条件变量。而在可解释性机器学习技术分析的基础上，采用定性比较分析法可以进一步对影响国家认同的核心变量进行单一条件的必要性检验，并分析变量之间的组合效应，进而归纳出利于国家认同建构的组态路径，为讲好中国女排故事提供有效参考。

二　案例选取

本节选取抖音、快手、B站、小红书平台中具有代表性的中国女排故事，作为讲好中国女排故事建构国家认同的研究案例，具体平台和样本选取的过程与原因如下。

（1）平台选择方面。首先，根据《2024年CNPP社交平台行业十大品牌榜中榜名录》，选择其中提及的社交媒体作为案例选取的平台（包括抖音、QQ、B站、快手、微信、微博、小红书、知乎、豆瓣和百度贴吧）②。原因为，CNPP品牌大数据研究院是国内少数规模化系统化进行品牌数据研究的组织，通过与国家统计部门、高校研究机构合作，提供与平台和企业的传播力、影响力相关的专业性、权威性评测结果，为政府、企业等提供决策参考。其次，以"女排""中国女排"为检索词，依次检索各个平台的中国女排视频。结合播放量、点赞量、评论量等指标来看，目前传播效果较好的女排视频主要发布于抖音、快手、B站、小红书4个平台中，故将4个平台作为案例检索的主要平台。

（2）案例选择方面。首先，为最大范围获取女排相关的故事案例，不设置检索时间限制，具体以"女排""中国女排""女排运动员"为检索词和标签进行检索（检索时间为2024年9月10日）。其次，考虑到抖音等短视频平台仅能通过点赞量进行检索，且点赞量是衡量用户对故事认同度

---

① 彭祝斌，范岳鋆，朱晨雨. 欧洲焦点事件在华传播热度的影响因素及作用机制——基于30起案例的模糊集定性比较分析［J］. 新闻与传播研究，2021（2）：106-125+128.

② 2024年CNPP社交平台行业十大品牌榜中榜名录［EB/OL］.［2024-07-15］. https://www.cnpp.cn/china/list_4509. html.

的关键指标。为统一不同平台检索标准，以点赞量为依据，依次筛选 4 个平台中用户认同度较高的女排视频。经过多次尝试和分析，以点赞量大于 1 万为筛选标准具有一定代表性，能够反映 4 个平台关于女排视频传播的整体概况。同时，考虑到需要对用户关于国家认同的情况进行分析，而用户评论能够直观反映故事是否有利于用户认同建构，因此，所选视频需要开设用户评论功能，并需要对每个视频的评论进行抓取。最后，选择中国女排故事相关的视频及其对应的评论，主要根据故事的语境、行动和结果三个要素进行筛选①。最终得到 274 个公众认同度较高的中国女排故事及其对应的 155635 条清洗后的用户评论，案例的时间跨度为 2018 年 8 月至 2024 年 9 月（见表 3-1）。

表 3-1　中国女排故事的案例选取

单位：万

序号	故事标题	叙事者	发布时间	平台	评论量	点赞量
1	女排十一连胜，郎平哭了……谢谢你们，我们收到了最好的"十一"礼物！	央视新闻	2019 年 9 月	抖音	5.6	160.9
2	中国女排赛点时刻遭误判，郎平指导果断挑战！太霸气了！#中国女排战胜韩国女排	PP体育	2021 年 5 月	抖音	4.1	254.0
3	中国女排 1：3 不敌意大利，遗憾止步世锦赛八强	女排观察	2022 年 10 月	抖音	3.0	5.2
4	催泪高燃：17 年前的这一场比赛，是此生难忘的凤凰涅槃！	呼叫网管	2021 年 4 月	抖音	2.6	107.9
5	苦战五局，拼到最后一刻遗憾落败。心疼女排姑娘们，她们尽力了。爱你，中国女排！	央视新闻	2024 年 8 月	抖音	2.4	38.4
6	夺冠！杭州亚运会女排决赛，中国女排战胜日本队，成功卫冕！祝贺女排姑娘们！	《人民日报》	2023 年 10 月	抖音	2.3	74.0
7	集结吧光合创作者 中国女排加油	静静说排球	2022 年 4 月	快手	2.2	2.8

---

① 陈先红，于运全．中国好故事评价指标体系的建构［J］．新闻与写作，2019（7）：19-23.

续表

序号	故事标题	叙事者	发布时间	平台	评论量	点赞量
8	中国女排3：2战胜荷兰，取得世锦赛第二阶段两连胜#中国女排	女排观察	2022年10月	抖音	1.9	8.6
9	郎指导：你以为我要挑战球打手？实际我在第五层	咪咕体育	2021年5月	抖音	1.8	117.6
10	中国女排和郎平拥抱告别 #东京奥运会	北青政知道	2021年8月	快手	1.7	16.6
……	……	……	……	……	……	……
274	国庆档首选电影！中国女排的励志史，两代人的奋斗拼搏，高燃解说电影《夺冠》	话很多的小姐姐们	2020年9月	B站	0.05	2.0

三　变量选取与测量

（一）变量选取

结合叙事理论以及国家认同的具体维度，可以从故事、文本和叙事行为层次三个方面，分析社交媒体对中国女排故事的叙事特征，及其可能影响用户产生国家认同的情况。通过梳理可测量的、可能影响国家认同建构的相关变量，发现中国女排故事可以基于社交媒体传播的多模态文本，通过故事层次关于国家形象及其价值理念的塑造，叙事行为层次的情感传递，激发用户对国家的价值倾向、情感确认和行为投入（见图3-2）。

（1）在故事层次，在社交媒体平台中，为吸引受众的关注，叙事内容需要更加精准地呈现主题，并塑造多元化的故事人物形象和情节[①]。具体而言，①关于故事主题。社交媒体中的中国女排故事往往通过对女排相关的人物行为、事件进行刻画，呈现女排队伍训练、参赛等多元主题。女排相关的叙事能够在一定程度上形塑国家体育形象，并可能通过特定情节呈现女排精神，以建构受众的国家认同[②]。②关于故事人物和故事单元。好

---

① 王涵，廉子晴，徐丽芳.虚拟现实媒介时代中国话语体系的叙事可供性研究 [J].出版广角，2023（7）：22-27.

② 周金钰，王相飞，王真真，等.奥运夺冠短视频的新媒体传播与国家认同构建——以2016年里约奥运会为例 [J].山东体育学院学报，2019，35（4）：19-25.

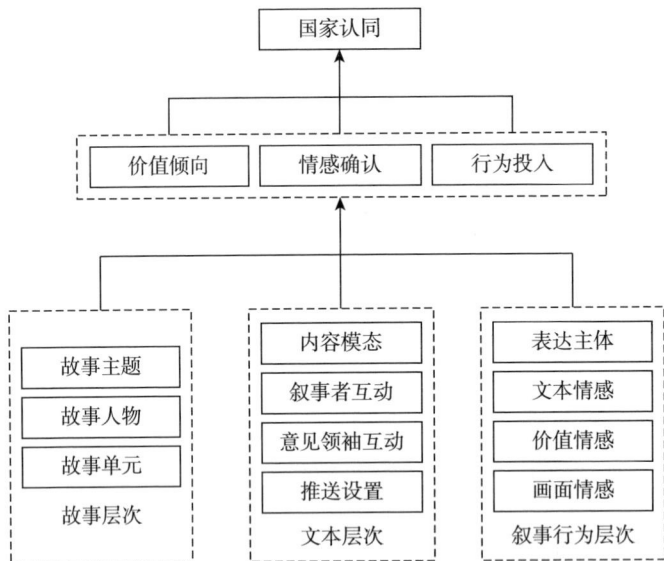

图 3-2 国家认同建构的理论框架

的故事往往呈现多元化的故事人物形象和曲折多元的情节①。因此，在对女排故事进行叙述的过程中，多元化的人物形象呈现和层级递进的故事情节单元创设，可能进一步加深受众的国家认同。

（2）在文本层次，当下，社交媒体中信息文本内容生产与传播的主要驱动力是数字化的媒介传播技术。虽然文本内容和传播方式的数字化转型与认同建构并无直接关联，但文本是女排叙事的基础，在社交媒体中，文本内容的生产方式决定了女排形象和精神等故事元素的呈现效果，传播方式则直接决定故事是否能够吸引受众关注。因此，社交媒体中女排故事的文本生产与传播方式是影响国家认同建构的基础条件。具体体现在以下两个方面。①内容模态方面，即文本内容呈现文字与图像、音频等媒介叙事方式相结合的特征，从而有利于唤起用户的记忆，实现沉浸式体验②。②内容的交互性和精准性方面，涉及叙事者、意见领袖互动和推送设置等要

---

① 曾祥敏，杨丽萍．叙事学视角下"中国故事"的话语转场、建构与创新［J］．传媒观察，2024（4）：45-54.
② 王秀丽，赵雯雯，袁天添．社会化媒体效果测量与评估指标研究综述［J］．国际新闻界，2017（4）：6-24.

素。目前，社交媒体中的叙事者可以通过视频标签设置将视频精准推送至受众群体，受众也可以通过评论、点赞等功能与叙事者开展实时的反馈和互动①。因此，内容交互性和精准性主要涉及叙事者、意见领袖互动和推送设置等要素。

（3）在叙事行为层次，叙事文本的情感化转向进一步增进了叙事内容的情绪传递和共情关联。情感是人类共通的心理语言，其认知语法简单而直接，是增进国家认同的有效方式②。因此，当前叙事者在社交媒体中，也注重叙事行为的情感化转向。但具体的情感叙事行为在不同表达主体和表征内容上存在较大差异③。在表达主体上，体现为官方与民间个人叙事主体的情感表达差异，民间个人叙事主体往往通过对人物行为、事件直接感知，表达相关情绪；官方叙事主体则更多倾向于通过背景介绍、配乐等方式侧面奠定故事情感基调，实现情感传递④。在表征内容上，涉及文本、价值和画面等情感要素。首先，社交媒体传播内容的情感表达不仅可以通过文字开展，也取决于叙事主体关于视觉语法的运用，如图像中故事人物与受众不同的"接触"（Contact）方式（包括第一人称和第三人称视角），往往能够产生"索取"（Demand）和"提供"（Offer）两种不同的互动意义，相较而言，第一人称下的"索取"往往蕴含着更大的情感互动能力⑤。其次，结合女排故事与国家认同建构来看，关于女排队伍或运动员个体训练、竞赛画面的叙事，往往可以映射出祖国至上、顽强拼搏的民族精神，相应价值理念同样可以唤醒受众的国家情感⑥。

①　汪雅倩，荣懋丹. 互动仪式链理论视角下短视频弹幕互动研究——以 Bilibili 情侣类视频为例［J］. 新闻与传播评论，2024，77（1）：56-70.
②　曾祥敏，杨丽萍. 叙事学视角下"中国故事"的话语转场、建构与创新［J］. 传媒观察，2024（4）：45-54.
③　陈燕侠，翟佳佳. 数字传播技术背景下虚拟叙事的三个维度［J］. 编辑学刊，2023（2）：51-56.
④　党君，马俊树. 重大突发事件中社交媒体建设性新闻的实践效果——基于《人民日报》官方微博对 MU5735 空难报道的分析［J］. 现代传播（中国传媒大学学报），2023，45（2）：11-18.
⑤　Kress G，van Leeuwen T. Reading Images：The Grammar of Visual Design（2nd Edition）［M］. London：Routledge，2006：116-124.
⑥　吴明惠，李乾丙，王真真，等. 运动员成长的情感叙事与国家认同促进——以"讲好中国奥运夺冠故事"为旨归［J］. 广州体育学院学报，2023，43（3）：66-74.

（二）测量方式

根据国家认同和故事、文本、叙事行为层次涉及的具体因素，设置条件与结果变量的编码和赋值标准（见表3-2）。

表 3-2 条件与结果变量编码及赋值

	变量	细分类目	编码
结果变量	国家认同	—	涉及价值倾向、情感确认或行为投入的评论数量占整体评论数量的比重
条件变量	故事层次	故事主题（A1）	3个主题（2）｜2个主题（1）｜1个主题（0）
		故事人物（A2）	侧重多元人物刻画（1）｜侧重单一人物刻画（0）
		故事单元（A3）	存在多元情节（1）｜不存在多元情节（0）
	文本层次	内容模态（B1）	画面呈现+文本解析（1）｜单一画面呈现/转载（0）
		叙事者互动（B2）	叙事者在评论区与用户互动（1）｜叙事者未在评论区与用户互动（0）
		意见领袖互动（B3）	意见领袖参与互动（1）｜意见领袖未参与互动（0）
		推送设置（B4）	以故事标签数量（个）进行赋值
	叙事行为层次	表达主体（C1）	很高（4）｜高（3）｜一般（2）｜低（1）｜很低（0）
		文本情感（C2）	根据故事整体文本的情感表达数值计算
		价值呈现（C3）	涉及对女排精神、国家价值元素的刻画（1）｜未涉及对女排精神、国家价值元素的刻画（0）
		画面视角（C4）	第一人称画面呈现（1）｜第三人称画面呈现（0）

1. 结果变量测量与编码

用户评论是用户观看视频后，基于对内容的第一印象自发性的反馈。虽然不能代表所有视频浏览者对视频的反馈情况，但能够在一定程度上表征用户对于故事的第一印象是否涉及国家认同，即故事是否可以直接引发用户的国家认同建构。具体以涉及价值倾向、情感确认或行为投入的用户评论数量占整体评论数量的比重作为结果变量。具体测量标准为①②：①价值倾向方面，以与"祖国至上、团结协作、顽强拼搏、永不言败"等女排精神、国家价值理念、全球价值理念相关的评论的数量占整体评论数量的比重为判断标准（如"很有韧性，顽强拼搏的精神还是值得骄傲的"）。②情感确认方面，以对中国体育相关的人物、事件进行正面反馈的评论的数量占整体评论数量的比重为判断标准（如"朱婷你是中国人的骄傲，加油加油！""中国女排的全体人员，都是我们骄傲的人"）。③行为投入方面，以主观视角下，对中国体育相关的人物、事件表达期许，或对自己提出相关行为要求的评论的数量占整体评论数量的比重为判断标准（如"今年排球世界杯中国女排已经5连胜了，希望22号顺利击败美国，随后击败塞尔维亚，并拿到今年世界杯冠军，加油女排""铁榔头带着一群铁姑娘！无论成败，你们的精神值得我们学习！"）。

在具体测量过程中，首先，随机抽取每个故事中的100条评论，并邀请两名编码员在明晰编码原则的情况下，对27400个样本中涉及国家认同的评论进行标记，两名编码员编码结果的一致性为0.81。其次，结合机器学习一般流程，借助ChatGPT，令其学习相应的编码要求和编码结果，将已标记好的27400个样本按照常用的7∶3的比例随机划分为预训练组和训练组，进行识别和预测，结果显示其标记的结果准确率为0.87，表明可以用其进行其他评论关于国家认同方面的标记。最后，进行其余样本的标记，并随机抽1000条评论的标记结果重新进行人工编码，两组结果的一致性为0.89，可以进一步开展后续研究。

2. 条件变量测量与编码

在故事层次方面，包括故事主题、故事人物、故事单元3个变量。关于故事主题，目前收集的女排故事主要包括女排人物、学习/解读女排精神、赛事表现、日常训练、世界诸强等主题，但一个故事往往涉及多个主题类型，考虑到多元的故事主题、情节可能影响受众的认同效果，故以故

① 李艳霞，曹娅．国家认同的内涵、测量与来源：一个文献综述［J］．教学与研究，2016（12）：49-58.
② 管健，郭倩琳．国家认同概念边界与结构维度的心理学路径［J］．西南民族大学学报（人文社科版），2019（3）：214-221.

·071·

事主题数量为测量标准。关于故事人物，根据传播的实际案例，以侧重多元人物或单一人物刻画进行叙事划分。关于故事单元，多元化的故事情节更易给受众带来沉浸式体验①，故以是否存在多元情节为故事单元的判断标准。

在文本层次方面，包括内容模态、叙事者互动、意见领袖互动和推送设置4个变量。关于内容模态，目前女排故事案例主要分为画面呈现+文本解析和单一画面呈现/转载两种类型。关于叙事者互动，即以故事创作者是否通过评论与用户开展互动作为标准。关于意见领袖互动，即以故事传播过程中，意见领袖是否与影响力较大的用户发生互动作为标准，其中意见领袖的评价标准借鉴金燕等人的观点，以用户通过专业认证、粉丝数量大于1万和视频评论点赞数量超过1000条作为标准对意见领袖进行识别②。关于推送设置，以故事标签数量作为衡量标准，通常标签数量越多，故事推送越准确，更有利于公众的检索和定位③。

在叙事行为层次方面，包括表达主体、文本情感、价值呈现、画面视角4个变量。关于表达主体，根据付少雄等的观点，划分为"很低""低""一般""高""很高"5类标准④。关于文本情感，使用根据大连理工大学中文情感词汇本体库对视频文本进行情感计算，但由于积极诉求或消极诉求均可以刺激受众，产生共情效果，故对情感表达数值的计算结果取绝对值，得到整体情感表达数值⑤。关于价值呈现，以故事是否涉及对女排精神、国家价值相关要素的刻画为测量标准。关于画面视角，女排故事的画面视角主要包括第一人称和第三人称视角，故以此为分类标准。

---

① 唐润华，叶元琪. 符号·故事·互动：数字游戏讲好中国故事的三重叙事模式 [J]. 现代传播（中国传媒大学学报），2023，45（10）：43-51.

② 金燕，刘文锦，毕崇武. 健康超话意见领袖甄别方法及其对不同参与行为的引导作用 [J]. 图书情报工作，2023，67（4）：91-101.

③ 沈雨筱，纪雪梅，王芳. 政务短视频内容娱乐化对用户信息采纳效果的影响研究 [J]. 现代情报，2023，43（7）：85-95.

④ 付少雄，苏一琦，孙建军. 基于启发-系统式模型的辟谣短视频传播效果影响因素研究 [J]. 情报学报，2024，43（4）：457-469.

⑤ 王科，夏睿. 情感词典自动构建方法综述 [J]. 自动化学报，2016，42（4）：495-511.

第三节　研究结果与讨论

一　社交媒体讲述中国女排故事建构国家认同的概况

结合中国女排故事案例，得到具体变量的测量结果（见表 3-3），初步了解社交媒体中中国女排故事叙事的规律以及建构国家认同的情况。

表 3-3　样本条件变量统计结果

单位：个，%

条件变量	变量分类	案例数	占比	条件变量	变量分类	案例数	占比
故事主题	3 个主题	105	38.3	意见领袖互动	意见领袖参与互动	135	49.2
	2 个主题	134	48.9		意见领袖未参与互动	139	50.7
	1 个主题	35	12.7	表达主体	很高	35	12.8
故事人物	侧重多元人物刻画	80	29.2		高	28	10.2
	侧重单一人物刻画	194	70.8		一般	57	20.8
故事单元	存在多元情节	50	19.7		低	102	37.2
	不存在多元情节	220	80.3		很低	52	19.0
内容模态	画面呈现+文本解析	60	21.9	文本情感	—	—	—
	单一画面呈现/转载	214	78.1	价值呈现	涉及女排精神、国家价值元素的刻画	91	33.2
叙事者互动	叙事者在评论区与用户互动	69	25.2		未涉及女排精神、国家价值元素的刻画	183	66.8
	叙事者未在评论区与用户互动	205	74.8	画面视角	第一人称画面呈现	82	29.9
推送设置	—	—	—		第三人称画面呈现	192	70.1

（1）结果变量。目前既有的高热度的女排故事，平均每个故事约有 10% 的用户评论涉及国家认同相关的内容，且多与情感确认和行为投入相关，表明创作者关于女排的叙事能够在一定程度上引发用户的国家认同。

（2）条件变量。在故事层次，叙事者往往注重多元主题下，单一故事人物和情节的刻画。在文本层次，则侧重单一的画面呈现/转载，且较少通过评论与用户互动，但仍存在部分意见领袖参与故事的互动。在叙事行为层次，叙事主体主要为具有一定影响力的专业叙事者，普通用户和官方媒体较少，但从传播效果和认同建构的情况来看，官方媒体更具优势。同时，叙事者虽然普遍注重情感表达，但画面呈现的视角通常以第三人称为主，与用户的互动存在一定距离，且虽然提及中国女排精神相关的元素，但这并非叙事的重点。

二　条件变量解释性分析

（一）条件变量重要性分析

结合目前成熟的 SVM、随机森林、XGBoost、LightGBM、CatBoost 和 NGBoost 六种机器学习模型，对社交媒体讲述中国女排故事的条件变量进行训练和结果对比，采用训练效果最好的 XGBoost 模型，对全部实验数据运行 SHAP 解释框架，得到中国女排故事涉及的每个条件变量的 SHAP 值，表征其对国家认同建构的影响程度（见图 3-3）。其中，故事的表达主体（C1）和推送设置（B4）相较于其他变量，对国家认同结果的解释效果更为显著；故事人物（A2）、故事单元（A3）、画面视角（C4）这 3 个条件变量的重要性明显低于其他变量，且考虑定性比较分析法关于条件变量数量选取的要求，剔除这 3 个变量，进一步对其他 8 个变量的作用方向进行分析。

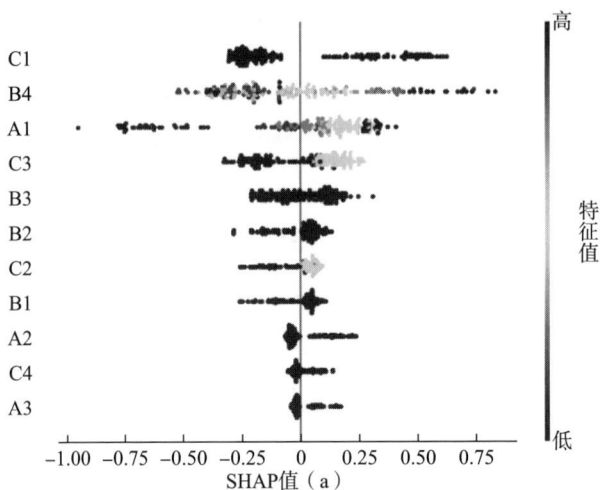

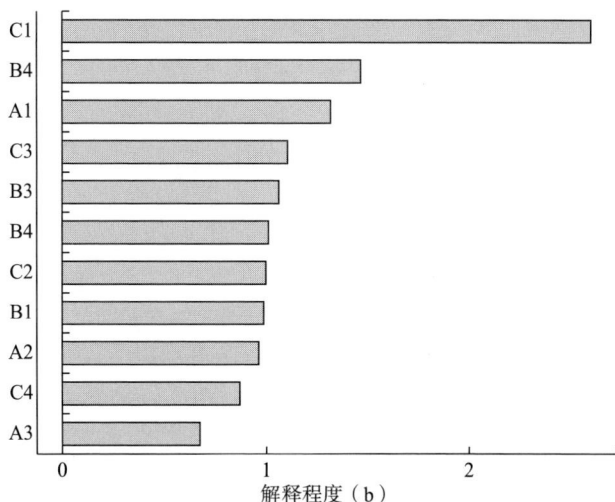

图3-3　条件变量的 SHAP 值

注：图（a）每行色点颜色显现的深浅即为变量对应的特征值，颜色越深，特征值越大，对于结果变量的解释性越强。图（b）为每个变量的解释程度更直观的呈现。

（二）条件变量作用方向分析

对 8 个核心条件变量对国家认同建构的作用方向进行分析（见图 3-4），结果表明：故事主题、推送设置、表达主体、文本情感的不同分类对国家认同建构的影响并无显著的差异；注重内容模态叙事、价值理念呈现，意见领袖参与互动的故事，往往利于国家认同建构；当叙事者互动性较弱时，利于国家认同建构。但某一单一条件变量与结果变量具有显著的相关关系并不能解释为其是国家认同建构的必要条件，需要进一步考虑不同条件的交互作用。

三　条件变量必要性分析

将筛选后的 8 个条件和结果变量按照 95%、50%、5% 分位数值，分别确定为完全隶属、转折点和完全不隶属三个定性锚点，以进行比较性检验。结果显示，各变量的一致性均低于 0.9，表明这 8 个变量并非建构国家认同的必要条件，需要进一步对变量间的交互作用进行分析，对应了前文部分核心条件变量的作用结果（见表 3-4）。

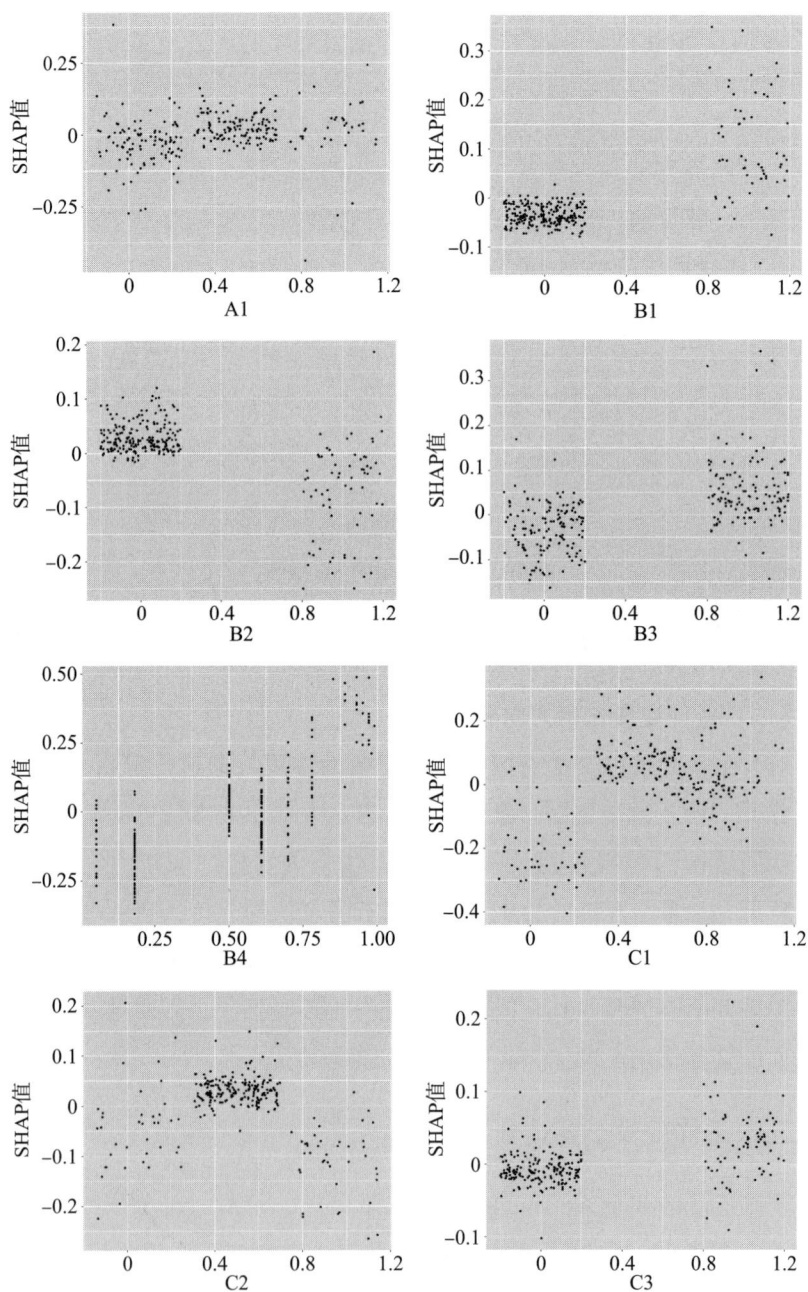

图 3-4　核心条件变量的作用

注：横坐标表示条件变量的分类，纵坐标表示条件变量与国家认同的作用方向，当散点在特定分类区间内高于 0 坐标时，表明条件变量与国家认同存在正相关关系；低于 0 坐标时，存在负相关关系；涵盖 0 坐标时，表明关系不明确。

表 3-4　条件变量必要性分析

条件变量	一致性	覆盖度	条件变量	一致性	覆盖度
A1 故事主题	0.558	0.643	~A1 故事主题	0.762	0.550
B1 内容模态	0.252	0.511	~B1 内容模态	0.748	0.425
B2 叙事者互动	0.246	0.434	~B2 叙事者互动	0.753	0.447
B3 意见领袖互动	0.560	0.504	~B3 意见领袖互动	0.440	0.385
B4 推送设置	0.759	0.670	~B4 推送设置	0.623	0.556
C1 表达主体	0.761	0.604	~C1 表达主体	0.561	0.565
C2 文本情感	0.701	0.614	~C2 文本情感	0.688	0.619
C3 价值呈现	0.393	0.526	~C3 价值呈现	0.607	0.403

注：左侧为条件变量存在时的一致性和覆盖度，右侧为条件变量不存在时的一致性和覆盖度。

四　组态路径分析与检验

将 PRI 阈值设定为 0.7，案例阈值设定为 1，探究利于国家认同建构的组态路径，结果显示，讲述中国女排故事的相关条件共计可以构成 3 条利于国家认同建构的组态路径（见表 3-5），且总体一致性水平高于 0.8，覆盖度高于 0.5，解释效果较好。具体根据 3 个组态的构成条件进行概括。

表 3-5　组态路径分析与检验

条件变量	组态 1	组态 2	组态 3
A1 故事主题	□		●
B1 内容模态	■	●	
B2 叙事者互动	■		
B3 意见领袖互动		●	□
B4 推送设置		○	□
C1 表达主体	●	□	■
C2 文本情感		●	●
C3 价值呈现	●		
一致性	0.851	0.835	0.830

条件变量	组态1	组态2	组态3
原始覆盖度	0.257	0.201	0.103
唯一覆盖度	0.037	0.021	0.010
总体一致性	0.823		
总体覆盖度	0.632		

注：●表示核心条件存在，○表示边缘条件存在，■表示核心条件不存在，□表示边缘条件不存在，空白表示可存在可不存在。

（1）组态1：官方价值建构型。该类型以官方叙事者为主，表明：官方叙事者即便只是对女排相关的情节、画面进行简单呈现或转载，且故事主题单一，并较少与用户互动，也有利于用户国家认同的建构。例如：央视新闻、新华社等官方媒体，多是将女排人物采访画面、女排队伍竞赛直播画面进行剪辑转载，虽然并无详细的解析，但女排队员的话语、行为能够体现出顽强拼搏、为国争光的理想信念，从而引导用户对国家或地域身份的认同（如"中国骄傲！河南荣耀"）。

（2）组态2：专业解读互动型。该类型以专业个人叙事者为主，表明：在中国女排故事传播过程中，即便表达主体缺乏一定的权威性，但当其能够对女排事件进行详细的解读和情感引导，并注重与用户的互动时，就能够较好地引发用户共情，并吸引意见领袖参与，从而促进国家认同建构。例如：何止体育、赛北抖（体育）等叙事者，往往具有一定的粉丝群体并善于与粉丝或其他用户互动，同时，具有较为专业的解说能力，使故事创作质量相对较高，从而提升用户对于故事的接受程度，并表现出对中国女排队伍和相关人物的支持和正面认知（如"支持中国女排，支持郎平"）。

（3）组态3：个人实时分享型。该类型以普通个人叙事者为主，表明：在中国女排故事传播过程中，普通个人叙事者即使创作和传播能力有限，较少开展实时性的互动，且并未受到意见领袖的关注，但当注重多元女排主题事件的实时呈现和分享时，其开展的叙事仍然有可能建构其他用户的国家认同。例如：山川志远、大丁解说盘点等粉丝规模较小且并无专业领域认证的普通个人叙事者，往往根据女排队伍的赛事信息，从不同视角发表个人的认知和看法，也可以增进用户的国家自豪感（如"祖国因为有你们，所以骄傲"）。

最后，为验证组态研究结果的可靠性和稳定性，采用调整一致性阈值的方式，将原有一级条件组态分析的阈值提高为 0.85，PRI 一致性阈值提高至 0.75，再次进行组态分析，结果显示仍然可以生成 3 条组态路径，且构成变量属于原始组态中的子集。这说明本部分提出的组态路径具有稳健性。

五 讨论

本部分根据组态路径归纳了官方价值建构型、专业解读互动型和个人实时分享型 3 条利于国家认同建构的路径，其分别对应官方叙事者、专业个人叙事者和普通个人叙事者。结合既有研究和女排故事案例，对这 3 条路径的解释如下。

（一）通过事件影像的客观转载传递女排精神，促进国家价值认同建构

组态 1 中，内容模态和叙事者互动维度及其对应的案例表明部分官方媒体较少注重女排故事的多元化呈现和与平台用户的互动，但结合故事主题和价值呈现维度来看，其往往侧重对女排参赛、运动员训练等单一事件简要、客观地转载，并由此向用户传递女排精神相关的价值内容，且得益于权威性、官方性的叙事身份，能够有效地促进用户借由女排精神，建构国家价值认同。

从叙事者角度来看，官方媒体的叙事内容与国家意识形态、价值理念具有紧密关联[1]。央视新闻、新华社等官方媒体在讲述女排故事的过程中，虽然仅是对女排运动员、教练员的话语、行为，或女排队伍训练、竞赛的画面进行简要刻画。但可以更为集中地体现女排运动员在赛前刻苦训练、赛场上激烈竞争并表现完美、突破自我、取得优异成绩的相关画面，从而体现出"祖国至上、团结协作、顽强拼搏、永不言败"的女排精神，激发用户的民族自豪感[2]。同时，官方叙事者这种共性的传播方式也在一定程

---

① Persson G. Ideological Struggle over Epistemic and Political Positions in News Discourse on Migrant Activism in Sweden [J]. Critical Discourse Studies, 2016, 13 (3), 278-293.

② 吴明惠，李乾丙，王真真，等. 运动员成长的情感叙事与国家认同促进——以"讲好中国奥运夺冠故事"为旨归 [J]. 广州体育学院学报，2023，43 (3)：66-74.

度上反映了其制度化、组织化的传播特征，以及公开化、隐蔽化并存的"驯服"机制①。

从用户接受的角度来看，通常民众在初次接收到国家相关的事件信息时，会表现自发的、不稳定的特征，关于国家形象、价值理念的认知和意识并不明显②。此时，官方媒体通过组织化、隐蔽化的事前动员能够在一定程度上确保受众的认知和判断与国家主流意识形态保持一致，并使受众关于国家形象、价值理念的认知、判断、态度潜存于心理结构底层，最终转化为集体无意识③。讲述女排故事的过程中，官方叙事者正是通过对女排队伍、人物的话语和行为片段进行简要的刻画和及时的传播，实时引导用户自觉地、无意识地联想到女排精神，并以此产生正面反馈，从而形成对国家价值理念的认同。

（二）通过女排发展历程的系统解析，深化社群的集体记忆与国家情感

组态 2 中，表达主体维度表明叙事者多为专业的、拥有一定粉丝规模的个人叙事者。同时，内容模态和推送设置维度及其对应故事中多涉及女排过往发展历程、重要事件等内容，反映了叙事者注重女排故事内容的制作质量，并通过既往记忆的建构，增强故事情感色彩。叙事者注重故事的推送，且其发布的视频中存在意见领袖的互动参与，能够动员粉丝群体关注其创作的女排故事，并由此构建一定规模的互动场域，深化社群关于女排的集体记忆与国家情感。

目前，社交媒体中，何止体育、赛北抖（体育）、We 我们工作室等体育或综合领域的专业叙事者本身便以重要事件的解析为主要叙事题材，并注重对事件发展历程、价值理念的刻画。在女排的叙事过程中，多基于当下女排队伍或运动员的优异表现，结合既往女排运动员的赛事成绩或刻苦训练等情节进行刻画并予以解释，或是对比既往女排比赛失利、运动员受

① Tong, J. The Taming of Critical Journalism in China: A Combination of Political, Economic and Technological Forces [J]. Journalism Studies, 2019, 20 (1): 79-96.

② Darr J P, Dunaway J L. Resurgent Mass Partisanship Revisited: The Role of Media Choice in Clarifying Elite Ideology [J]. American Politics Research, 2018, 46 (6): 943-970.

③ 王宗峰. 两个不同维度的意识形态文本——对"神舟六号"和"超级女声"的解读 [J]. 学术界, 2006 (5): 258-263.

伤的画面，突出当下取得成绩的艰辛①。此外，叙事者能够借助平台标签设置和评论互动的方式，进一步吸引并引导粉丝群体和意见领袖对故事内容进行实时关注。从国家认同建构的角度来看，中国女排 40 余年的进退浮沉、辉煌低谷、成败得失已然成为每个国民共同的真实经历和记忆，随着共有的女排集体记忆逐渐增多，这种共有的符号体系能够进一步增强群体内成员的情感连接，并使得国民对女排乃至国家的认同愈发强烈②。而社交媒体中的专业叙事者通过对女排既往的仪式场景、比赛瞬间、个人经历等记忆素材的整合，生成了情感饱满而富有视听质感的集体记忆内容，并通过既有社群进一步唤醒了国民共有的集体记忆和国家情感③。

（三）通过女排事件的实时呈现，强化国家形象的认知认同

组态 3 中，表达主体、推送设置和意见领袖互动维度反映叙事者主要为普通用户，其通常受限于个人专业性和影响力，较少注重所创作的女排故事的传播。但故事主题及案例反映了部分叙事者会以大型体育赛事为背景，对女排赛前、赛中、赛后的情况开展多视角、实时性叙事。文本情感维度进一步表明叙事者会对事件开展主观性的、具有个人情感的判断和解读。而其中关于女排、国家形象的叙事内容，往往也能够吸引受众关注，并形成对国家形象的认知认同。

究其原因，首先，叙事者所围绕的大型体育赛事不仅仅是一项竞技活动，更是人类生活中的仪式性活动④，其根植于具体的社会历史文化情境，以此传达着社会共有的价值和理念。从国家认同的角度来看，体育赛事本身便可以增强国民凝聚力、提高公民的认同感和归属感⑤。其次，国家政

---

① 王真真，张大超，王相飞. 女排精神的社交媒体记忆图景、话语特征及其实践逻辑——基于新浪微博（2009—2024）的实证研究 [J]. 北京体育大学学报，2024，47（7）：103-117.

② 王真真，王相飞，徐莹. 中国女排新媒体传播中的集体记忆与国家认同构建——以里约奥运会为例 [J]. 山东体育学院学报，2020，36（6）：36-43.

③ 刘兰. 新媒体时代北京冬奥会的集体记忆建构与中国人的国家认同研究 [J]. 首都体育学院学报，2023，35（5）：542-547.

④ 骆良虎，常歌. 大型国际体育赛事何以塑造国家认同——基于仪式视角的杭州亚运会个案分析 [J]. 上海体育大学学报，2024，48（6）：94-104.

⑤ 李春华. 体育在国家认同形成与强化中的功能 [J]. 武汉体育学院学报，2007，41（7）：21-24

府、官方媒体机构、媒体平台也可能会在观念、制度和行动层面上，发挥体育赛事的国家形象塑造功能，借此引导国民增进对国家的认知认同，树立正确的国家观、民族观、文化观和制度观①。在此背景下，一方面，可以进一步吸引社交媒体中的普通个人叙事者关注女排赛事；另一方面，国家政府、官方媒体组织化的事前动员能够在一定程度上，使个人叙事者与国家主流意识形态保持一致，并以更亲民、更真实的方式，体现个体的家国情怀，从而沿袭主旋律的叙事基调，形塑对女排队伍、国家形象的正确认知②。加之，社交媒体在赛事期间往往注重对相关事件的直播和内容推送，个人叙事者关于女排参赛情况的主观性解读内容也能够在一定范围和时效内进行传播，用户在接收过程中，也有利于建构对国家的认知认同。

六　启示

抖音、快手、B 站和小红书平台中讲好中国女排故事，促进国家认同建构的 3 条组态路径及其对应的表达主体，给社交媒体平台不同类型叙事者讲好中国女排故事、促进国家认同提供了启示。

（一）发挥官方叙事者优势，注重女排精神的价值引导与认同建构

目前，在社交媒体中，相较于个人叙事者，官方叙事者得益于高度组织性，所讲述的女排故事经过组织化、隐蔽化的信息采集、加工、过滤、筛选，最终通过简单的画面转载，更有利于呈现价值理念，建构用户的国家认同。因此，建议持续发挥其高组织化优势，注重女排精神的价值引导。

（1）注重背景和情节刻画，增加价值引导相关的故事元素。在女排叙事中，进一步体现故事性，注重对女排队伍发展，运动员成长、训练背景的描述，更为全面、系统地为用户呈现女排相关叙事事件发生的全过程，使用户更易理解和接受关于女排精神、国家理念的内容，增进受众对中国女排乃至国家的认同。

---

① Boyle R, Haynes R. Power Play ［M］. Adinburgh: Edinburgh University Press, 2009: 143 - 164

② 王真真，张大超，王相飞. 女排精神的社交媒体记忆图景、话语特征及其实践逻辑——基于新浪微博（2009—2024）的实证研究 ［J］. 北京体育大学学报，2024，47（7）：103-117.

（2）增强文本互动性，构建价值引导的互动场域。虽然当前官方媒体关于女排价值理念的传递有利于增进用户的价值认同。但从文本层次来看，仍采用自上而下的单方面灌输式宣传方式，与用户的互动性较弱。为避免未来用户对这种组织化、灌输式传播形式的反感与抵制，建议官方叙事者在女排故事传播过程中，构建价值引导的互动场域，即通过评论互动功能，对用户关于女排故事的反馈情况予以回应，并开展实时性的引导和纠偏，有利于用户对故事内容的接受和认同，并能使其意识到自己国家成员身份的价值。

（二）提升专业个人叙事者的能力，深化女排记忆与情感认同

社交媒体中专业个人叙事者关于女排故事的创作，虽然相较于官方媒体，缺少一定的组织性和权威性，但部分叙事者可以充分利用自身的专业优势和粉丝群体，建构女排相关的集体记忆场域，从而联结、唤醒用户的共同情感，促进国家认同。因此，建议社交媒体中的专业个人叙事者从以下两个方面入手深化女排记忆与情感认同。

（1）根据关键时间或事件节点，及时深挖女排的多元记忆素材并加以阐释，重塑用户的集体记忆。国民关于国家集体记忆的衰退和遗忘是难以避免的，只有进行周期性的建构，其才能巩固和维系。同时，唤醒国民的集体记忆往往应当选择合适的时机。对于包括女排在内的体育集体记忆而言，每一次国家重大事件或体育大型赛事都是唤醒国民体育记忆的契机。因此，社交媒体中的专业个人叙事者应抓住特定的时间或事件节点，整合女排既往事件的集体记忆片段，并运用平台的多种视听技术手段和个人叙事策略，对女排故事进行深刻阐释，形成具有感染力的故事作品，重塑用户集体记忆，并通过这种共同感知，增强用户对女排和国家的情感认同，提高国家认同的稳定性与趋向性。

（2）协同粉丝和意见领袖，共同书写女排记忆，建立共同的国家情感。当前，社交媒体的虚拟传播空间使普通国民成为集体记忆的建构者并推动形成了特定的社群，而社群内成员往往会对共同经历的事件进行回忆并分享，并通过这种连续社交互动的过程使记忆内容具有传播性和共情性。专业个人叙事者本身具有良好的受众规模，可以在叙事过程中，主动与粉丝和意见领袖进行社交和符号互动，引导受众群体进一步加深对女排既往事件的记忆。以此在实现用户对女排或国家的情感确认基础上，促进用户对国家形成正面评价，并在社群环境中，不断强化用户关于国家形象的认同。

（三）引导普通个人叙事者积极书写对中国女排的正面认知

普通用户在社交媒体中同时具备故事接受者和叙事者的双重身份属性，其叙事更多是将个人经历、情感体验、成长感悟等与中国女排精神、中华体育精神相结合，以更真实的话语塑造对女排和国家形象的认知，这同样利于其他用户建构对国家的认知认同。但普通用户大多呈现无目的性的传播和叙事行为，需要社交媒体做好相应的引导。

首先，社交媒体可以结合实时性的体育事件，在赛前、赛中、赛后，开展相应的平台创作活动，以吸引普通用户从自身出发，表达对女排乃至国家的正面情感、态度，以此呈现其对中国女排的正面认知。诸如在2022年北京冬奥会期间，抖音平台开设了"冰雪知识科普话题""冬奥 dou 知道"等话题专栏，不仅有运动员、明星参与传播，也进一步吸引普通用户或冰雪爱好者进行相关故事创作。同时，在赛事结束后，腾讯视频策划了"请回答 2022"活动，以短视频创作的形式动员平台用户分享其在 2022 年北京冬奥会期间的故事。不乏用户基于自身回忆，采用贴近个人真实感受的讲述方式，表达对 2022 年北京奥运会和国家的认知和情感体验。其次，进一步对普通个人叙事者所创作的优质女排故事内容进行选择、整合和推广，使故事在平台中更广泛地传播，而其中关于女排和国家形象的内容刻画也有利于增进其他用户的认知，形成关于国家的正面价值和情感倾向，建构国家认知认同。

第四章

讲好"双奥之城"北京故事，促进国家认同

——以抖音短视频为例

国家认同关系着一个民族国家的存在和长远发展，是一种具有重要意识形态功能的高级认同，是维系一国发展与稳定的重要纽带①。随着全球化的发展，不同的文化观念在我国交流，这在促进我国社会发展的同时，也使长期以来国民所形成的集体意识呈现被解构趋势，既有的个体对国家的认同在新的时代背景下面临着被削弱的风险②。因此，建构并促进国家认同，增强民族凝聚力，是我国政治建设的重要任务。体育对国家认同的形成和强化具有重要作用，体育赛事中升国旗、奏国歌等国家表征仪式，可以有效建构国民的爱国情感③，提升民族凝聚力，促进国家认同。叙事是促进国家认同的有效方式④，以体育为载体讲好中国体育故事，可以提升民族自豪感，从而促进国家认同。

习近平总书记指出，"奥林匹克频道要通过奥林匹克运动和文化传播，讲述中国体育故事、弘扬中华体育精神"⑤。以奥运为题材，讲好中国奥运

---

① 袁娥．民族认同与国家认同研究述评［J］．民族研究，2011（5）：91-103+110.
② 范恺，郭英俊，朱邱晗．北京冬奥会国家认同建构的效应与路径研究［J］．体育与科学，2021（6）：12-16.
③ 刘红霞．媒介体育中国家认同的再现与建构［J］．体育科学，2006（10）：3-14.
④ 何承林，郑剑虹．叙事认同研究进展［J］．中国临床心理学杂志，2016（2）：376-380.
⑤ 习近平致信祝贺中央广播电视总台央视奥林匹克频道及其数字平台开播上线［EB/OL］．［2021-10-25］．https：//www.gov.cn/xinwen/2021-10/25/content_ 5644803.htm.

故事，可以丰富中国体育故事的内涵，拓宽建构国家认同的渠道。从中国
奥运故事来看，举办奥运会对于中国来说具有特殊的内涵与意义，其凝结
的国民的奥运情结，有利于促进国家认同。中国成功举办两届奥运会并位
于奖牌榜前列，国民在共同见证这一过程的同时，个体间、个体与群体间
的互动及集体记忆的建构也得到促进①。由此可见，以两届奥运会的成功
举办讲好中国奥运故事，可以激发受众的爱国热情，从而促进国家认同。
北京继 2008 年夏季奥运会及 2022 年冬季奥运会成功举办后，成为现代奥
林匹克运动历史上第一个"双奥之城"，其获得的历史荣耀和他者认可②，
有利于唤起民众的国家自豪感和荣誉感，促进国家认同建构。随着中国国
力的逐步强盛及两届奥运会接连成功举办，北京在这一过程中的变化也见
证了中国的峥嵘，讲好"双奥之城"北京的故事，也是讲好中国体育发展
故事，更是讲好中国繁荣发展故事，可以增强民族凝聚力，提振中华民族
伟大复兴的信心，展现中国阳光、富强、开放的良好形象，从而促进国家
认同建构。

新媒体具有的信息直观性、贴近性、亲和力等特性，可以为国家认同
的建构提供有利条件③。但以往对"双奥之城"的研究中，广播电视④、
纪录片⑤是研究者关注的主要媒介，鲜有学者以新媒体为媒介对其进行研
究。在众多新媒体平台中，微信和微博文字+图片的模式形式单一，且信
息流动单向。而直奔主题、互动性高的短视频可以更有效地建构国家认
同⑥。抖音相较于其他短视频平台来说，拥有更大的用户群。数据显示，

① 范恺，郭英俊，朱邱晗. 北京冬奥会国家认同建构的效应与路径研究［J］. 体育与科学，
2021（6）：12-16.
② 易剑东. "双奥之城"的历史意蕴、时代使命及未来愿景［J］. 西安体育学院学报，2022
（3）：263-273.
③ 何文君，向志强，曾莹. "下载身份"：新媒体环境下裕固族国家认同的实证研究［J］.
国际新闻界，2021（8）：145-163.
④ 刘晓隽. 为双奥之城谱写闪光篇章 为奥运盛事镌刻时代印记——北京广播电视台全媒体
全景式报道北京冬奥会［J］. 中国广播电视学刊，2022（4）：31-34.
⑤ 邹煜，卫西祎. "双奥之城"的空间生产与诗意呈现［J］. 中国电视，2022（7）：89-
97.
⑥ 张丽，李秀峰. 共青团中央抖音短视频的传播效果及影响因素分析［J］. 中国青年社会科
学，2022（2）：30-42.

2021年45.2%的中国短视频用户最常使用的平台是抖音①。同时，抖音重视讲述"双奥之城"北京故事，且讲述的"双奥之城"北京故事具有较大影响力。以"双奥之城"为关键词在抖音进行检索，发现相关话题达97个，话题#双奥之城对中国有多大的意义#播放量最高，达到2.6亿次播放量，最热的一条视频点赞量高达222.3万个。基于抖音在短视频平台中的代表性，及其讲述的"双奥之城"北京故事的高影响力，本章选取抖音讲述的"双奥之城"北京故事进行分析，探究其对国家认同的建构。

第一节　理论支撑和研究方法

视觉叙事分析理论由佩因特（Painter）等人提出，可以考察由多个图像组合成的复杂视觉叙事。视觉叙事是对文本深层的艺术表现和情绪感染的解释，关注作者、文本、读者之间的互动关系，更多考虑读者的审美体验②。视觉叙事通过特定时空和意义向度的视觉符号文本组织事件，传达的语境可以刺激并唤起读者记忆与联想，从而产生连续的心理感受。本研究以视觉叙事分析为理论基础，对抖音短视频讲述的"双奥之城"北京故事进行分析，可以从中窥探出短视频如何通过图像组接完成"双奥之城"北京故事的基本叙事功能，以及如何通过图像、人物、文字的呈现传达其思想感情从而引发受众情感共鸣与认同。

视觉叙事分析框架由人际意义、概念意义和组篇意义三个方面构成，每个方面又包含不同的内容维度、层次及类别。

（1）人际意义指的是图像人物与受众的关系，主要包括聚焦系统、情感系统、氛围系统③三个内容维度。①聚焦系统研究图像中人物与受众之间的互动及视角关系两个层次。其中，互动关系分为接触与旁观两大类

---

① 欧梨成，张帆，陈培颖．传播学视域下科技期刊短视频平台运营策略探析——以抖音、哔哩哔哩和微信视频号为例［J］．中国科技期刊研究，2022（1）：58-66.

② 冯德正．视觉语法的新发展：基于图画书的视觉叙事分析框架［J］．外语教学，2015（3）：23-27.

③ 沈炳坤，张钫炜．北京冬奥会背景下的城市形象建构——以宣传片《双奥之城 城市之光》视觉叙事分析为例［J］．科技传播，2022（19）：76-83.

别，视角关系分为有中介和无中介两个类别。②情感系统探讨受众对不同绘画风格所作出的情感反应，反映受众和短视频图像人物之间的情感关系，分为介入与异化两种表征方式，介入方式又分为鉴赏类、移情类与个体类三个类别。③氛围系统讨论图像色彩所制造的情绪和气氛，用于区分情感氛围是否被激活，即是否使用彩色。从人际意义出发，讲述短视频"双奥之城"北京故事，可以通过故事叙事视角、叙事情感、叙事氛围的变换，传达爱国情感，实现受众情感代入，进而实现其国家认同感建构。

（2）概念意义阐释视觉过程的建构，是从动态的事件关系出发的。概念意义分为人物表征、事件关系和背景关系三个内容维度，分别研究人物表征的出现和再现，不同事件之间的呈现方式，不同图像的背景变化关系。其中，人物表征分为完整表征和转喻表征两个层次；事件关系分为展开与投射两种关系层次；背景关系考察的是视觉叙事中相邻图像事件的情境的延续性与变化。随着情境的变化，相邻的图像会选择相同或者不同的背景。从概念意义来看，"双奥之城"北京故事短视频，可以通过人物表征塑造北京城市形象与国家形象，以建构受众自豪感，通过事件关系呈现完整北京故事，以唤起受众集体记忆，从而促进受众国家认同。鉴于背景关系运用在漫画中比较多，但是"双奥之城"北京故事短视频多为真人出镜，背景切换多，现代拍摄手段也先进，同时，选取的样本剔除了重复画面，导致没有办法找到相邻的画面而去分析，所以本章不对背景关系部分进行分析。

（3）组篇意义可以通过组接、引用、前景化和背景化的部分内容来组织一段文本，以便与上下文发生联系，并由此产生意义。组篇意义认为视觉叙事语篇中图像与文字的布局关系可分为融合和互补两个维度。①融合是指图文融为一体的情况，包括投射和扩展两种语义关系层次。投射又分为话语投射和思维投射两个类别；扩展关系是指图像与文字各有各自的意义，两者相互联系，由包含与连接两种版面布局类别实现。②互补指的是图文各占有一定比例，可从重要性、位置关系和对称性三个层次来考虑它们之间的互补关系。重要性指的是权衡文字与图像之间哪一方为主；位置关系指图像与文字之间的排版位置，包括相邻与分隔；对称性指图文各占一侧位置。从组篇意义来看，"双奥之城"北京故事短视频，可以通过文字内容设置与文字与图像的不同呈现方式，以文字内容辅助易懂的图像画面升华故事意义，向受众传达"双奥之城"北京故事的价值，以建构其认同感。

本研究采用内容分析法，对抖音短视频讲述的"双奥之城"北京故事进行分析。

首先，以"双奥之城"为关键词在抖音数据库进行视频检索，初步选择标题中含有相关关键词的视频为样本，共823个。其次，由于本部分的研究对象为短视频讲述的"双奥之城"北京故事，根据已有研究对故事的定义①以及故事结构的组成（语境、行动、结果）②，将"双奥之城"北京故事定义为："对在一定故事语境下，将'双奥之城'北京相关事件的行动过程和结果等内容，按一定时间顺序与因果关系排列组合的描述。"在此基础上从上述样本中筛选出共325篇"双奥之城"北京故事，形成分析样本。

第二节　抖音短视频讲述"双奥之城"北京故事
构建国家认同的视觉叙事分析

基于视觉叙事分析理论，从人际意义、概念意义、组篇意义三个维度出发，本研究对短视频讲述的"双奥之城"北京故事进行分析，探究其对国家认同的建构。

一　抖音短视频讲述"双奥之城"北京故事建构国家认同的人际意义分析

人际意义指的是受众与图像的互动关系，从其包含的三个内容维度，即聚焦系统、情感系统、氛围系统出发，根据其包括的不同层次与类别，对抖音短视频讲述的"双奥之城"北京故事中出现的图像进行分析，统计其在不同故事中的使用频次（统计结果见表4-1），以考察"双奥之城"北京故事短视频图像叙事中受众的情感介入，及具备多模态意义的颜色的功能。分析发现，聚焦系统以接触图像和客观视角为主，强化受众情感互

---

① 热拉尔·热奈特. 新叙事话语 [M]. 王文融，译. 北京：中国社会科学出版社，1990：170.
② 陈先红，于运全. 中国好故事评价指标体系的建构 [J]. 新闻与写作，2019（7）：19-23.

动，促进国家认同；情感系统以个体类介入和数据罗列的方式，强化情感联结，建构国家认同；氛围系统以亮色度、暖色调和多色彩呈现亲切故事，营造爱国氛围，建构认同。

表 4-1 抖音短视频讲述的"双奥之城"北京故事人际意义建构数据

单位：次

内容维度	层次	类别	使用频次
聚焦系统	互动	接触	131
		旁观	94
	视角	客观	112
		主观	19
情感系统	介入	鉴赏类	0
		移情类	13
		个体类	219
	异化	—	93
氛围系统	激活	—	325
	未激活	—	0

注：由于一个故事由多个图像组成，同一个故事会出现同一层次中不同类别的内容，因此对单篇故事中不同类别内容的使用频次不设限。

（一）聚焦系统：以接触图像和客观视角为主，强化受众情感互动，促进国家认同

聚焦系统包括两方面内容：一是图像中人物是否参与和受众的互动；二是图像为受众提供何种阅读视角。就互动关系而言，由眼神接触实现，区分为接触（有眼神接触）与旁观（无眼神接触）两类图像。从"双奥之城"北京故事来看，接触图像可以缩短受众与图像人物之间的社会距离，有利于增进故事与受众的互动，旁观图像则会拉大社会距离，从而增强观察者的角色意识①。就视角而言，分为有中介和无中介两种图像，前者指读者通过图中人物的视角进行阅读，即主观视角；后者指读者视角跟图中

---

① 冯德正. 视觉语法的新发展：基于图画书的视觉叙事分析框架［J］. 外语教学，2015（3）：23-27.

的人物视角不一致，即客观视角。从"双奥之城"北京故事来看，主观视角可以将受众融入故事，使其感同身受，因而更容易引发受众的情感共鸣。

基于互动与视角两个层次对抖音短视频讲述的"双奥之城"北京故事进行图像内容分析，发现以下两个方面的内容。

（1）互动关系以接触图像为主，利于受众代入国家繁荣历程，实现认同。从抖音短视频讲述的"双奥之城"北京故事的聚焦系统分析来看，在互动关系层面，注重使用接触图像，相关的故事样本达 131 篇。以接触图像为主讲好"双奥之城"北京故事，实现短视频故事人物与受众的眼神接触，有利于受众直接地参与互动，从而实现情感代入。例如部分"双奥之城"北京故事短视频以人物直视镜头解说为主要形式，向受众讲述从 2008年北京夏奥会申办、举办到 2022 年北京冬奥会完美闭幕过程中，北京的发展与中国的变化，通过眼神接触设置面对面叙事情境，使受众直接参与故事互动，可以把受众代入祖国繁荣发展的喜悦与自豪中，从而产生国家荣誉感与认同感。类似的故事以接触图像拉近故事与受众的距离，可以增进故事亲和力并提升受众代入感。从互动关系层面来看，使用旁观图像的"双奥之城"北京故事有 94 篇，让受众以旁观者身份了解"双奥之城"北京取得的成就，以激发受众认同感。例如《北京体育文化名片——双奥之城篇》以旁观图像展示了 2022 年北京冬奥会创下的众多第一，以及北京冬奥会学习和升级的北京夏奥会办赛经验和场馆等内容，让受众直观了解"双奥之城"北京对于中国的重大意义，激发受众自豪感与认同感。

（2）以客观视角为主，全方位展示"双奥之城"北京故事，唤起受众国家归属感与认同感。从抖音短视频讲述的"双奥之城"北京故事的视角分析来看，其以客观视角为主的相关故事有 112 篇。这些故事注重通过客观视角以更广阔的视野向受众展示多方面全方位的"双奥之城"北京故事，从都市到胡同、从天坛到公园，展示具有贴近性的"中国元素"，唤起受众的归属感与亲切感，从而建构其国家认同感。和客观视角相比，"双奥之城"北京故事使用主观视角的较少，仅 19 篇。主观视角通常为受众视角，与短视频故事中某一人物视角相同，可以使受众感同身受，激发受众情感共鸣。部分"双奥之城"北京故事以外国友人视角展示了"他者"眼中的北京与中国，让受众实现视角代入，更加直观地感受到故事中作为"双奥之城"的北京展示出的中国力量，从他人对于中国的认可中，建构国家认同。

（二）情感系统：以个体类介入和数据罗列的方式，强化情感联结，建构国家认同

Painter 等人认为图像表征的写实、抽象等风格不仅是情态问题，而是作者设定读者与图像人物情感关系的语篇策略。首先分为介入与异化两种表征方式，前者指受众与图中人物存在情感关系，作者试图激发读者的情感，又分为鉴赏类、移情类与个体类。其中，鉴赏类图像为最简风格，较为抽象；移情类图像为类化风格，受众很容易识别图中人物的情感，但无法确定具体人物；个体类图像为自然风格，图中人物以个体照片形式出现，真实表征其面部表情。异化表征方式中读者没有情感投入，而是呈现客观的、批评性的态度阅读（如抽象图表等）①。从"双奥之城"北京故事的叙事来看，介入表征方式以图像人物情感流露吸引受众进行情感投入，可以激发受众爱国情感。而异化表征方式则通过数据罗列，提升故事内容可信度，巩固受众认同感。

基于介入表征和异化表征两个层次对抖音短视频讲述的"双奥之城"北京故事进行图像内容分析，发现以下两个方面的内容。

（1）以个体类介入方式为主，引导受众进行情感代入，利于建构国家认同。通过对抖音短视频讲述的"双奥之城"北京故事情感系统分析，发现其多采用介入的表征方式，试图激发受众情感，从而达成受众对"双奥之城"北京故事的共鸣和认同。从介入方式来看，"双奥之城"北京故事短视频中个体类介入方式使用最多，移情类次之，而故事中未出现鉴赏类介入方式。①个体类介入。个体类介入方式是受众与图像人物之间建立情感关系的方式，指"双奥之城"北京故事短视频中的人物在表达情感时，以"真实"形式出现，易于引发"双奥之城"北京故事与受众的共鸣，实现受众与故事的情感联结。例如在"视听中国"发布的"双奥之城"北京故事短视频中，个体类介入方式贯穿整个故事，从开头 2008 年奥运会与

---

① 冯德正. 视觉语法的新发展：基于图画书的视觉叙事分析框架［J］. 外语教学，2015（3）：23-27.

2022年冬奥会申办成功，中国民众欢呼雀跃的场景，到两届奥运会开幕式上，观众脸上的笑容，再到奥运会比赛过程中中国选手夺金时的呐喊画面。这些故事中个体人物的情感表达可以使受众产生共鸣，受众可以从中体会到申奥成功的喜悦、奥运会开幕时的兴奋，以及中国运动员夺冠时的自豪，故事个体的情感抒发可以引导受众进行情感代入，从而激发其爱国热情与国家认同。②移情类介入。移情类多为普遍型的类化风格，其在"双奥之城"北京故事短视频中出现较少，常以卡通形象或吉祥物形象在短视频中出现，以动画人物的表情形态引导受众产生情感共鸣。但相较于个体类真人情感表达来说，移情类介入在叙事中吸引受众进行情感代入以促进国家认同的效力较弱。

（2）以异化表征方式罗列数据，激发受众的国家自豪感。从抖音短视频讲述的"双奥之城"北京故事的情感系统分析来看，使用异化表征方式的故事有93篇，这些故事以抽象的图表、图像或数据呈现客观的故事内容，虽无明显的情感表达，但以数据的方式罗列了"双奥之城"北京取得的一系列成就与一系列"第一"，可以使受众更加直观地感受到"双奥之城"为中国带来的荣誉，从而产生自豪感与国家认同感。

（三）氛围系统：以亮色度、暖色调和多色彩呈现亲切故事，营造爱国氛围，建构认同

氛围指视觉叙事中颜色所构建的情感基调。Painter将颜色作为一种人际意义资源，提出了分析颜色资源的理论框架。该框架首先区分情感氛围是否被激活，即是否使用彩色①。其中彩色图像包括色度、色调、自然度三个维度。①高色度为最高饱和度的鲜亮色彩，而低色度为低饱和度的灰暗色彩。从"双奥之城"北京故事来看，鲜亮色彩可以建构一种兴奋、有活力的情感，其相较于灰暗色彩建构的沉郁、克制的情感更利于激发受众的爱国热情。②暖色调主要指红色与黄色，而冷色调指蓝色与绿色，从"双奥之城"北京故事来看，暖色调可以营造温馨、舒适的氛围，与冷色调营造的冷漠、疏远氛围相比，更能增强故事亲和力，更易引发受众产生

---

① 冯德正. 视觉语法的新发展：基于图画书的视觉叙事分析框架［J］. 外语教学，2015（3）：23-27.

情感共鸣。③自然度主要指色彩丰富程度。颜色越丰富越能反映其自然色彩；反之，单一的颜色则显得比较抽象。就"双奥之城"北京故事的情感氛围而言，自然色彩给人以熟悉、亲近的感觉，而单一色彩则比较陌生，不容易拉近与受众的情感距离。

通过对抖音短视频讲述的"双奥之城"北京故事氛围系统地分析，发现其注重使用鲜亮的色度、温暖的色调及丰富的色彩，来营造生机勃勃又繁荣的氛围。"双奥之城"北京故事短视频《穿越中轴线》以多重色彩展示了北京标志建筑与世界文化遗产，在民族乐器伴乐的轻快节奏中，展示了北京的城市轮廓，体现了北京的历史沉淀。此类叙事方式以色彩亮眼的地标建筑勾起国民集体记忆，借助大面积的"中国红"营造爱国氛围，从而构建国家认同。

二 抖音短视频讲述"双奥之城"北京故事建构国家认同的概念意义分析

概念意义关注视觉过程的建构，本章从其包含的两个内容维度——人物表征和事件关系出发，据其包括的不同层次，对抖音短视频讲述的"双奥之城"北京故事中出现的图像进行分析，统计概念意义在不同故事中的使用频次（见表4-2），从中探究不同的人物与事件的表征方式对受众理解与情感投入的影响。分析发现，人物表征以完整表征方式刻画群像，塑造开放美丽的中国形象；事件关系以时间先后顺序，唤起受众集体记忆，建构国家认同。

表4-2 抖音短视频讲述的"双奥之城"北京故事概念意义建构数据

单位：次

内容维度	层次	使用频次
人物表征	完整表征	160
	转喻表征	72
事件关系	展开	324
	投射	1

注：由于一个故事由多个图像组成，同一个故事会出现同一层次中不同类别的内容，因此对单篇故事中不同类别内容的使用频次不设限。

（一）人物表征：以完整表征方式刻画群像，塑造开放美丽的中国形象，建构国家认同

就表征方式而言，Painter 区分了完整表征和转喻表征两种方式。前者包含人物面部特征，明确建构人物身份；后者只通过衣着等特征代表人物身份，形成转喻关系①。基于完整表征和转喻表征两个层次对抖音短视频讲述的"双奥之城"北京故事进行图像内容分析，得出以下结论。

（1）以完整表征方式刻画群像，塑造国家形象，有利于建构国家认同。通过对抖音短视频讲述的"双奥之城"北京故事人物表征进行分析，发现多采用完整表征的方式，明确多个人物身份，以中国元素结合人物群像，塑造中国形象，建构受众的国家认同。部分使用完整表征方式的"双奥之城"北京故事选取多个人物，聚焦面部微笑表情，结合故事人物手中摇摆的五星红旗，与背景中闪过的天安门等标志性建筑，塑造了我国自信大方、积极向上的国家形象，向受众传达出充满希望、乐观向上的情感，有利于建构国家认同。

（2）以冬奥相关的转喻表征，拉近受众与"双奥之城"的距离。通过对抖音短视频讲述的"双奥之城"北京故事人物表征进行分析，发现少部分故事采用了转喻表征的方式，通过对局部特征的聚焦吸引受众进行情感代入，从而建构认同。"双奥之城"北京故事《城市漫游记》以转喻表征方式着重刻画了行人背包上的"冰墩墩"挂件、车上的"雪容融"摆件，展示了冬奥与受众的生活息息相关。再以特写镜头带领受众穿过北京的小巷，走进现代都市，此时镜头聚焦手中的咖啡及穿过手指洒下的阳光等。这种叙事方式以贴近生活的转喻表征，带受众领略北京的惬意生活与城市韵律，使其切身感受到"双奥之城"北京的开放美丽，从而产生认同感。

（二）事件关系：以时间先后顺序，唤起受众集体记忆，建构国家认同

事件关系关注的是视觉叙事中不同事件之间的联系。Painter 区分了展开与投射两种关系。事件展开指两个事件在时间上是先后顺序还是同时发生。先后顺序是视觉叙事中最常见的关系。事件投射与语言中的投射过程

---

① 冯德正. 视觉语法的新发展：基于图画书的视觉叙事分析框架［J］. 外语教学，2015（3）：23-27.

类似。在真实事件投射中，一幅图中的事件为另一幅图中的人物所见（行为过程建构的视觉投射）；在想象事件投射中，一幅图中的事件为另一幅图中的人物所想（思维过程）。通过对抖音短视频讲述的"双奥之城"北京故事的关系分析，发现其注重以展开关系，即时间先后顺序呈现"双奥之城"北京故事，通过时间推移唤醒受众关于特定历史时期的集体记忆，从而建构国家认同①。在部分"双奥之城"北京故事中，围绕2008年北京夏奥会至2022年北京冬奥会的变化，在时间顺序上加上人物、事物变化，以唤醒受众共同经历过的集体记忆与荣誉记忆，从而建构其国家认同感。

三 抖音短视频讲好"双奥之城"北京故事建构国家认同的组篇意义分析

组篇意义是以版面布局关系分析视觉语篇中图像与文字之间的关系，本章从其包含的两个内容维度，即融合和互补出发，根据不同层次与类别，对抖音短视频讲述的"双奥之城"北京故事中出现的图像进行分析，统计该叙事策略在不同故事中的使用频次（见表4-3），以从不同类型的图文版面布局关系中探究多模态叙事语篇的组篇意义。分析发现抖音短视频讲述的"双奥之城"北京故事以扩展为主，重视通过图文搭配引导受众的价值理念，激发认同感；同时，以分隔型图文关系为主，以文辅图激发受众国家认同感。

表4-3 抖音短视频讲述的"双奥之城"北京故事组篇意义建构数据

单位：次

内容维度	层次	类别	使用频次
融合	扩展	包含	243
		连接	0
	投射	话语	92
		思维	0

---

① 王真真，王相飞，徐莹．中国女排新媒体传播中的集体记忆与国家认同构建——以里约奥运会为例 [J]．山东体育学院学报，2020（6）：36-43．

续表

内容维度	层次	类别	使用频次
互补	对称性	—	63
	重要性	文字为主	39
		图像为主	204
	位置关系	相邻	0
		分隔	243

注：由于一个故事由多个图像组成，同一个故事会出现同一层次中不同类别的内容，因此对单篇故事中不同类别内容的使用频次不设限。

（一）融合：以扩展为主，重视通过图文搭配引导受众的价值理念，激发认同感

扩展是指图像与文字具有各自的意义，两者相互联系（互为阐释、互为补充或相互增强）。扩展关系可由包含与连接两种版面布局实现。包含指文字覆盖在图像上面，连接主要通过矢量实现。投射是指图像中人物的话语以文字的形式出现，主要包括话语投射和思维投射①。基于扩展和投射两个层次对抖音短视频讲述的"双奥之城"北京故事进行图像内容分析，得出如下结论。

（1）以扩展型图文引导受众进行情感代入，促进认同。通过对抖音短视频讲述的"双奥之城"北京故事进行组篇意义分析，发现大部分故事使用了扩展的语义关系来展示文字，通过文字对故事中单一图像的意义进行说明，从而引导受众产生情感共鸣，建构国家认同感。在部分"双奥之城"北京故事中，扩展型的图文关系通常用于进一步说明图像意义，例如普京观看 2022 年北京冬奥会的图像以"开幕式美轮美奂，普京禁不住鼓掌喝彩"的文字进行辅助说明；还有谷爱凌在决赛过程中飞跃于雪上的画面以"中国队第八金！自由式滑雪女子 U 型场地技巧 谷爱凌 夺金"等配文对图像场景进行说明。类似的扩展型图文搭配可以在原有图像意义上进行价值理念引导，以"他者认同"和"中国夺金"等文字说明，引导受众进行情感代入，促进认同。

---

① 冯德正. 视觉语法的新发展：基于图画书的视觉叙事分析框架［J］. 外语教学，2015（3）：23-27.

（2）以领导人发言进行话语投射，激发受众荣誉感与认同感。在抖音短视频讲述的"双奥之城"北京故事中，话语投射的内容相对较少，以我国重要领导人物发言的话语投射为主，通过领导人的话语搭配"双奥之城"北京故事图像，展示"双奥之城"北京故事对中国的重要意义，以激发受众自豪感和认同感。

（二）互补：以分隔型图文关系为主，以文辅图激发受众国家认同感

在互补型语义关系中，语言与图像各占一部分空间。如果图文各占一部分空间，可从对称性、重要性与位置关系三个角度考察其互补关系。其中，对称性是指图像与文字平均分布于中轴线的两侧；重要性是指某一页面以图像为主还是以文字为主；位置关系包括相邻与分隔两种情况，相邻是指文字与图像之间虽无矢量连接但通过紧密相连建立语义关系，分隔指图像与文字之间有边框或其他内容①。通过对抖音短视频讲述的"双奥之城"北京故事进行组篇意义分析发现，互补型图文关系出现较多，形式多为非对称性以图像为主的分隔型图文关系，其图像与文字之间以边框隔开，但图文内涵大多紧密联系，以文字总结概括图像内容。

第三节　抖音短视频讲述"双奥之城"北京故事建构国家认同存在的问题

从抖音短视频讲述"双奥之城"北京故事建构国家认同的视觉叙事分析来看，在人际意义层面，主观视角与异化表征较少，不利于以情感促进认同；在概念意义层面，转喻表征较少，弱化了象征符号对建构国家认同的作用；在组篇意义层面，投射关系较少，影响"双奥之城"北京故事国家认同价值的凸显。

一　人际意义：主观视角与异化表征较少，不利于以情感促进认同

通过抖音短视频"双奥之城"北京故事的人际意义分析发现，聚焦系

---

① 冯德正. 视觉语法的新发展：基于图画书的视觉叙事分析框架［J］. 外语教学，2015（3）：23—27.

统中主观视角较少，不利于实现受众情感共鸣与国家认同建构；情感系统中异化表征较少，削弱了北京故事的说服力，不利于国家认同建构。

（一）聚焦系统：主观视角较少，不利于实现受众情感共鸣与国家认同建构

视角是人际意义构建中聚焦系统的一部分，可以体现图像为受众提供了何种阅读视角。其中，主观视角有利于受众融入故事，使其对故事内容感同身受，相较于客观视角更容易引发受众情感共鸣。但从抖音短视频讲述的"双奥之城"北京故事人际意义的分析来看，仅有6%的故事采用主观视角叙事，大部分"双奥之城"北京故事以客观视角展开，虽然可以全方位地展示出"双奥之城"北京故事包含的北京城市景象与两届奥运会成功举办的盛大场景，但此类视角较为普遍，忽视了对短视频故事形式具有的特色的展示。

短视频叙事相较于传统叙事来说，特点在于故事形式的亲和力与平易近人，通过短视频叙事，受众可以实现多元在场，从而增强体验感[1]。主观视角的使用则可以体现出短视频叙事形式的贴近性特色，使故事中的人物成为叙事者，拉近受众与故事之间的距离，能够以第一人称的叙事眼光在故事讲述的过程中无限逼近受众视角，充分还原故事的现场感与真实感[2]，易于受众进行情感代入。而主观视角的缺乏则会削弱短视频"双奥之城"北京故事的特色，不利于受众实现情感共鸣，从而影响受众国家认同感的形成。

（二）情感系统：异化表征较少，削弱了"双奥之城"北京故事的说服力，不利于国家认同建构

异化表征是视觉叙事语篇中的内容，是人际意义情感系统中对受众与图像人物情感关系的设定。异化表征在故事叙事中体现为客观的数据罗列与抽象的图表展示等相关内容，故事中异化表征方式使受众以客观的态度进行故事阅读。在视觉优化的短视频叙事传播格局中，以图像图表等数据

---

① 陈雷. 灾难类短视频的影像叙事与主体转向——基于河南郑州"7·20"特大暴雨灾害的思考［J］. 青年记者，2022（4）：93-94.
② 赵瑜. 叙事与沉浸：Bilibili"互动短视频"的交互类型与用户体验［J］. 西南民族大学学报（人文社会科学版），2021（2）：129-134.

罗列的方式来呈现事实，更利于提高事实可信度，增强受众的国家荣誉感与成就感①。但从抖音短视频讲述的"双奥之城"北京故事情感系统来看，大多以介入的表征方式，以可识别的人物图像为主，异化表征相关内容的较少，减少了故事的说服力，降低了故事的可信度，不利于国家认同的形成。

在抖音短视频讲述的"双奥之城"北京故事中，以异化表征的形式，用数据与图表等内容展示"双奥之城"北京取得的一系列成就，及其对提升中国国际地位与国际形象所作出的贡献等相关内容，可以更好地帮助受众认知与理解"双奥之城"北京故事的价值意义。但异化表征相关内容较少，导致"双奥之城"北京故事可信度降低，且未能很好地展示"双奥之城"北京故事的价值，不利于建构国家认同。

二　概念意义：转喻表征较少，弱化了象征符号对建构国家认同的作用

转喻表征是故事概念意义建构时，故事中图像人物的表征方式。与完整展现图像人物外表和面部特征的完整表征不同，转喻表征图像中，人物通常以衣着或其他显著特征代表个人身份。在叙事中反复出现人物面部特征刻画的完整表征，可能弱化受众对于故事人物显著特征的印象。因此叙事中人物首次出场时通常采用完整表征，而再次出场则会采用转喻表征进行叙事。在抖音短视频讲述的"双奥之城"北京故事中，转喻的人物表征方式，可以通过对国家集体象征符号的特写凸显图像人物身份，从而唤醒受众集体身份感与国家使命感。

但从抖音短视频讲述的"双奥之城"北京故事概念意义来看，仅有20%的故事采用转喻表征进行叙事，缺少了对国家象征符号的展示，可能会弱化"双奥之城"北京故事的中国特色，从而不利于受众国家认同感的建构。在部分"双奥之城"北京故事中，大众和运动员胸前佩戴的国旗国徽可以作为其个人特征，以转喻表征的方式唤起受众的集体主义感。国旗和国徽的颜色、形状、图案等特征可以体现一个国家的特有品质，以简明

---

① 许向东. 转向、解构与重构：数据新闻可视化叙事研究 [J]. 国际新闻界，2019 (11)：142-155.

形式唤醒一国民众特有的历史感和使命感①，这些转喻表征的缺失，不利于受众集体使命感和身份感的建构，进而影响国家认同的建构。同时，两届奥运会的吉祥物形象在"双奥之城"北京故事中的转喻表征也可以唤起受众的集体记忆与认同感。从2008年北京夏奥会家喻户晓的福娃形象，再到2022年北京冬奥会的冰墩墩与雪容融，吉祥物的形象作为奥运会精神风貌的凝练展示，既是中国传统文化元素的集合，也是中国现代开放审美理念的体现。吉祥物形象可以从奥运会象征符号出发，唤起大众历史记忆，实现从2008年夏奥会到2022年冬奥会的情感转移。而短视频叙事中此类转喻表征的缺失，可能会影响受众集体记忆的产生，从而不利于国家认同建构。

三 组篇意义：投射关系较少，影响"双奥之城"北京故事国家认同价值的凸显

投射是叙事语篇中图像与文字融合性布局关系中的一种。在投射语义关系中，文字成为图像的一部分，多为图像人物所述话语，或图像人物的思维体现。在抖音短视频讲述的"双奥之城"北京故事组篇意义分析中，大部分故事语篇中图像与文字的关系以扩展型语义关系为主。在部分抖音短视频"双奥之城"北京故事中，通常以文字辅助图像进行表达，文字作为图像意义或名称的说明，于图像的底部出现。例如以文字形式对北京地标性建筑"颐和园""天坛祈年殿""北京奥林匹克塔"等进行说明，这些扩展型文本内容与图像内容相辅相成，可以使受众对图像的认知由抽象的名称，具体为北京的城市地标性建筑，进一步深化其对于北京的认知。但大部分扩展型语义关系仅为简单的说明，未能传达出深厚的价值观念与意义，可能会使受众对"双奥之城"北京故事的认知理解停留在表面的城市形象上，而不利于展现讲好"双奥之城"北京故事对于讲好中国故事的价值与意义。

而在抖音短视频讲述的"双奥之城"北京故事中，若以投射型语义关

---

① 李华君，窦聪颖，滕姗姗. 抗战胜利70周年阅兵仪式的象征符号、阈限和国家认同建构[J]. 新闻大学，2016（2）：93-99+114+151.

系布局图像与文字，将图像人物的思维与话语在故事中展现，有利于实现"双奥之城"北京故事对受众价值与思想的引导，从而推动受众国家认同感的形成。例如短视频讲述"双奥之城"北京故事时，可以将重要人物的发言进行话语投射，从习近平总书记发言"我们将竭诚为世界奉献一届奥运盛会"①"我相信，在大家共同努力下，北京冬奥会一定会成为简约、安全、精彩的奥运盛会而载入史册"②，到外国友人在观看 2022 年北京冬奥会开幕式时发出"无与伦比"的赞叹等，这些相关的投射型语义内容可以向受众传达"双奥之城"北京故事对于中国的重要意义与价值，而相关投射内容的缺失则会影响上述功能的发挥，不利于受众国家认同的建构。

第四节　短视频讲好"双奥之城"北京故事促进国家认同的视觉叙事策略

基于抖音短视频讲述"双奥之城"北京故事建构国家认同的现状与问题来看，本章认为短视频讲好"双奥之城"北京故事，促进国家认同可以从以下几个方面出发，在人际意义层面，适当加大主观视角与异化表征比例，激发受众国家自豪感；在概念意义层面，以转喻表征展示国家集体象征符号，唤起受众共同体意识；在组篇意义层面，以投射关系体现"双奥之城"北京故事的国家意义，塑造受众的国家荣誉感。

一　人际意义：适当加大主观视角与异化表征比例，激发受众国家自豪感

从人际意义出发，以短视频讲好"双奥之城"北京故事，需要增加受众与图像的互动，提升受众对于故事的代入感与参与感，更好地实现受众的情感共鸣与国家认同，在叙事中可以适当加大主观视角与异化表征比例，以主观视角展示北京城市景观与奥运场景，加强受众情感互动；同

---

① 国家主席习近平发表二〇二二年新年贺词［EB/OL］．［2021 - 12 - 31］．https://www.gov.cn/xinwen/2021-12/31/content_5665868.htm.

② 习近平在北京 2022 年冬奥会欢迎宴会上的致辞（全文）［EB/OL］．［2022-02-05］.https://www.gov.cn/xinwen/2022-02/05/content_5672097.htm.

时，以异化表征展示北京历史荣誉、绿色办奥实践与全民运动参与，以提升受众的国家认同感。

（一）以主观视角展示北京城市景观与奥运场景，加强受众情感互动，建构国家认同

短视频作为人们日常生活中不可或缺的娱乐与信息媒介，具有创造情境的功能，可以给受众带来强烈的在场感、获得感与参与感[①]。应把握短视频的互动特性，并通过短视频叙事视角的转换达到互动的最大效果，使受众在故事阅读中产生沉浸式体验。而主观视角的使用可以使受众在已搭建好的场景中实现个人状态改变，在身体不在场的状态下，通过情感动员与社交互动实现故事参与。因此，短视频讲好"双奥之城"北京故事时，应适当以主观视角展示北京城市景观与奥运场景，实现国家认同建构。

（1）以主观视角展示北京城市多元形象，加深受众理解，强化认知认同。从北京城市景观的展示角度来看，短视频"双奥之城"北京故事可以选择第一人称的叙事视角，带领受众领略北京多元化的城市形象，从故宫、天坛等北京城市独特的记忆载体，再到鸟巢、水立方等具有科技特色的奥运场馆，让受众在第一人称的强烈视觉冲击与对比之下，加深其对北京的认知与了解，从而更加有利于实现其对"双奥之城"北京的城市认同，进而实现国家认同。

（2）以第一人称视角沉浸式展示北京冬奥场景，吸引受众进行情感代入，促进情感认同。从北京的奥运景观展示角度来看，短视频故事可以选择以参与冬奥开幕式的个人的视角开展叙事，如以开幕式志愿者的视角开展叙事，借更加贴近受众生活的角色，向受众展示 2022 年北京冬奥会从筹备、彩排到开幕的全过程，使受众沉浸式地体验北京奥运氛围，通过情感代入提升受众的国家自豪感与荣誉感，从而促进国家认同感形成。

（二）以异化表征展示北京历史荣誉、绿色办奥实践与全民运动参与，提升受众的国家认同感

短视频讲好"双奥之城"北京故事可以适当加大异化表征的比例，以

---

① 刘思琦，曾祥敏. 知识类短视频关键构成要素及传播逻辑研究——基于 B 站知识类短视频的定性比较分析（QCA）[J]. 新闻界，2022（2）：30-39+48.

·103·

数据罗列增加"双奥之城"北京故事的可信度与说服力，用数据提升受众的国家荣誉感，建构国家认同感。从数据展示的层面来看，短视频讲好"双奥之城"北京故事可以从北京城市本身获得的历史荣誉、北京举办奥运体现的科技力量与绿色理念，以及北京冬奥会带来的全民运动参与等方面，展示"双奥之城"北京为中国带来的荣誉，以激发受众国家自豪感与认同感。

（1）以北京城市历史荣誉讲述故事，促进国家认同。在短视频"双奥之城"北京故事中，可以以异化表征的形式展示北京城市获得的历史荣耀，以表格或图像的形式展示"北京是第一座既举办了夏奥会又举办了冬奥会的'双奥之城'，且由于今后奥运会和冬奥会一国多城乃至跨国举办的可能性增加，再加上举办冬奥会对山地和城市交通的严格要求，'双奥之城'将难以复制""北京举办双奥的时间仅间隔 14 年，是最短时间内分别举办夏奥会和冬奥会的城市"等。以异化表征的形式罗列"双奥之城"北京取得的"最"和"第一"等荣誉，可以提升受众的民族自豪感和国家认同感。

（2）以北京奥运科技力量与绿色理念讲述故事，促进国家认同。绿色办奥是"绿水青山就是金山银山"理念的深入实践，此届北京冬奥会以科技力量助推经济高质量发展，全面实现绿色办奥，向世界提供了处理人与自然关系、发展与保护关系的中国方案和中国智慧。从科技力量来看，国家速滑馆、五棵松体育中心等北京冬奥场馆，选用二氧化碳跨临界直冷制冰系统，冰面温度控制在 0.5 摄氏度以内，碳排放量接近于 0，也是奥运史上首次将这项技术大规模运用于各大场馆①。从绿色办奥来看，此次北京冬奥会三大赛区 26 个场馆历史性地首次实现 100%绿色电能供应，这意味着每年可节约 490 万吨标准煤，减少 1280 万吨二氧化碳的排放②。以数据呈现北京奥运会为中国与世界作出的贡献，可以提升受众的国家自豪感与认同感。

（3）以北京冬奥会带来的全民运动参与讲述故事，促进国家认同。随

---

① 绿色办奥，在"绿意盎然"中绽放"冰雪之梦"［EB/OL］．［2022-02-06］．https：// mi. mbd. baidu. com/r/StF2kZK04E？f=cp&u=0860523073992d18.
② 绿色办奥，在"绿意盎然"中绽放"冰雪之梦"［EB/OL］．［2022-02-06］．https：// mi. mbd. baidu. com/r/StF2kZK04E？f=cp&u=0860523073992d18.

着北京冬奥会的举办，中国冰雪运动参与人数突飞猛进，"三亿人上冰雪"目标的实现也是"双奥之城"北京故事为我国民众作出的贡献，因此可以由此出发，通过异化表征的形式，以图表等形式展示北京冬奥会为全民健身带来的贡献，让受众从切身感受到的福利中，增进国家认同。例如2021年，北京市组织群众性冰雪活动5378场次，吸引530万人次参与，举办区级包括街道、乡镇、社区等基层冰雪活动1.6万次，吸引1874万余人次参与①。通过全民冰雪参与的数据向受众展示"双奥之城"北京为大众带来的切实价值，更易获得受众的认同。

二　概念意义：以转喻表征展示国家象征符号，唤起受众共同体意识

从概念意义出发，应注重视觉叙事中人物的表征方式和人物关系，以人物表征进行价值引导，如以转喻表征展示"双奥之城"北京故事与国家之间的价值关联，通过转喻表征实现国家象征符号的运作，将受众带入与叙事者同一视域的空间中，实现对其身份感的唤醒与国家认同感的建构。具体实践中，可以通过转喻表征展示相关物化、行为、感觉等象征符号，以国家象征符号唤起受众集体记忆，塑造其共同体意识。

（1）以物化象征符号转喻表征，唤起受众集体记忆促进国家认同。物化象征符号是指人工制造、可触摸的物质形态②。短视频讲述的"双奥之城"北京故事可以以物化象征符号，如国旗、国徽、吉祥物等内容的转喻表征唤起受众的共同体记忆。国旗、国徽等物化象征符号蕴含了丰富的历史意义，象征着国家的独立主权，更是一个国家历史、思想、文化的代表，这些象征符号的内聚可以构建民众共同文化精神价值观，强化受众对于国家的忠诚感和民族自豪感③。

（2）以行为象征符号转喻表征，加深受众对国家的认知认同。行为象

---

① 双奥之城：奥运遗产全民共享［EB/OL］.［2022-10-15］. https：//ms. mbd. baidu. com/r/StFjOzrRbG? f=cp&u=0d03227e8b89ecba.
② 瞿明安. 象征人类学视野中象征的构成要素［J］. 贵州社会科学，2013（8）：40-43.
③ 邢彦辉，林如鹏. 电视仪式传播建构国家认同的符号机制［J］. 当代传播，2019（1）：42-45.

征符号是指规范化和非规范化的行为举动①。短视频讲述的"双奥之城"北京故事中，可以通过国旗手敬军礼、中国代表团入场时受众挥动的五星红旗，以及运动员夺冠后手指胸前红旗的局部行为特征，以转喻表征方式通过行为象征符号展示国家的精神面貌，加深受众对国家的理解，从而塑造其国家归属感、忠诚感、认同感。

（3）以感觉象征符号转喻表征，增强受众民族凝聚力。感觉象征符号包括数字、图案、颜色等非语言的信息传递方式②。短视频讲述"双奥之城"北京故事时，可以转喻表征中国运动员比赛时身着的赛服上的金龙图案，以及中国代表队入场时统一身着的红色服装等。这些符号作为中国民族文化符号，具有特殊的象征意义，背后承载着民族的文化传统，凝结着民族的集体记忆③。对类似的感觉象征符号的转喻表征，有助于增强受众的民族凝聚力，进而促进国家认同感形成。

三 组篇意义：以投射关系体现"双奥之城"北京故事的国家意义，塑造受众的国家荣誉感

从组篇意义出发，以短视频讲述"双奥之城"北京故事应重视视觉叙事语篇中图像与文字的布局关系，在叙事过程中，可以以投射关系体现图像人物的话语、思维，展现"双奥之城"北京对于中国的独特价值意义，激发受众的国家荣誉感和认同感。短视频讲好"双奥之城"北京故事可以通过自身认可的话语投射，组织动员和凝聚受众的国家意识、爱国精神，构筑受众国家信仰与认同。通过他者认可的话语投射，以他者对我国的认同，促进受众民族凝聚力与国家认同感。

（1）以自身认可的话语投射，激发受众国家荣誉感。短视频讲述的"双奥之城"北京故事可以借助我国领导人发言或重要讲话，展现出的对自身认可的话语或思维投射，培养受众的中华民族共同体意识，更大程度

---

① 瞿明安. 象征人类学视野中象征的构成要素 [J]. 贵州社会科学，2013（8）：40-43.

② 邢彦辉，林如鹏. 电视仪式传播建构国家认同的符号机制 [J]. 当代传播，2019（1）：42-45.

③ 李乐，王艺桦. 铸牢中华民族共同体意识的符号机制探赜 [J]. 西北民族大学学报（哲学社会科学版），2022（2）：16-23.

上增强受众个体的国家意识与荣誉感。在短视频"双奥之城"北京故事中，"三个赛区一流的场馆设施，严谨专业的赛事组织，温馨周到的服务，赢得参赛各方一致好评。赛事吸引了全球数十亿观众观赛，成为收视率最高的一届冬奥会"①"向世界奉献了一届简约、安全、精彩的奥运盛会，全面兑现了对国际社会的庄严承诺，北京成为全球首个'双奥之城'"②等关于自身认可的话语投射可以展示"双奥之城"北京故事的深层价值意义，激发受众国家荣誉感和认同感。

（2）以他者认可的话语投射，塑造受众国家忠诚感。短视频讲述的"双奥之城"北京故事也可以以他者认可的相关话语与思维投射，进一步巩固受众对北京与中国的认可，增强民族凝聚力与忠诚感。从国际奥委会主席巴赫的赞赏"一届真正无与伦比的冬奥会"，再到多个国家代表人物对于"双奥之城"北京的认可，如剑桥大学高级研究员马丁·雅克表示，"中国通过筹办冬奥会来推动缩小北京与偏远地区的城乡差距，把这些地区建设为冬季运动胜地，并配备了先进的交通基础设施"。阿塞拜疆驻华大使阿克拉姆·杰纳利表示"祝贺你们！闭幕式非常成功，令人印象非常深刻，壮观而不同凡响"③。这些相关的他者认可的话语投射，可以通过对良好的国家形象的塑造，增进受众的国家归属感与忠诚感，使其产生更加强烈的国家认同感。

作为世界奥林匹克历史上第一座"双奥之城"，北京向世界奉献了一届简约、安全、精彩的奥运盛会。短视频讲述"双奥之城"北京故事构建国家认同可以从受众与图像互动入手，以主观视角和异化表征，增强受众与故事的情感互动，建构国家荣誉感；从图像人物表征入手，以国家象征符号的转喻表征，唤起受众集体记忆，塑造共同体意识；从图像与文字布局关系入手，以投射关系展示自身认可与他者认可的话语，增强民族凝聚

①　习近平：冬奥赛事精彩纷呈，国际社会积极评价［EB/OL］．［2022-04-08］．http://www.news.cn/2022-04/08/c_1128541773.htm.
②　习近平：北京成为首个"双奥之城"［EB/OL］．［2022-04-08］．http://www.gov.cn/xin-wen/2022-04/08/content_5684018.htm.
③　外国友人评北京冬奥会 体育精神在中国已深入人心［EB/OL］．［2022-02-22］．https://me.mbd.baidu.com/r/StGCEEpvCo?f=cp&u=0ad0178d2e5df1ab.

力，从而促进国家认同。当前我国正踏上全面建设社会主义现代化国家、向第二个百年奋斗目标进军的新征程，讲好"双奥之城"北京故事，既要讲好奥运赛场内外激情昂扬的故事，又要讲好北京城市历史人文与现代科技结合的故事，展现富强、阳光、自信、开放的新时代中国形象，以激发大众的民族自豪感与国家荣誉感，从而建构国家认同感。

○ 中　篇

第五章

中国体育故事跨文化传播的
国际认同建构

党的二十大报告指出，"讲好中国故事、传播好中国声音，展现可信、可爱、可敬的中国形象"。中国体育故事是中国故事的一部分，习近平总书记指出，"讲述中国体育故事、弘扬中华体育精神，加强国际体育交流合作，推动我国同世界各国文明互鉴、民心相通"①。体育的跨文化传播是一个双向交互的意义融合、共识达成和认同建构的过程②。但是，跨文化交流是异质文化间的沟通，且受制于中外话语体系、故事讲述方式等的不同，中国体育故事的国际认同明显不足③。如何在文化陌生感的语境下建构中国体育故事跨文化传播中的国际认同，是亟待思考的现实议题。

在论述如何讲好中国故事时，习近平总书记指出"讲故事就是讲事实、讲形象、讲情感、讲道理，讲事实才能说服人，讲形象才能打动人，讲情感才能感染人，讲道理才能影响人"④。人类共同的情感可以消弭国家

---

① 习近平致信祝贺中央广播电视总台央视奥林匹克频道及其数字平台开播上线强调 全面展示北京冬奥会冬残奥会精彩非凡卓越的奥林匹克新篇章 为推进中华体育强国建设作出贡献 [EB/OL]. [2021-10-25]. http://www.qstheory.cn/yaowen/2021-10/25/c_1127993932.htm.
② 王翔，鲍海波. 构建传播空间命运共同体：中国体育跨文化传播的空间伦理诉求及应然逻辑 [J]. 社会科学研究，2023，45（1）：198-206.
③ 卢兴，郭晴，荆俊昌. 中国体育故事国际传播的显性要素与隐序路径——基于国际视频网站 YouTube 的叙事认同研究 [J]. 上海体育学院学报，2021，45（5）：1-9.
④ 习近平：讲好中国故事，传播好中国声音 [EB/OL]. [2021-06-02]. http://www.qstheory.cn/laigao/ycjx/2021-06/02/c_1127522386.htm.

和文化的边界，连通"自我"与"他者"，实现文化交流、价值传递和意义共享①。同时，公共领域问题中的情感转向，正在成为现代社会认同中的重要路径之一，对于全球化时代的跨文化传播有重要价值②。已有研究也指出，要进一步提升传播效能，需触及受众的情感，引发共情，形成认同③。而体育是人类社会最富有情感和最能抒发情感的活动之一④，这为跨文化传播的情感理路提供了适切的应用场景。

具体到中国故事研究，尽管我国不乏中国故事的叙事文本，但因缺少共情话语而常常导致话语误读、对抗性解码等现象⑤。同时，体育传播关注中国体育故事的价值⑥、传播策略⑦和叙事认同⑧，但并未从情感视域就跨文化传播中建构中国体育故事的国际认同开展系统研究。因此，本章立足情感视域，探究情感在推动中国体育故事跨文化传播中建构国际认同的理论通路，提出有利于促成国际认同建构目的的情感传播模式，并基于此寻求通过中国体育故事构建国际认同的路径，以期为未来中国体育故事跨文化传播的理论研究和传播实践提供参考。

第一节　理论基础：共情传播

共情最早产生于心理学领域，指一个人有能力识别和分享另一个人的

① 吴志远，江潞潞. 外籍在华人士外宣合作与共情传播策略——对《南京抗疫现场》系列纪录片创作的思考 [J]. 当代传播，2020，36（4）：79-83.
② 刘国强，汤志豪. 世界精神与民族关怀：全球化时代的跨文化传播伦理构建 [J]. 国际新闻界，2018，40（12）：104-121.
③ 张昆，张晶晶. 动之以"情"：国家形象传播的情感回归 [J]. 中国编辑，2022，20（11）：33-37.
④ 王翔，鲍海波. 构建传播空间命运共同体：中国体育跨文化传播的空间伦理诉求及应然逻辑 [J]. 社会科学研究，2023，45（1）：198-206.
⑤ 史安斌，刘长宇. 建党百年国际传播的理论重构与实践创新——基于策略性叙事视域 [J]. 电视研究，2021，37（11）：63-66.
⑥ 国家体育总局宣传司. 新中国体育文化宣传工作发展研究 [J]. 体育文化导刊，2019（10）：19-30.
⑦ 吴明惠，李乾丙，王真真，等. 讲好中国体育故事：中国运动员奥运会夺冠故事的叙事聚焦研究 [J]. 天津体育学院学报，2023，38（3）：355-360.
⑧ 卢兴，郭晴，荆俊昌. 中国体育故事国际传播的显性要素与隐序路径——基于国际视频网站YouTube的叙事认同研究 [J]. 上海体育学院学报，2021，45（5）：1-9.

情感体验，并对此作出反应的一种能力。共情是人与生俱来的能力，是一种无意识的情感反应。共情作用下，人们能够调动自身的世界观与价值观、生活经验和认知基模等综合感知，有助于人们在看待事物时学会转换不同的立场①，进而在情感、态度、行动等层面产生相同或相似的情感或情绪共振②。传播学者认为，人类能够在共情的体悟之中达到理解③，最终形成认同圈层与情感共同体④。

共情传播作用于跨文化传播中的认同建构，一个重要的着力点在于传受之间是否能够建立"共情"。从情感本身来看，情感具有共通性，个体具有的主体意识和情感愿望并不是孤立存在的。因为人类只有"具有同情和理解，才能够与他人一起借助这种同情和理解结成一个社会"⑤，这为跨文化传播中的共情建立提供了理论前提。同时，情感所具有的行为亲近性⑥、情感的移情性⑦和沟通的对话性⑧等特征，以及情感的调节、控制、感染和强化等功能，是凝聚广泛认同的重要因素⑨，也为国际认同的建构提供了依据。具体到跨文化传播，情感能够作为不同文化的连接点。共同情感是人们基于相似的情感体验，感受他人情感而唤起的具有共通性特质的情感，其为识别、阐释和理解相互间的情感表达与情感意义提供背景，也使得更具深度及广度的互动活动成为可能⑩。同时，存在于人类情感中

① 郑日昌，李占宏．共情研究的历史与现状［J］．中国心理卫生杂志，2006，20（4）：277-279.
② 弗朗斯·德瓦尔．共情时代［M］．刘旸，译．长沙：湖南科学技术出版社，2014：79-80.
③ 吴飞．共情传播的理论基础与实践路径探索［J］．新闻与传播研究，2019，26（5）：59-76+127.
④ 沈悦，金圣钧．从软实力到"暖实力"：中国国际传播理念创新的话语、维度与愿景［J］．东岳论丛，2023，44（2）：62-75.
⑤ 邓晓芒．建构马克思的实践唯物主义哲学体系［J］．学术月刊，2004（12）：27-34.
⑥ 崔莉．媒介之媒介：论电视情感传播的工具性价值［J］．现代传播（中国传媒大学学报），2010（9）：143-144.
⑦ 李建军，刘娟．辨析情感传播相关概念［N］．中国社会科学报，2020-03-23（3）.
⑧ 徐明华，李丹妮．情感通路：媒介变革语境下讲好中国故事的策略转向［J］．媒体融合新观察，2019，37（4）：14-17.
⑨ 蔺叶坤．"讲好中国故事"的叙事逻辑及实践路径［J］．传媒，2022，24（7）：59-61.
⑩ 徐明华，李丹妮．情感畛域的消解与融通："中国故事"跨文化传播的沟通介质和认同路径［J］．现代传播（中国传媒大学学报），2019，41（3）：38-42.

的共情,是情感联结的纽带,在传播效果层面实现共情可以减少对外传播中的文化障碍①,甚至在国际政治领域,多米尼克·莫伊西提出的"情感地缘政治学"也认为,情感可以成为一种"解释世界和国家集体行为的方法"②。从这一意义上看,跨文化传播基于共情的叙事,更可能和更容易被理解和接受。认同是建构的过程,共情效果也是基于信息传播在地化表达与输出话语的"同感、共感、共鸣"二者的合力③,实现情绪和情感有机渗入的跨文化信息接收与认同的动态过程。共情作为一种人际互动的心理现象,是一种具有动态性的社会心理过程④。郝拓德等人将情感分为"基调情感"与"状态情感",前者属于一种长期的情感性情,塑造了人们的信仰、需求与喜好;后者则是一种应激反应,可以在某些情势下改变人们的目标、规划与行为⑤。而短期情感偏向在多元主体互动中汇集凝聚,形成对长期情感(基调情感)的激活与调适,有利于实现对外文化传播中的认识调适与再造,为跨文化传播提供了共情的可能。

第二节 中国体育故事中的共情元素、共性历史、共同诉求和共通价值

将共情传播用于中国体育故事跨文化传播中的国际认同建构,需结合中国体育故事及其与跨文化传播中的情感关联,来审视其可行性。故事作为人类体验、意义赋予和现实建构的交汇点⑥,具有分享经历、传递观点

---

① 王嘉. 超越巴别塔:共情传播视角下中国故事的国际化叙事研究 [J]. 新闻春秋,2022,11(3):63-70.

② 多米尼克·莫伊西. 情感地缘政治学:恐惧、羞辱与希望的文化如何重塑我们的世界 [M]. 姚芸竹,译. 北京:新华出版社,2010.

③ Sullivan P B, Patrick B, Carr C T. Mass-Personal Communication: A Model Bridging the Mass-Interpersonal Divide [J], New Media & Society, 2017, 20(3):1161-1180.

④ 郑日昌,李占宏. 共情研究的历史与现状 [J]. 中国心理卫生杂志,2006,20(4):277-279.

⑤ 郝拓德,安德鲁·罗斯,柳思思. 情感转向:情感的类型及其国际关系影响 [J]. 外交评论(外交学院学报),2011,28(4):40-56.

⑥ Spiegel G M. Practicing History: New Directions in Historical Writing After the Linguistic turn [M]. New York and London: Routledge, 2005:115-119.

和建构认同的作用①。中国体育故事涵盖体育文化故事、中国体育梦故事以及包括体育外交在内的体育交流故事等②，是在事实的基础上，对中华民族共享的体育事件、事态③及包括个体体育经历④在内的回忆、观察或想象的符号化概括。因此，应从体育文化、中国体育梦、体育交流各个方面审视跨文化传播，同时，中国体育故事在理论上也均具备以共情传播建构国际认同的可能。

一　中国体育文化故事中的文化共性赋予跨文化传播共情元素

相较于文化的异同，跨文化传播更多关注文化本身的容纳性，以及与受传者的相关性。体育本身就是超越国家、民族、政治、经济等的一种跨文化存在⑤。现代体育承载的人类诸如理解、团结、互助、公平、友谊等共同的体育精神，不仅仅是一种共同的国际语言，同时也是跨文化传播中的共情元素。奥运会作为全球性的媒介事件，为多元文化提供了交流空间。1919 年，现代奥林匹克运动之父顾拜旦提出"一切体育为大众"的口号，并在世界范围内号召和推广全民体育和终身体育，更使得"参加比取胜更重要"成为奥林匹克运动会深入人心的理念。在 2022 年北京冬奥会赛场上的冰壶混双循环赛中，我国运动员凌智、范苏圆在惜败美国队员的情况下，向对手普利斯、佩辛格赠送了冬奥徽章作为礼物。普利斯则称中国同行展示了他们超赞的体育精神，同时，奥林匹克信息服务系统更是将此视为体育盛会上的佳话，称"没有多少运动员会在输掉一场比赛后，还能向对手赠送礼物表示祝福"。可见，诸如此类的体育故事中所展现出的人类与生俱来的情感，正是跨文化传播中的共同情感，有助于唤起彼此的

①　David H. The Cambridge Companion to Narrative ［M］. Cambridge：Cambridge University Press，2007：72-79.

②　游迎亚，王相飞，宋菲菲. 讲好中国体育故事提升国际话语权的价值维度与叙事策略 ［J］. 武汉体育学院学报，2021，55（5）：12-19.

③　卢兴，郭晴，荆俊昌. 中国体育故事国际传播的显性要素与隐序路径——基于国际视频网站 YouTube 的叙事认同研究 ［J］. 上海体育学院学报，2021，45（5）：1-9.

④　吕夏颖，李晓栋. 体育故事的述与听——兼论"叙事"何以成为一种体育人文社会科学研究方法 ［J］. 武汉体育学院学报，2018，52（12）：9-17.

⑤　阿伦·古特曼. 从仪式到纪录：现代体育的本质 ［M］. 花勇民，钟小鑫，蔡芳乐，译. 北京：北京体育大学出版社，2012.

情感共鸣，创设出共享会意空间，也进一步扩大了跨文化传播的交流域。

二 中国体育梦故事中的共性历史、共同诉求强化跨文化传播的情感连接

体育承载着国家强盛、民族振兴的梦想，见证了中华民族的崛起和腾飞，是实现中国梦的重要内容。从 20 世纪初期的"奥运三问"到新时代的体育强国建设，中国的体育梦经历了从逐梦奥运、筑梦奥运到体育强国梦的转变。中国体育梦故事在两个方面构成了跨文化传播中建构国际认同的共情支点，一方面，中国体育梦故事是以体育推动中华民族走向独立自强为主题和基调的，于诸多不同文化背景的主权国家而言，其中潜藏的"共通"体验或记忆，在很大程度上能够强化跨文化传播中的情感连接，更易触发受众已有的情感经验和待激发的情感范式，唤起情感体验；另一方面，中国体育梦实现过程中的相关故事，彰显出的对和平、团结和开放等的追求，是世界共通的理念，能够唤起情感共鸣。如 2008 年北京奥运会，中国以"同一个世界，同一个梦想"向世界传达着"中国要跟世界一起来建设美好的未来，而美好的未来就是一个和平的世界、和睦的社会、人与自然和谐相处的世界"①。2022 年北京冬奥会，中国在《一起向未来》的推广歌曲中，"我们都需要爱，大家把手都牵起来"形象地表达了奥林匹克格言新增的"更团结"，同时以"我们都需要爱，来把所有门全都敞开"回应开放的世界，进而借助故事化的表达和情感化的描述以激发共鸣，最终形成情感、体育和故事三者的黏合剂效应。

三 中国体育交流故事中的共同价值唤起跨文化传播中的情感体验

体育交流故事可以表现为民间的体育交往故事及官方的元首外交故事等。尽管跨文化传播是异质文化的交流，但以文化为根基形成的不同民族、不同国家的价值观之间应存有共通之处。如西方国家自由、平等、民

---

① 何振梁．"体育梦"、"中国梦"与和谐世界 [J]．外交评论（外交学院学报），2006，23（2）：14-15．

主、法治的核心价值观①；新加坡国家至上、社会为先，家庭为根、社会为本，关怀扶持、同舟共济，求同存异、协商共识，种族和谐、宗教宽容的共同价值观②；越南民富、国强、民主、公平、文明的价值目标③；古巴追求民族独立、强调平等互助、维护社会公正、保持清正廉洁的核心价值观④等，都在一定程度上与我国当下的价值观存在诸多共通之处，这为中国体育交流故事提供了跨文化传播的共情可能。习近平主席在 2022 年北京冬奥会欢迎宴会上，以"我们应该牢记奥林匹克运动初心，共同维护世界和平""我们应该弘扬奥林匹克运动精神，团结应对国际社会共同挑战""我们应该践行奥林匹克运动宗旨，持续推动人类进步事业"⑤ 等致辞，将全球共通的价值观融于中国发展的理念、道路和愿景中，传递中国应对全球问题和挑战的主张和立场，更易连接异质文化背景下的情感体验。而共通性的情感体验不仅使得个体能够接受并更易解读他人发送的情感信号，也会使群体更加积极主动地建立情感连接，进而在互动过程中强化理解与信任。

第三节　中国体育故事在跨文化传播中建构国际认同的共情传播模式及其阐释

共情传播是跨文化传播中的一种有效方式，在中国体育故事跨文化传播中具有建构国际认同的价值和功能。但若想充分发挥共情传播的作用，还需结合中国体育故事本体及其在跨文化传播中涉及的过程要素。因此，本部分尝试以共情传播为视角，结合不同类型的中国体育故事提出并阐释中国体育故事跨文化传播的情感传播模式。

---

① 周文华. 美国核心价值观建设及启示［M］. 北京：知识产权出版社，2014：28.
② 苏振芳. 当代国外思想政治教育比较［M］. 北京：社会科学文献出版社，2009：453.
③ 闫杰花. 越南共产党价值观的生成及演进［J］. 当代世界与社会主义，2016（1）：70-74.
④ 赵绪生. 古巴共产党的价值观建设［N］. 学习时报，2014-09-22（2）.
⑤ 习近平. 在北京 2022 年冬奥会欢迎宴会上的致辞［N］. 人民日报，2022-02-06（2）.

一 中国体育故事在跨文化传播中建构国际认同的共情传播模式

心理学研究指出共情的动态模型涉及情绪、认知和行为三个系统①。曾向红和陈科睿将个体感知或想象他人情感及部分体验他人感受的心理过程称为"共情"，并进一步将其作用过程分为情绪感染、观点采择和共情关注②。其中，首先，情绪感染主要指当个体面对他人情感状态或处境时，会无意识地产生情绪上的唤醒，并形成与他人相似的情绪体验。其次，观点采择是受众基于注意与选择，在认知参与的情况下对传播信息进行判断，进而促成理解和实现情感共鸣。这一阶段中，共同情感的产生可描述为"尽管我们认识到我们自己和他人之间的区别，但我们还是会随时在我们的内心创造出他人的心理状态，以更好地理解其观点"③。最后，共情关注建立在情绪感染和观点采择的基础上，是通过共情、共鸣实现共识。

具体来看，以共情传播实现中国体育故事跨文化传播的认同建构，不仅需要考虑故事主题、类型及其承载的价值观，还要考虑传播场域，这是由中国故事本身的特征以及传播过程决定的。①故事主题是传播过程中的关键变量，它主宰着叙事的中心概念及主要洞见。好的故事具有丰富的情感力量，不同故事主题所传达的情感会勾连起故事阅听者不同的生命体验，建构出不同类型的认同。②故事具有情景化、语境化的叙事特征，中国体育故事能够成为承载国家领导人、媒体、普通民众和跨文化阅听者等多元叙事主体的意义"连接"系统。这一过程中，中国体育故事不可能脱离故事的情境和语境独立存在。因此，应将跨文化传播中的情景和语境视为场域，且中国体育故事的跨文化传播理应立足不同的场域，包括海外大众消费文化场域、海外官方主流意识形态场域和海外精英公共政治场域④。

---

① 刘聪慧，王永梅，俞国良，等．共情的相关理论评述及动态模型探新［J］．心理科学进展，2009，17（5）：964-972.

② 曾向红，陈科睿．国际反恐话语双重标准的形成基础与机制研究［J］．社会科学，2017（9）：3-15.

③ 李宗亚，张明新，魏然，等．新冠肺炎疫情危机中的微信使用与利他行为：风险感知与公共信任的中介效应［J］．国际新闻界，2021，43（5）：6-22.

④ 刘瑞生，王井．"讲好中国故事"的国家叙事范式和语境［J］．甘肃社会科学，2019，41（2）：151-159.

③在具体的传播实践中，不同主题、类型的体育故事承载的价值观不同，具有不同的传播效果①。故事包含的价值观决定了故事的意义和情感，会影响受众的共情程度，易于受众理解的价值观是情感加速启动的催化剂。④在接收端，传播对象的情感内化需经过注意、选择、判断、理解和认同等若干环节。因此，共情作用下的中国体育故事首先获取受众的注意，进而作用于其选择和理解，最终导向认同。

概而言之，将共情传播用于中国体育故事跨文化传播中，需在不同传播场域中提供不同类型的中国体育故事文本，进而结合情感作用实现包括认知、情感和行为等在内的认同。基于此，本章将沿着"中国体育故事—共情传播—国际认同建构"这一路径，将不同主题的中国体育故事置于特定的跨文化传播场域中，进而在中国体育故事跨文化传播中建构国际认同的情感传播模式（见图5-1）。

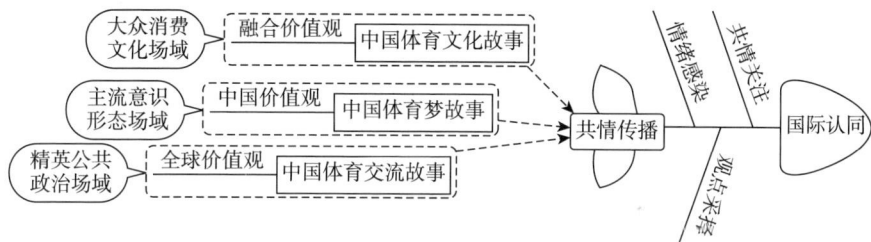

图 5-1　中国体育故事跨文化传播中建构国际认同的共情传播模式

该传播模式中，中国体育故事是该传播模式的起点；国际认同建构是目标；共情传播是方式，也是中国体育故事跨文化传播中建构国际认同的关键中介，共情产生的过程包括了情绪感染、观点采择和共情关注②；跨文化传播场域与传播的价值观是中国体育故事跨文化传播过程中的主观能动部分，是叙事者将中国体育故事传播给他者的具体实践。需要说明的是，该模式并非"传递观"统摄下的线性传播流程，而是情感作用下"中国体育故事—共情传播—国际认同建构"的辩证互动，各要素之间存在有

---

①　卢兴，郭晴，荆俊昌. 中国体育故事国际传播的显性要素与隐序路径——基于国际视频网站 YouTube 的叙事认同研究 ［J］. 上海体育学院学报，2021，45（5）：1-9.

②　曾向红，陈科睿. 国际反恐话语双重标准的形成基础与机制研究 ［J］. 社会科学，2017（9）：3-15.

机关联性。同时，从传播实践来讲，由于叙事过程的开放性和故事文本的未完成性①，纯粹的传播模式仅在理论上存在，而在特定叙事中呈现的几乎皆为混合形式。因此，就上述传播模式而言，不同的故事主题、传播场域主要有三条建构国际认同的路径，这三条路径并非线性迭代的单向进化过程和替代关系，而是一种动态进化中的"增补"和"接续"。

二　中国体育故事在跨文化传播中建构国际认同的情感传播模式阐释

中国体育故事在跨文化传播中建构国际认同的情感传播模式，是以共同情感为沟通中介，统筹考虑传播内容和传播场域，通过跨文化传播中的共情实现认同建构。

（一）中国体育文化故事跨文化传播中的共情传播与国际认同建构

共情传播的内在机理在心理学的"共享表征"与"知觉-行动机制"中得到了解释，即人们对于自己实施过的行动和体验过的情感会产生一个心理表征，而知觉到他人的行动和情感体验时也会产生一个心理表征，两个表征中重复的部分被称为"共享表征"②。中国体育故事中蕴含的意义符号与世界体育有诸多共享表征，承载着体育文化的中国体育故事在大众消费文化场域更易激活异质文化阅听者的选择性注意，尤其通过传递中外体育所共享的价值观，形成国际社会对我国的认同。

中国体育文化故事不仅仅蕴含着我国不屈不挠、进取向上的国家精神，也体现出一种不断突破的现代体育精神，这在大众消费文化场域中，能够作为共享的表征而存在。比如，我国早期的体育电影《冰上姐妹》中讲述的互帮互助、共同进步的故事，《沙鸥》等影片中讲述的运动员历经挫败重振精神的奋进故事。另外，随着我国体育文化不断体现出爱国主义情怀及更加包容性、尊重差异性的融合趋势，中国体育文化故事的生产也体现出这一叙事取向。例如，《攀登者》再现了我国登山队于 1960 年和

---

① 周翔，仲建琴. 智能化背景下"中国故事"叙事模式创新研究［J］. 新闻大学，2020，40（9）：79-94+122.

② 黄翯青，苏彦捷. 共情的毕生发展：一个双过程的视角［J］. 心理发展与教育，2012，28（4）：434-441.

1975 年从喜马拉雅山北坡登上珠穆朗玛峰的真实历史故事，在传递登山队捍卫国家荣誉精神的同时，也传达了尊重个体差异及包容、多元的价值取向。类似的中国体育文化故事能够基于注意、观察和想象等外在行为对体育精神进行共享表征，继而使得个体得以感受到与他人相似的情感。而情感是将媒介信息内化为意识或外化为行动的关键中介因素①。因此，中国体育故事以中外体育文化的共享表征唤起国内外受众的情绪，进而从认知方面促成或引导人类个体对包括媒介信息的注意、选择、判断及记忆等内在的认知过程，并在大众文化消费场域中完成体育文化的传播和迁移②的同时，促进中外融合视角下体育价值观的传播，最终建构国际认同。

（二）中国体育梦故事跨文化传播中的共情传播与国际认同建构

共情的激发能促使传播对象站在故事主体的立场去思考和表达，进而在情感上产生共鸣，并基于这一情感体验促成理解与认同。世界各国人民在思维方式、话语体系和文化背景等方面有诸多不同之处，但在心理和情感上却能够跨越时空、超越种族同声相应。而中国梦的提出就展现了中国倡导和平、发展、合作、共赢、和谐和包容的价值理念，有利于促进中外政治互鉴和文明相融。其中，中国体育故事在跨文化传播中，通过中国体育梦叙事，也进一步反映了融通中外的价值理念，这尤其体现在以奥运梦为典型主题的中国体育梦的叙事过程中。例如，2018 年平昌冬奥会，"北京八分钟"中的"熊猫信使"穿越时光隧道收集来自中国人民的热情与希冀，将中国筹办冬奥会的故事推向全球，同时向全世界发出"相约北京"的邀请，国外网友表示，"感受到来自中国的热情，相信 2022 年北京不会让我们失望"；再如，2022 年北京冬奥会，一朵雪花的故事贯穿开幕式全程，并通过传递各国人民共同的情感，表达世界大同的理念，同时将共创未来的冬奥精神融入媒介叙事中。

在国际官方主流意识形态场域，就中国体育梦的叙事而言，借助共同情感的作用，中国体育故事将国家主义话语转化为合情、合理、合法的国

---

① 徐明华，李丹妮．情感畛域的消解与融通："中国故事"跨文化传播的沟通介质和认同路径 [J]．现代传播（中国传媒大学学报），2019，41（3）：38-42.

② 王昊，龚正伟．我国体育文化传播的符号过程、符号机制与符号策略 [J]．山东体育学院学报，2022，38（5）：85-91.

际语言,激发了传播对象支持、肯定、信任等积极的情感体验,使得蕴含于体育故事中的国家价值观成为"有悖于常规的但可以理解的偏差",从而在认知认同的基础上,建构以中国体育梦故事为依托的情感认同,而在认知认同基础上产生的情感认同一经形成,就会对认知认同产生巨大的强化作用,最终导向行为认同。

(三)中国体育交流故事跨文化传播中的共情传播与国际认同建构

跨文化传播中精英公共政治场域的体育交流故事,特别是由体育外交构成的相关故事,能够赋予其跨文化传播中公共体育外交和政府外交的双重属性①,是调适国际关系和塑造共识的重要手段。而共识发轫于共情,因此,共同体所依赖的"共同理解"是一种"相互的、联结在一起的情感"②。体育交流能够递进式建立信任和责任意识,体育交流故事则可以成为其载体,在跨文化传播中拉近来自不同文化背景的人与人之间、国与国之间的情感距离。

从中国故事跨文化传播中建构国际共识进而达成认同的角度来看,人类之所以能够理解他人的行为是因为我们都生活在"故事"中,通过"故事"来理解自己的生活③。中国故事作为新时代我国主流意识形态表达与价值呈现的重要脚本,是中国政治文化和核心价值的具象再现,深刻诠释了中国共产党治国理政、中国人民奋斗圆梦、中国坚持和平发展合作共赢和积极构建人类命运共同体的诸多伟大实践④。体育全球化背景下,在跨文化传播中的精英公共政治场域,以共同利益建构的体育交流故事,将中国体育故事与国家间的共同发展进行情感关联,在跨文化传播中更易引发共情关注,产生共同情感。20世纪70年代"小球推动大球"的故事,不仅使得作为故事主体的中美两国关系获得历史性突破,更是通过跨文化传播轰动了国际舆论,成为世界了解中国的一个窗口,加速了我国走向世界

---

① 张德胜,张钢花,李峰.体育外交在我国强国建设中的作用及实践路径 [J].上海体育学院学报,2018,42 (1):27-32.
② 娄晓琪,季燕京,苏娅,等.习近平的奥林匹克文化情怀与文明愿景 [J].文明,2018,19 (1):12-27.
③ 费爱华."人类命运共同体"理念跨文化传播的策略与路径 [J].南京社会科学,2020,31 (12):149-157+164.
④ 蔺叶坤."讲好中国故事"的叙事逻辑及实践路径 [J].传媒,2022,24 (7):59-61.

的进程。21 世纪以来，依托这一体育交流故事形成的跨文化传播效应仍在继续发挥作用。例如，2006 年，庆祝"乒乓外交"35 周年的"红杉树友谊之旅"在北京举行；2008 年，美国加州的约巴林达市举行了为期三天的"乒乓外交"纪念活动；2021 年，国际乒联在休斯敦举行了以"体育促进和平"为主题的 50 周年纪念活动。体育交流故事主体以及国际受众对这一纪念性活动的参与性支持，在国际社会中也形成了一种行为认同。

第四节　基于中国体育故事共情传播模式的 国际认同建构路径

基于中国体育故事跨文化传播中建构国际认同的共情传播模式，本章认为中国体育故事跨文化传播的国际认同建构可从共同情感的建构出发，借助情绪感染、观点采择和共情关注实现共情、共鸣和共识，逐步建构国际社会对我国的认同。

一　认知认同：提炼中国体育故事与世界的共情元素，消解认知偏差

认知认同是形成国际认同的前提和基础，中国体育故事跨文化传播中国际认同的建构可借助中国体育文化故事中的共情元素，从认知认同着手逐步形成国际认同，具体可从宽泛的情感策略与具体的情感手段两个方面入手。

（1）宽泛的情感策略意味着在讲述中国体育故事时应注意对故事主体进行背景性和历史性的关注，将不同体裁的中国体育文化故事进行情感勾连。比如，以冬奥会冰墩墩为故事主体开展的中国文化叙事等，将中国传统文化、现代科技与纯洁、坚强以及鼓舞人心的奥林匹克精神等相结合，形成具有中国特色的连续叙事，延长了情感链条，并最终扩大了我国体育故事的影响力。

（2）具体的情感手段意味着在讲述具体的中国体育文化故事时，应注重细节传情。细节在叙事中的重要性不言而喻，细小的事件可能会迸发出巨大的情感能量。在对中国体育文化故事的叙事过程中，可通过"反应

者""虚拟情态"等叙事手法，尽可能勾勒出故事文本的情感细节。同时，优化既往榜样式典型人物宣传的方式，将被讲述对象置于世界背景下，通过描绘被讲述者的个性、情感和荣辱等，突出其主体性及独特性，传递出具有感召性的情感能量，从而加深他国受众对我国体育文化的理解。例如，2022 年北京冬奥会，苏翊鸣、谷爱凌等一批 "00 后" 运动员走红网络，借助 "只要有目标，我就会全力以赴，付出自己的全部" "去找到自己的热爱、去享受，去把世界变得更好" 等具体的情感叙事语言，赋予了中国体育故事更加鲜活的色彩，有助于克服既往叙事的生硬感与灌输感，实现情感共鸣。此外，也在大众消费文化场域，不断丰富着体育精神、体育文化的内涵。

二 情感认同：从平民视角和他者视角讲述中国体育故事，强化情感认同

故事塑造记忆、解释世界，而朴实、细琐的日常生活叙事则可成为建构、诠释与分享经验的空间。因此，中国体育故事的跨文化传播，可尝试从平民视角和他者视角讲述中国体育故事，强化情感认同。

（1）从平民视角讲述小人物的体育梦故事。认同并不是强制性的，而是通过情感的互动交流和引导，最终以涵化的形式实现的[①]。平民视角下的中国体育文化故事，承载了个体和小人物的梦想，折射出我国广大民众现实生活中的千姿百态，更具情感张力，尤其在强调 "每个人的梦想、体育强国梦都与中国梦紧密相连" 的当下，更具叙事价值。因此，可通过深入讲述 "小人物的小梦想"，强化故事感染力，达到同屏共情、同屏共振的传播效果以建构认同。例如，国际体育记者协会 2020 年体育媒体奖项中，新华社文字作品《敢梦敢当！独臂篮球少年张家城故事感动世界》中讲述了意外失去右臂的少年张家城勇敢追求篮球梦想的故事，进入了文字特稿单元前十名；讲述藏族女孩普布志玛坚持与成长故事的短视频作品《上场吧，女孩！》，入围了视频短片单元前十名。从诸如此类的传播实践

---

① 王真真，王相飞，延怡冉. 大型体育赛事的新媒体话语策略与国家认同构建 ［J］. 成都体育学院学报，2021，47（1）：101-105.

· 124 ·

可以看出，在跨文化的传播实践中，基于平民视角的中国体育故事更具情感张力，可以搭建中国体育故事跨文化传播的情感通路，从而通过信息流和情感流的交融实现国际认同的建构。

（2）合理利用中国体育故事讲述者的文化身份引发共情，建构认同。从受众视域讲，中国体育故事的接收者会因讲述者的文化身份而对其讲述的内容产生共情，从而达到良好的传播效果，这为借助他者的文化身份讲述中国体育故事，并通过角色移情推动中国体育故事在跨文化传播中建构认同提供了思路。例如，可以借助外籍网红视角下的中国体育发展，讲述中国体育梦的故事。从实践来看，在北京冬奥组委联合中央广播电视总台国际在线举办的"大 V 冬奥行"活动中，11 名在华工作居住的外籍网红以自己的视角，通过 Vlog 向国外社交媒体和视频网站上的粉丝群体介绍了自己在中国奥运场馆的所见所闻和真实体验。这种传播方式不仅有助于减少异质文化传播中的文化折扣，更通过"自传播"与"他传播"的结合促成共同情感的强化，有助于形塑国际社会对我国体育文化和体育观的正确认知与认同。此外，外籍记者也可以成为主流意识形态场域中中国体育故事的讲述者，例如，*China Daily* 在 2021 年成立了中国日报社"新时代斯诺工作室"，为中国日报社外籍记者和国外受众提供了中国体育故事的良好传播平台。其中，在 *Dialogue with Yang Yang：China's growth and progress in winter sports* 的报道中，记者兼斯诺新闻编辑室成员 Ian Goodrum 通过与中国首枚冬奥会金牌获得者、北京冬奥组委运动员委员会主席杨扬对话的形式，讲述了中国冬季运动发展、奥运会举办的故事。可见，借助外籍记者的文化身份，不仅减少了跨文化传播中的宣传色彩和说教感，更在情感上有利于拉近与他国受众的距离，产生情绪感染、观点采择等情感效应，形成共鸣与认同。

三　行为认同：强化中国体育交流故事传播中的聚合效应，以共识促认同

情感传播既是发散的，也是聚合的。人类社会能形成具有共同价值观与世界观的社群、集体乃至国家，就是不同传播主体在互动中产生了聚合

效应，实现了主题共享与价值共认的"共识"效应①。因此，在中国体育交流故事的跨文化传播中，具体可在社交媒体与公共政治场域之间利用这种发散-聚合效应，促成行为认同。

（1）利用社交媒体扩散公共政治场域中体育交流故事引发的情感效应。根据欧内斯特·鲍曼的观点，不同的个体及独立群体在传播互动中能够形成具有"统一共识"的"集合体"，实现情绪、动机、世界观和价值观等的共享。国际社会对故事的分享是信息通达到对方的直观体现②，也是理解的开端。受众在社交媒体中对体育外交故事的关注和分享行为，本身就是基于其所传递的国家理念的一种行为认同。在中国体育故事的跨文化传播中，可进一步利用社交媒体引发的聚合效应，促使基于价值观、世界观形成的共识在全球范围内扩散，进而在网络空间与现实社会的良性互动中促成认同的建构③。

（2）公共政治场域中有意识地聚合社交媒体中的热点体育交流故事。共同情感能够为共同体建设提供基础。通过体育交流故事建立不同文明间的可沟通性和对话性，在故事中体现人类共同价值和普遍关注的话题，分享人类命运共同体的意涵，搭建促进视阈融合的桥梁，弥合群体间差异的鸿沟④。例如，2020年3月11日，纽约时代广场发布的一条"抗击疫情，凝心聚力，爱心接力，我们在行动"的内容引起了全球关注，该内容是由PP体育联合皇马、利物浦、国际米兰、热刺和曼联5家国际豪门足球俱乐部的共同发声；同时，PP体育携手这些俱乐部开展了球衣义卖活动，该活动在社交媒体引起了广泛好评。因此，公共政治场域中可合理地聚合类似的体育故事，将由具体事件产生的故事导向性情感上升至全球意义上全域整体性情感，以在国际上形成价值共识，践行全球价值理念，建

---

① 吴玫，朱文博. 符号策略与对外传播：一个基于主题分析法的案例［J］. 对外传播，2017，24（6）：34-36.

② 程雪峰，谢米列特·塔马拉·阿列克谢耶夫娜，姜丽. 整合与创新："一带一路"体育文化传播话语体系的建构［J］. 山东体育学院学报，2020，36（4）：32-38.

③ 王真真，王相飞，徐莹. 中国女排新媒体传播中的集体记忆与国家认同构建——以里约奥运会为例［J］. 山东体育学院学报，2020，36（6）：36-43.

④ 赵欣. 国际传播视野中的中国故事叙事之道——"第一主讲人"人类命运共同体意涵的国际分享［J］. 新闻与传播研究，2021，28（1）：5-25+126.

构行为认同。

　　认同的构建是中国体育故事跨文化传播的重要价值所在。但跨文化传播本身是异质文化的沟通和交流，并在不同程度上影响着跨文化传播中的国际认同构建。情感是人类与生俱来的本能，共同情感在跨文化传播中可为人类达成跨越文化和政治区隔的交流铺设天然的通路，服务于中国体育故事跨文化传播中的国际认同建构。其中，跨文化传播中对文化差异的关注，并不意味着中外文化是非此即彼的二元对立关系；对情感因素的纳入，并非对理性因素的排斥；对共性符号的强调也并非对中国体育故事特质的摒弃。而是应从认同的阈限性以及文化间性出发，寻求中国体育故事与国际受众的情感交集，唤起共同情感，以更好地强化国际认同。同时，跨文化中的共情传播与国际认同建构之间也不可能被简单化为线性的因果关系，各个结构维度下的传播也并非彼此独立的。

第六章

国家级主流媒体讲好体育外交故事，促进国际认同

当前，在百年未有之大变局的背景下，国家、种族之间的种种矛盾相互交错，使世界秩序的稳定性面临严峻挑战。中国作为迅速崛起的世界大国，已逐渐与各国形成了相互依存的关系①，并提出构建人类命运共同体的外交理念。然而，以美国为主导的西方国家仍以"冷战"时期大国博弈的思维方式看待中国目前的外交理念，并提出"中国威胁论"和"中国统治论"等错误观点，使中国外交理念难以实现有效的国际认同②。国家层面的叙事具有特殊的话语功能，涉及一个国家观念的形成、投射、扩散以及接受，能够在潜移默化中影响国际舆论和全球话语格局走向，是国家外交理念对外呈现的有效方式③。目前，以主流媒体为代表的叙事主体不断从中国文化和中国经验视角，解读中国经济、军事、政治等领域的价值理念和行为，并在国际平台中主动设置相关叙事议题，初步形成了中国外交话语体系的总体布局④。但经济、军事与政治外交等领域的叙事仍难以避免被西方国家预设为利益和权利诉求的产物，部分西方国家仍会制造和演

---

① 刘德斌. 中国叙事、公共外交与时代博弈 [J]. 探索与争鸣，2017（12）：125-132+139.

② 夏文强，王连伟. 中国外交话语体系建设：挑战、机遇及实践路径——基于人类命运共同体的总体布局 [J]. 哈尔滨工业大学学报（社会科学版），2022，24（5）：29-35.

③ 史安斌，廖鲽尔. 国际传播能力提升的路径重构研究 [J]. 现代传播（中国传媒大学学报），2016，38（10）：25-30.

④ 赵永华，窦书棋，赵家琦. 观念政治下的网络战：社交媒体时代信息战的观念更迭与范式转换 [J]. 当代传播，2023（5）：23-27+34.

绎负面的"中国叙事"，影响中国外交叙事的供给和认同①。

体育作为全球共同性的语言，在全球化进程中，已逐渐成为人类生活方式、健康意识提升的重要组成部分，是促进人类相互交流的有效媒介②。同时，体育也能够桥接各个国家，助推世界各国相互开放、包容。进一步而言，中国体育外交叙事的"去政治化"优势，可以更好地将中国的发展经验、国家形象和国家意识形态等转化为全球共同性的价值理念，从而利于中国故事的国际认同建构⑥。但目前，中国体育外交叙事的故事化、形象化建构仍存在不足③，导致叙事内容难以有效建构国际认同④。既有研究虽然肯定了体育外交叙事在国际政治领域和国际认同建构中的重要作用⑤，并关注体育外交话语的演变历程⑥和大型体育赛事中的媒体议题设置⑦，但多集中在宏观理论层面或特定主题下的叙事研究，鲜有结合体育外交叙事的整体特征及国际受众认同情况，提出可行的优化策略的研究。

我国国家级主流媒体作为国际传播议程设置的领导者，时至今日，在国际传播平台中仍有着庞大的订阅群体⑧，其在体育外交相关的信源获取和内容采编方面具有较为显著的优势。尤其是在大型赛事期间，社交媒体平台上主流媒体关于中外领导人、运动员、教练员等主体相互交流的叙事具有较多的受众关注和认同。鉴于此，本章立足我国国家级主流媒体讲述中国体育外交故事的整体情况，梳理影响讲好体育外交故事促进国际认同

① 金新，贾梦茜．中美博弈下中国公共外交叙事模式优化研究［J］．东北亚论坛，2025，34（03）：22-41+127.
② 马德浩，薛昭铭，季浏．人类命运共同体愿景下中国体育外交的战略取向与推进路径［J］．体育与科学，2024，45（6）：11-19.
③ 杨明星，潘柳叶．"讲好中国故事"的外交叙事学原理与话语权生成研究［J］．新疆社会科学，2021（5）：78-88+163.
④ 靳大力．体育构建中国国家形象的内蕴逻辑、发展历程和实践路径［J］．体育学刊，2024，31（3）：1-6.
⑤ 梁鹏遥，王永智．全球文明倡议下中国体育外交的理论逻辑与实践进路［J］．湖北社会科学，2023（7）：37-45.
⑥ 史安斌，刘长宇．智能传播时代的体育公共外交：历史脉络与未来走向［J］．青年记者，2022（1）：87-90.
⑦ 张汝莹，刘贺娟．中国主流英文媒体双奥新闻议程设置的嬗变——基于主题词的多元对应分析视角［J］．首都体育学院学报，2024，36（4）：374-384+415.
⑧ 张举玺，王文娟．基于层次分析法的国际一流新型主流媒体评价指标体系研究［J］．现代传播（中国传媒大学学报），2020，42（8）：1-8.

的关键因素，以此归纳有效的经验启示。

第一节 相关概念与理论基础

一 相关概念：中国体育外交故事

中国体育外交故事可以从"外交叙事"和"体育外交"两个方面进行解构③。"外交叙事"不同于一般类别的叙事，是一种聚焦于外交事务和国际关系领域的政治叙事或战略叙事，学界通常认为其在塑造国家身份、表达政治观点和意识形态等方面具有重要作用①。因此，可以将外交叙事理解为叙事主体向他国阐释本国外交理念以及对外政策的故事化、情节性的话语方式②。"体育外交"源于外交领域和外交主题的拓展，通常以体育赛事、运动员交流、体育文化输出为载体，是现代主权国家通过体育的跨国界互动实现政治沟通、文化传播与价值共识构建的战略方式③。

综上，可以将中国体育外交故事解释为外交行为体为了实现国家身份塑造、政治观点或意识形态传递等战略目标，以本国与他国体育交流互动行为为载体，借助多元化的修辞方式，呈现具有时间、人物、事件、因果关系和特定内涵意义的叙事内容。

二 理论基础：数字共通

数字共通理论是以传统公共领域理论的解释框架为基础，为回应数字技术引发的社会联结形态变革，围绕数字时代社会交往过程中的信息传播和认同建构所提出的新假设④。数字共通理论揭示了当前社会环境中理性

---

① 王守都. 美国"印太战略"概念构建与政策现状——基于战略叙述框架的分析 [J]. 亚太安全与海洋研究, 2019 (3): 108-124+4.
② 金新, 贾梦茜. 中美博弈下中国公共外交叙事模式优化研究 [J]. 东北亚论坛, 2025, 34 (03): 22-41+127.
③ 于思远, 刘波. 体育外交如何而来：基于政治现代性的考察 [J]. 北京体育大学学报, 2024, 47 (5): 76-85.
④ 吴飞, 傅正科. "数字共通"：理解数字时代社会交往的新假设 [J]. 新闻与传播研究, 2023, 30 (6): 22-35+126-127.

对话与情绪化互动交织，以及私人领域与公共领域界限模糊消融的内在机制，并提出不同主体之间的互动和共鸣可以通过共显机制在开放的空间中平等展现①。具体而言，数字共通包括数字基础设施层面的信息连通、情感层面的共振共鸣以及意识形态和价值观层面的对话，并由此概括为共享、共鸣与共通三个维度：共享指传播者依托数字平台所传播的内容；共鸣指传播内容情感的表达和唤起；共通指在理性或情感表达中能够被接受者理解、包容的内容①。

在本研究中，数字共通理论主要用于我国国际主流媒体如何通过讲好中国体育外交故事促进国际认同的分析中。随着新媒体平台的迅速发展，传播已转变为一种泛在连接的交互方式，由国家行为体、全球网民和各类组织机构全面深度参与的多元化国际传播格局逐渐形成。鉴于此，对外讲好中国体育故事需要以中国对他国的信息共享行为为基础，运用情感共鸣的叙事方式和中外主体共同感知且包容的内容表达形式，形塑国家形象和价值理念，为中外主体间的意义共通提供可能②③。而数字共通理论提出的不同主体间互动共鸣的共享机制可以解构讲述中国体育故事何以通过媒体平台的共享形式以及意义共通的叙事行为建构国家主体间的认同④。

第二节　研究设计

一　研究样本

选取《中国日报》（*China Daily*）、《人民日报》（*People Daily*）、新华社（New China TV）、中国国际电视台（CGTN）在 YouTube 平台中讲述的体

---

① 孙梦如，丁玥，吴飞. 数字共通新闻学：地方新闻媒体的"在地共鸣"［J］. 西南民族大学学报（人文社会科学版），2025，46（1）：127-135.
② 吴飞. 以全球共通重构国际传播的新逻辑［J］. 传媒观察，2024（9）：1.
③ 刘冬磊，崔丽丽，孙晋海. 中国共产党体育思想视域下构建人类命运共同体的"体育方案"研究［J］. 北京体育大学学报，2021，44（6）：62-70.
④ 方兴东，钟祥铭，谢永琪，等. 全球共通：重新定义国际传播——重估国际传播的本体与时代使命［J］. 传媒观察，2024（6）：48-57.

育外交故事作为研究样本，具体的媒体、平台和故事选取过程与原因如下。

（1）平台选择方面。YouTube 是全球最具影响力的国际社交媒体平台之一，拥有庞大的国际受众群体，据最新统计，YouTube 每月活跃用户数达到 20 亿人次①，且相较于 Facebook、X、Instagram，YouTube 的用户平均每天使用时间最长，约 45.6 分钟②。同时，我国各类国际主流媒体已分别在 YouTube 平台开设相应的账号，且不乏体育外交相关的叙事。此外，YouTube 平台的受众群体多样，而数字时代国际主流媒体外交叙事的互动行为主体已由政府精英、国际组织，拓展至普通公民③。因此，选取 YouTube 中国际主流媒体所讲述的体育外交故事，能够更加全面地反映其叙事及不同受众的认同情况。

（2）媒体选择方面。《中国日报》《人民日报》以及新华社和中国国际电视台是目前我国国际传播影响力最大的国家级主流媒体之一，并且在 YouTube、X、Facebook 平台上的粉丝规模较大。同时，4 家媒体皆注重外交和体育外交相关的叙事，故选取其作为研究的叙事主体。

（3）故事选择方面。首先，以体育外交相关关键词（"Sport""Sports""Diplomacy""Sports Diplomacy" 等）检索 4 家媒体在 YouTube 中的视频，为保证样本的全面性，不设置检索的起始时间（具体检索时间为 2025 年 5 月）；其次，结合体育外交的特征，即国家间以体育为载体，以型塑国家间关系、传递价值理念为目的的交流行为④，筛选具有中外领导人会晤、运动员交流或体育外交赛事（如乒乓外交、"一带一路"体育外交赛事等）要素的样本；最后，结合故事特征，筛选具有时间、人物、事件的视频内容作为研究样本，共计 79 个故事（见表 6-1）。

---

① YouTube-Statistics & Facts ［EB/OL］. https：//www. statista. com/topics/2019/youtube/# topicOverview.
② 月活超 30 亿，谁将是新一代社交电商霸主？ ［EB/OL］. ［2023-12-25］. https：//www. easemob. com/news/11055.
③ 杨明星，潘柳叶. "讲好中国故事"的外交叙事学原理与话语权生成研究 ［J］. 新疆社会科学，2021（5）：78-88+163.
④ 于思远，刘波. 体育外交如何而来：基于政治现代性的考察 ［J］. 北京体育大学学报，2024，47（5）：76-85.

表 6-1　研究样本（部分）

序号	故事标题	发布媒体	发布时间
1	GLOBALink ｜ Foreign participants hail Harbin Asian Winter Games	New China TV	2025 年 2 月
2	Peng Liyuan attends cultural, sports exchange event for Chinese, U. S. youths	CGTN	2024 年 9 月
3	Foreign acrobats enjoy Mid-Autumn Festival in China's Wuqiao	New China TV	2024 年 9 月
4	Chinese mainland Olympians share love, skills of sports with Hong Kong youth, disciplined services	New China TV	2024 年 8 月
5	Jens Gerhard Heiberg：China promotes peace through sports	CGTN	2024 年 8 月
6	Kung fu contest helps foster cultural exchange	*China Daily*	2024 年 7 月
7	European country representatives in China asking for support in UEFA Euro 2024	*China Daily*	2024 年 6 月
8	Yang Yang said sports can play an important role in supporting and empowering refugees	*China Daily*	2024 年 2 月
9	Ice Legend' takes China-Russia friendship to new heights	CGTN	2024 年 2 月
……	……	……	……
79	How are the Cuban U S ties re established	*People Daily*	2015 年 7 月

二　研究方法

考虑到我国国家级主流媒体讲述体育外交故事以促进国际认同建构涉及多重因素的影响，且单一因素可能并非独立影响其认同建构，而涉及多个因素之间的交互作用。因此，本章拟采用可解释机器学习技术初步识别关键影响因素，并进一步结合定性比较分析法，探究不同因素对认同建构的交互作用机制。具体方法的应用过程及原因如下。

（1）可解释性机器学习技术。传统的回归统计方法受限于数据维度和变量间交互作用的复杂性，可能难以准确评估条件变量与结果变量的相关性，可解释性机器学习技术（SHAP）则能够更精准地揭示变量间的非线性关系及特征对预测结果的贡献度，以此从多重因素中识别关键的变量。因此，采用 SHAP 可以初步识别影响体育外交叙事认同效果的核心因素及其作用关系。

（2）定性比较分析法。该方法以集合论与布尔代数为基础，通过案例

导向的逻辑比较，识别多条件组合与结果的因果关联。该方法的核心在于将案例视为条件变量的"组态"（Configuration），利用真值表归纳不同条件如何通过"与""或"等逻辑运算导致特定结果。考虑到可解释性机器学习技术仅能够识别单因素对国家级主流媒体讲好体育外交故事以促进国际认同的影响程度，而各因素之间往往存在交互作用。因此，在识别关键因素后，进一步采用定性比较分析法，探究影响国际认同建构的组态路径，以便为国际主流媒体叙事提供可行性的路径启示。

三 变量选取与测量

（一）变量选取

结合数字共通理论，可以从共享、共鸣和共通三个维度，梳理国际主流媒体讲述中国体育外交故事的特征及其国际认同建构的情况。

1. 条件变量选取

（1）共享维度。共享是信息传播的基础，是主体间传播和互动行为的社会隐喻①。多元化的媒体平台为不同主体提供了实时共享的渠道，使用户能够基于传播主体的共享行为对其进行关注，进而保障传播内容认同的受众基础。一般而言，若在平台中，传播者本身便具有一定的影响力，且具有较高的更新频次和较好的视频封面等，则具有较高的视频曝光度和较多的受众群体②。具体可以划分为传播受众规模、传播平台规模、传播活跃度、故事标签设置、标题内容呈现五个方面：传播受众规模可以理解为主流媒体的粉丝数量，是保障叙事认同的潜在群体；传播平台规模和传播活跃度可以理解为体育外交故事在不同平台的传播程度和更新频率，若故事在多个平台展开传播且保持较高的更新频率，则能够提高故事的曝光度；故事标签设置和标题内容呈现可以理解为主流媒体对体育外交故事的外在特征呈现，通常社交媒体平台中的视频标签和标题是用户直接关注的要素，且能够方便用户精准检索故事。而受限于文化主体间性，体育外交

---

① Nicholas A. John. The Age of Sharing ［M］. Cambridge：Polity Press，2017：68.
② 吴飞，傅正科. "数字共通"：理解数字时代社会交往的新假设 ［J］. 新闻与传播研究，2023，30（6）：22-35+126-127.

故事只有在国际受众知悉或感兴趣的前提下，才会进一步对其浏览。其中，中外既往开展的交往实践和大型体育赛事期间的国家领导人会晤、运动员交流等行为是吸引国际受众关注的重要内容。因此，当体育外交故事的标题或标签涉及中外共同的历史记忆、国际热点时事等内容时，其才更易引起受众的关注和浏览。

（2）共鸣维度。共鸣是人类与世界之间相互理解的基础，为不同主体间的对话和交流提供了可能，共鸣关系的形成往往需要建立一种相互传达的情感联系。社交媒体平台的互动性提高了情感表达的可见性，促使用户从被动接受信息的受众转变为积极参与情感交流的公众①。而体育外交故事的文本语言和背景音乐等是表达传播者情感态度的直接方式，为建构与用户的情感共鸣关系提供可能②。

（3）共通维度。共通强调的是共同体共同感知，涉及"同类"思维与实践，可以概括为各主体对内容中一系列行为、价值理念的共同感知。社交媒体平台中共通的建构通常应具有传受主体共同理解或包容的因素。体育外交故事中往往涉及中外人物交往的要素，其相关情节及蕴含的人类命运共同体理念，容易被他国受众理解，从而形成共通感知，具体呈现方式涉及中外人物交流的情节刻画和外交理念的解读。此外，以他国人物为视角开展叙事往往更易拉近与他国受众的距离，具体的交流行为以及对中国的观念认知也更易被他国受众接受，为价值理念的传递提供可能。因此，不同的叙事视角也是影响共通建构的重要因素。

2. 结果变量选取

以故事的用户认同程度为结果变量。数字共通理论认为信息传播的认同是在传播主体共享的基础上，进一步通过信息的可见性和共通性建构传受主体间的共同体。而可见性和共通性的形成效果可以根据受众在平台中对传播信息的反馈行为进行整体评价。结合 YouTube 中的互动方式来看，包括对视频的浏览、点赞、评论三种类型：浏览可以通过体育外交故事在

① 孙梦如，丁玥，吴飞. 数字共通新闻学：地方新闻媒体的"在地共鸣"[J]. 西南民族大学学报（人文社会科学版），2025，46（1）：127-135.

② 陈强，赵汉卿，李彤钰. 政务短视频对公众参与的差异化影响——基于危机与后危机情境的比较研究 [J]. 北京航空航天大学学报（社会科学版），2024，37（2）：136-146.

YouTube 中的浏览量进行测量，用以衡量故事能否吸引国际受众关注；点赞是一种正向的反馈行为，可以在一定程度上表明国际受众对于故事的偏好和认可度；评论的数量和内容则能够反映国际受众的互动程度，以及对故事感知的具体情况。因此，关于用户认同程度主要选取故事的播放量、点赞量、总评论量和正面评论量四个因素进行测量。

（二）变量测量和处理

（1）结果变量测量。由于当前关于用户认同程度的测量并无可参考的权重标准，因此，采用客观权重赋值和效果计算的方式进行处理。首先，对故事的播放量、点赞量、总评论量和正面评论量进行标准化处理，进而采用熵值法计算四个因素的权重值。其次，基于权重结果，进一步采用 TOPSIS 方法得到每个故事的正负理想解，将每个故事的综合得分指数作为故事的用户认同程度。

（2）条件变量测量。基于共享、共鸣和共通三个维度共计梳理出 11 项具体因素，结合因素特征和既有研究，设计相应的测量（或赋值）方式（见表6-2）。

表6-2　条件变量测量

变量	细分类目	测量（或赋值）方式	依据
A 共享	A1 传播受众规模	账号粉丝数量定序赋值	—
	A2 传播平台规模	单一平台（0）｜多元平台（1）	—
	A3 传播活跃度	体育外交故事发布数量定序赋值	—
	A4 故事标签设置	无（0）｜有（1）	—
	A5 当下热点事件呈现	无（0）｜有（1）	①②
	A6 既往历史事件呈现	无（0）｜有（1）	③④

---

① 顾帅，于思远，朱娜，等. 美苏田径对抗赛形成的国际政治信号分析及其意义阐释［J］. 体育学刊，2024，31（3）：14-20.

② 王真真，王相飞，李进，等. 人民网体育频道在对里约奥运会报道中的国家认同建构［J］. 体育学刊，2019，26（2）：21-26.

③ 陈刚，殷怀刚. 1956—1966 中国对东南亚体育外交政策审视［J］. 体育与科学，2023，44（1）：107-113.

④ 万喃喃. 短视频讲好中国故事的年轻态表达——以《新中国之歌》为例［J］. 新闻爱好者，2024（2）：73-75.

续表

变量	细分类目	测量（或赋值）方式	依据
B 共鸣	B1 故事语言情感	计算故事整体文本的情感值	①
	B2 背景音乐设置	无（0）| 有（1）	—
C 共通	C1 国家外交理念解读	无（0）| 有（1）	②③④
	C2 中外交往实践呈现	无（0）| 有（1）	⑤⑥
	C3 叙事人物视角	以中国人为主（0）| 以外国人为主（1）	⑦

第三节　研究结果与讨论

一　国际主流媒体讲述体育外交故事建构国际认同的概况

结合故事案例，得到具体变量的测量结果，初步了解 YouTube 中国家级主流媒体讲述体育外交故事的规律以及国际认同的建构情况。

（1）结果变量。根据熵权法可得，故事的播放量、点赞量、总评论量和正面评论量权重依次为 0.2002、0.4181、0.2195 和 0.1622。TOPSIS 综合得分指数显示，目前体育外交故事的叙事指数均值为 0.0697。用户认同程度最高的为《中国日报》讲述的中德交往故事（'My China Surprise'-German student looks forward to Beijing 2022）。

（2）条件变量。在共享维度，国家级主流媒体讲述的体育外交故事多在 YouTube 及其他不同平台中进行同步传播，侧重热点事件的呈现，

---

① 李乾丙，王相飞，周榕. 中国民族传统体育文化国际传播效果提升的影响因素与组态路径——基于 YouTube 热门视频的实证分析 [J]. 武汉体育学院学报，2024，58（5）：35-42.

② 王真真，王相飞. 共情传播视域下中国体育故事跨文化传播的国际认同建构 [J]. 山东体育学院学报，2024，40（1）：97-104+126.

③ 杨明星，潘柳叶. "讲好中国故事"的外交叙事学原理与话语权生成研究 [J]. 新疆社会科学，2021（5）：78-88+163.

④ 刘德斌. 中国叙事、公共外交与时代博弈 [J]. 探索与争鸣，2017（12）：125-132+139.

⑤ 卢兴，郭晴，荆俊昌. 中国体育故事国际传播的显性要素与隐序路径——基于国际视频网站 YouTube 的叙事认同研究 [J]. 上海体育学院学报，2021，45（5）：1-9.

⑥ 杨航，徐嫦聆. 熊猫频道国际传播策略研究——以脸谱网熊猫账号为例 [J]. 电视研究，2018（6）：82-85.

⑦ 陈先红，于运全. 中国好故事评价指标体系的建构 [J]. 新闻与写作，2019（7）：19-23.

但关于既往外交历史的故事较少。此外，视频普遍设有相应的视频标签。在共鸣维度，故事多注重情感表达并通过背景音乐烘托相应情节。在共通维度，叙事人物多为外国人，并注重中外人物交流的情节刻画，但关于中国外交理念的解读较少，大多通过隐喻的镜头或文字语言进行呈现（见表6-3）。

表6-3　样本条件变量统计结果

变量	分类	数量（占比）
A1 传播受众规模	—	—
A2 传播平台规模	多元平台	60.00（75.95%）
	单一平台	19.00（24.05%）
A3 传播活跃度	—	—
A4 故事标签设置	无	36.00（45.57%）
	有	43.00（54.43%）
A5 当下热点事件呈现	无	12.00（15.19%）
	有	67.00（84.81%）
A6 既往历史事件呈现	无	72.00（91.14%）
	有	7.00（8.86%）
B1 故事语言情感	—	—
B2 背景音乐设置	无	29.00（36.71%）
	有	50.00（63.29%）
C1 国家外交理念解读	无	48.00（60.76%）
	有	31.00（39.24%）
C2 中外交往实践呈现	无	37.00（46.84%）
	有	42.00（53.16%）
C3 叙事人物视角	以中国人为主	32.00（40.51%）
	以外国人为主	47.00（59.49%）

二　国家级主流媒体讲述体育外交故事建构国际认同的影响因素分析

综合运用回归机器学习建模中常用的随机森林、支持向量机、Ada-

Boost、CatBoost、决策树、梯度提升树、LightGBM、回归感知机和 XGBoost
共 9 种模型对既有样本按照 4∶6 进行拆分，结合训练集和测试集的 MSE、
RMSE、MAE 结果，CatBoost 是训练效果最好的模型。因此，进一步对其
进行可解释性呈现。从整体结果来看（见图 6-1），传播受众规模、传播
活跃度、故事标签设置、故事语言情感和叙事人物视角、背景音乐设置、
传播平台规模、中外交往实践呈现、国家外交理念解读是影响国家级主流
媒体讲述体育外交故事建构国际认同的核心因素。而当下热点事件呈现、
既往历史事件呈现两个因素的贡献率较低，未能呈现在可视化结果中，故
剔除相应指标。

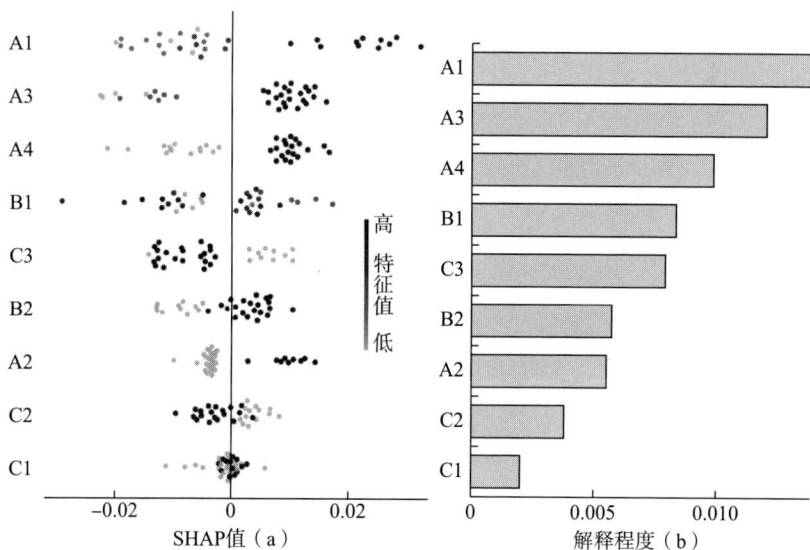

图 6-1　条件变量的 SHAP 特征值与解释程度

注：图（a）每行色点颜色显现的深浅即为变量对应的特征值，颜色越深，特征值越
大，对于结果变量的解释性越强。图（b）为每个变量解释程度的更直观的呈现。

从单因素作用结果来看（见图 6-2），传播平台规模、故事标签设置、
传播受众规模、传播活跃度、背景音乐设置与用户认同程度呈现显著正相
关。中外交往实践与其呈现负相关关系。而其他变量与用户认同程度的关
系较为复杂，表明各因素之间可能存在交互作用。

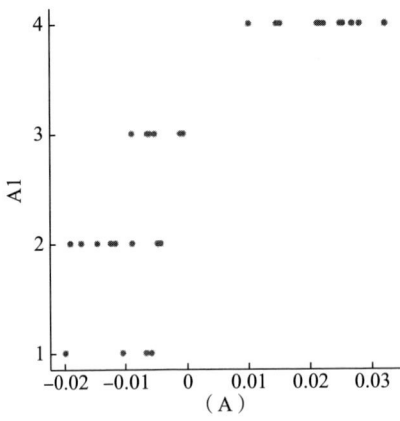

（A）

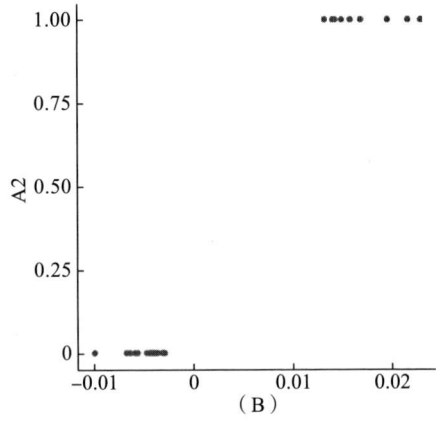

（B）

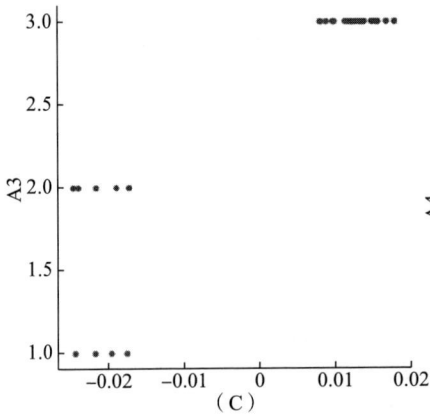

（C）

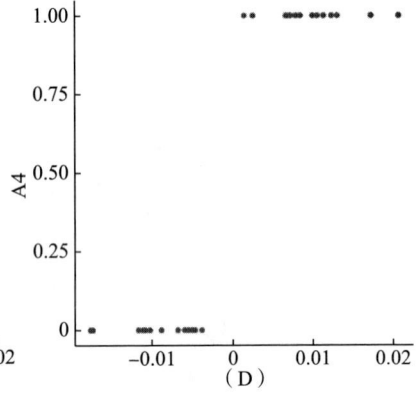

（D）

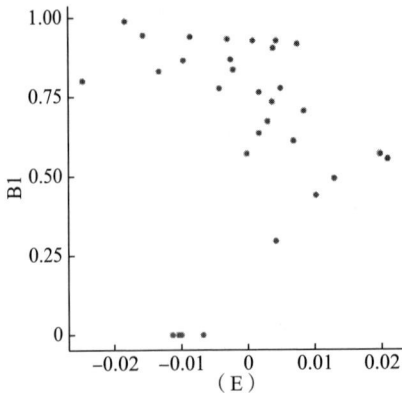

（E）

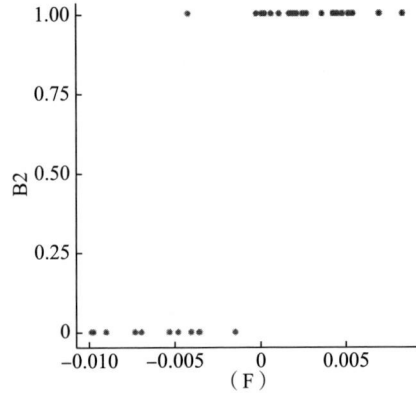

（F）

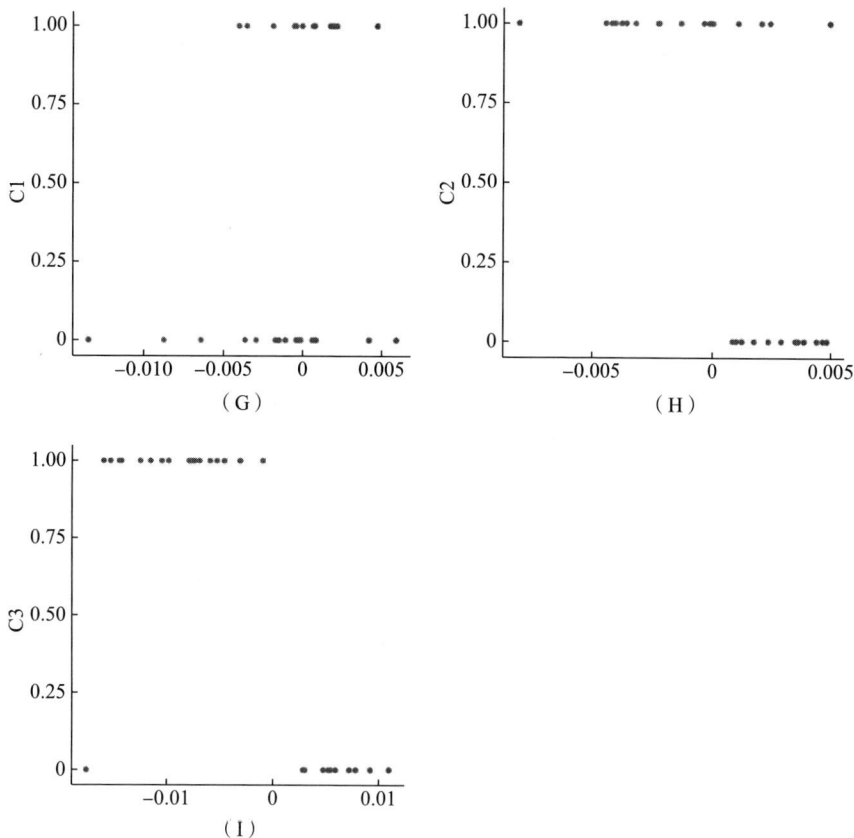

图6-2　核心条件变量的作用

注：纵坐标表示条件变量的分类，横坐标表示条件变量与用户认同程度的作用方向，当散点在特定分类区间内高于0坐标时，表明条件变量与用户认同程度存在正相关关系；低于0坐标时，表明两者存在负相关关系；涵盖0坐标时，表明关系不明确。

三　国家级主流媒体讲述体育外交故事建构国际认同的组态路径分析

对可解释性机器学习技术识别的9个核心变量和结果变量按照95%、50%、5%分位数值确定锚点并构建真值表，以开展定性比较分析。必要性结果显示（见表6-4），各因素的一致性均低于0.900，表明各因素并非影响国际受众认同的充分必要条件，可能存在交互作用关系。

表6-4 讲述体育外交故事建构国际认同的条件变量必要性分析

条件变量	一致性	覆盖度	条件变量	一致性	覆盖度
A1	0.701	0.633	~A1	0.495	0.419
A2	0.387	0.704	~A2	0.613	0.353
A3	0.287	0.479	~A3	0.830	0.491
A4	0.608	0.488	~A4	0.392	0.376
B1	0.616	0.528	~B2	0.618	0.551
B2	0.677	0.468	~B3	0.323	0.384
C1	0.415	0.453	~C1	0.611	0.402
C2	0.382	0.341	~C2	0.609	0.500
C3	0.522	0.383	~C5	0.478	0.516

注：左侧为条件变量存在时的一致性和覆盖度，右侧为条件变量不存在时的一致性和覆盖度。

因此，进一步将 PRI 阈值设定为 0.700，案例阈值设定为 1，进行组态路径分析，共计得到 6 个组态构型，且总体一致性水平高于 0.750，覆盖度高于 0.500，说明解释效果较好（见表6-5）。同时，将 PRI 一致性阈值从 0.700 调整为 0.750，组态构型保持一致，说明该组态结果具有稳健性。

表6-5 讲述体育外交故事建构国际认同的组态构型

条件变量	组态1	组态2	组态3	组态4	组态5	组态6
A1 传播受众规模	○	○			○	□
A2 传播平台规模	○		○	□		
A3 传播活跃度	●	●	○		□	□
A4 故事标签设置				●	●	
B1 故事语言情感		□				●
B2 背景音乐设置	□		■			○
C1 国家外交理念解读	○	■		●	●	○
C2 中外交往实践呈现	○	○	●	●	●	○
C3 叙事人物视角		□		□		○
一致性	0.779	0.827	0.812	0.762	0.917	0.817
原始覆盖度	0.245	0.310	0.237	0.187	0.291	0.228
唯一覆盖度	0.031	0.134	0.029	0.077	0.032	0.110

续表

条件变量	组态1	组态2	组态3	组态4	组态5	组态6
总体一致性	0.765					
总体覆盖度	0.737					

注：●表示核心条件存在，○表示边缘条件存在，■表示核心条件不存在，□表示边缘条件不存在，空白表示可存在可不存在。

根据6个组态构型规律，可以概括为3条路径，以解释国家级主流媒体讲述体育外交故事建构国际认同的实现方式。

（1）路径1：多元主题型路径。包含组态1、2、3，其中，传播活跃度和中外交往实践呈现两个因素存在于3个组态中，传播受众规模和平台规模存在于部分组态中，故事语言情感和背景音乐设置在部分组态中为不存在条件。表明叙事者虽然可能较少注重情感叙事和背景音乐，但观看的体育外交故事相关的视频数量较多，且这些视频注重对中外交往实践的刻画。加之叙事者自身较好的受众基础及其多渠道的传播方式，有利于国际受众对体育外交故事的接受和认同。代表性的叙事者为CGTN和新华社，其相较于其他两个国家级主流媒体，讲述的体育外交故事更多，且注重不同体育项目的外交叙事（如乒乓球、武术、体育舞蹈等），并涉及领导人、运动员或普通个体等不同人物的外交活动（如"China-ASEAN international sports dance competition"等）。

（2）路径2：实时呈现型路径。包含组态4和5，其中，故事标签设置存在于2个组态中，而结合具体的标签内容来看，主要为奥运会（The Olympic Games、Winter Olympics）相关内容，且故事发布时间多为赛事举办期间，表明传播内容具有一定时效性（如"Wang Guan on Beijing Winter Olympics：Humanity prevails through sport""European country representatives in China asking for support in UEFA Euro 2024""My China Surprise—German student looks forward to Beijing 2022"）。此外，国家外交理念解读和中外交往实践呈现也存在于两个组态中，共享维度的条件变量以及共通维度的叙事人物视角在两个组态中的存在情况则各不相同。表明即便不同叙事者的共享行为存在差异，但若注重对赛事期间中外人物交流的情节刻画及中国外交理念的解读，则可能吸引并使他国受众对故事内容产生正向的反馈。

（3）路径 3：情感建构型路径。对应组态 6，故事语言情感、背景音乐设置、国家外交理念解读和中外交往实践呈现 4 个因素皆为存在条件，表明叙事者善于利用传播平台中的内容创作功能合理设置相应的背景音乐，并注重叙事语言的感染力和共情性，从而对中外体育交往的行为过程和价值理念进行呈现（如 "It's very similar to the Olympics：Chengdu Universiade hailed by int'l athletes"），以保障叙事效果。

四　结果讨论

根据三条利于国际认同建构的叙事路径，结合既有研究和体育外交故事案例，得出如下结论。

（一）通过各类体育题材的外交叙事实现分众化对接，保障认同建构基础

数字共通是指在多元主体间由信息交融形成的"共享池"中实现差异与认同。因此，多元化的内容是参与主体理性思考与认同建构的保障。结合多元主题型路径来看，我国国家级主流媒体关于不同体育项目外交实践的多元叙事在一定程度上实现了分众化对接。从新中国成立之初的"中美乒乓外交"到当今"一带一路"倡议、"人类命运共同体"理念下的体育外交实践，不仅反映了体育外交叙事对象的战略性调整，也锚定了特定历史阶段内体育外交叙事的主要受众。而目前，我国国家级主流媒体开展体育叙事所面向的对象正逐渐由大国向周边国家、发展中国家等多元主体进行调整①。因此，从宏观上，体育外交相关叙事反映了我国当下分众化、精准化的外交战略布局，如中国与东盟国家的体育舞蹈外交叙事（China-ASEAN international sports dance competition）、中国与巴布亚新几内亚的乒乓外交叙事（A chat with Olympic table tennis champion Zhang Yining and her student from Papua New Guinea）等。从微观上，体育外交叙事则反映了我国国家级主流媒体针对国际受众的多元化和差异化特点使用分众化表达方

---

① 杨明星，赵玉倩．中国共产党外交叙事的百年演进与历史经验［J］．国际观察，2021（6）：1-26.

式，以便更加精准地对接不同受众，进而保障体育外交叙事的受众群体规模，为中国体育外交理念的认同建构提供基础。

（二）基于国际体育赛事期间个体中外交流的实时体验，侧面展现国家形象

数字环境下的主体交往是一种即时实践的系统，意味着主体间的互动是个体实时状态下的信息呈现①。结合当今国际传播环境，任何重大事件都可以同步在网络平台引起各国媒体或公众传播。在此基础上，各国可以围绕实时性的事件相互探讨，从而凝聚具有公共利益的共识②。实时呈现型路径即侧重国际体育赛事期间的实时外交叙事。从叙事依托的背景来看，无论是历史还是现实的角度，大型体育赛事作为全球化时代各国政府建立国家认同的工具，具有政治、经济和社会等多重作用，可以展现国家实力，树立国家形象，传播国家文化③。加之赛事期间全球公众关注度空前高涨，国家级主流媒体在赛事举办期间开展实时性的体育外交叙事也可以在一定程度上吸引各国受众关注，借此对外塑造国家形象。从叙事的内容来看，体育外交叙事内容多以中外运动员、普通公众等第一人称视角进行呈现，故事人物通常会基于个人赛事参与和交流过程中的经历，谈论对中国运动员、城市乃至国家形象的正面感知（如 "Wang Guan argues that though sport can never be totally free of politics, it should never let politics get the better of itself…" "Lina, a girl from Germany currently studying at Beijing Foreign Studies University, is enjoying her winter here in Chongli…"），而真实人物的经历和话语可以营造 "真实感"，进而增强叙事的感染力。同时，赛事期间国际公众呈现集体参与的特征，故事人物的具身体验可以转变为其他受众的共通感知，从而促进他国受众在潜移默化中接受并认可故事及其背后所呈现的国家形象、价值理念等。

---

① 杜骏飞. 数字交往论（1）：一种面向未来的传播学［J］. 新闻界，2021（12）：79-87+94.

② 苏淑民. 民间网络外交与中国的应对之策［J］. 人民论坛，2015（8）：32-35.

③ 刘桂海，汪婷，杨智国，等. 改革开放 40 年中国特色体育外交：历程、经验与理论反思——基于 "历史观、大局观、角色观" 三重视角的考察［J］. 体育科学，2020，40（3）：15-27.

（三）依托平台功能开展多模态的情感叙事，利于中国外交理念的价值认同

数字共通理论认为数字空间中个体间的认同需要建立在广泛的、对等的情感感受基础上。依赖于语义信息的认知共情是促进个体产生共鸣的基础路径。从情感建构型路径来看，YouTube 中媒介文本的多模态语义特征，使国际主流媒体可以通过技术"赋情"的修辞实践向他国受众传递中国体育外交理念。长期以来，中国国家级主流媒体在外交叙事中受到理性主义范式的影响，将情感视为高度私人化、感性化的产物，从而抑制了故事中的情感话语表达①。随着数字时代信息传播的互动化、个性化转向，情感叙事逐渐被视为主体间建立共通关系的重要方式。因此，国际主流媒体在YouTube 中的体育外交叙事通过文字、声音等模态的语义信息进行情感表达，淡化了官方叙事的政治色彩，使海外受众能够更好地接受其所传递的外交理念和政治寓意。具体而言：情感建构型路径案例的文本情感多为正向情感，主要体现在叙事者或故事人物对中外体育交流的正面反馈方面，常使用正向情感词语（如 vibrant，regular，gorgeous）进行描述。同时，故事在声音方面配有律动性的背景音乐，可以衬托中外人物交流过程中轻松、愉悦的情节，提高叙事的共情效果。此外，该路径的故事文本话语也会采用模糊性的修辞表达（如：we，our）来形容中外群体，以此隐喻不同人物的共同体身份，有利于构建他国受众对故事行为、价值理念的无意识认同。

第四节 启示

根据我国国家级主流媒体在 YouTube 平台上讲好中国体育外交故事促进国际认同建构的三种路径，归纳以下启示。

一 围绕各类体育外交活动，开展分众化叙事，实现多元主体的认同建构

当前，为适应技术更新、受众媒介接触习惯的转变以及中国外交战略

---

① 刘涛，薛雅心．技术何以"赋情"：融合新闻的情感叙事语言及修辞实践［J］．新闻与写作，2024（1）：14-25．

的调整，我国国家级主流媒体讲好体育外交故事应规避传统"一对多"的普世化叙事模式。同时，充分利用大数据、人工智能、推荐算法等媒介技术，针对全球各国受众，实现精准叙事。

（1）根据目标国与中国既往与当下的体育外交关系，选择不同叙事类别。例如：基于中美既往乒乓外交历史，对其受众开展既往和当下领导人、运动员开展乒乓交流的叙事；面向非洲及拉美地区，可以聚焦中国对其开展体育援助的叙事，包括中国援建体育场馆、青少年训练营以及中非体育产业合作等题材。

（2）精准把握不同国家、地区公民的特征，从民族、宗教、意识形态、文化背景、风俗习惯、社会地位及阶层利益等维度进行受众细分。例如：面向东南亚及南亚地区，可以根据当地受众集体性、仪式化体育项目的文化惯性，聚焦武术、龙舟、藤球等传统体育项目的外交实践（如中缅龙舟竞渡、中泰泰拳合作训练等）开展叙事，将区域文化嵌入体育外交叙事中，提高地区受众的接受度。

二　借助国际体育赛事平台，注重个体中外交流中的体验性叙事，深化国家形象认同

国际政治包含着不同国家利益的协调与冲突，也充满着不同思想原则的相互撞击。而考虑到当前体育外交叙事受众的"公众化"趋势，以个人为叙事视角，以国际关系中的平凡场景、情节为主线和载体，更易从"小故事"中窥探到一国对外政策的"大道理"，凸显叙事主题的政治寓意、普遍意义。对此，路径二对应的体育外交叙事即以国际关系中的实时事件为主，并侧重个体微观视角下的情节刻画，以此呈现真实的国家形象。

国家级主流媒体在体育外交叙事中可以依托实时性的国际体育赛事举办的各个阶段，从运动员、教练员、志愿者、观众等个体角度开展叙事。具体而言，国家级主流媒体可以在国际体育赛事举办期间，积极面向多元个体展开实时的随访和取材，涵盖个体在赛事前期筹备、赛事举办、赛事结束等阶段的真实经历。在此基础上，进一步淡化个人经历背后的意识形态属性，着重提炼个体中外交流的相关情节，通过真实性、形象化和情感性表达，体现个体对我国运动员形象、体育形象、城市形象、国家形象的

正面感知，使国际受众在潜移默化中接受和认同故事背后蕴含的主题思想和价值观。

三 运用多模态方式增强共情叙事效果，以隐喻体育外交理念，促进价值认同

国家级主流媒体讲好体育外交故事除了"说理"外，还要"陈情"，从而提升故事的共情性和感染力。而当受众对体育外交叙事中的特定人物、情节或事件产生情感共振时，便更易接受主流媒体所传递的体育外交理念。当前，媒体平台传播技术的不断发展重构着叙事关系与规则，多模态的叙事方式进一步为实现国家级主流媒体关于体育外交的情感叙事提供了可能。因此，建议国家级主流媒体首先建构视听化的叙事场景，在体育外交视频画面呈现的基础上，合理运用正向情感词语，形塑国家形象。同时，辅以具有一定律动或舒缓的背景音乐，进一步提高共情叙事效果。在此基础上，运用模糊性的修辞策略，淡化体育外交叙事的政治色彩，隐喻国家价值理念。例如，运用第一人称复数词形容中外人物，或将不同国家关系运用人际关系相关词语进行表达（如将"国际关系"替换为"邻里关系"），从而在中外交往叙事中，更好隐喻"人类命运共同体"的外交理念。

第七章

中国对外主流媒体讲好传统体育故事，促进国际认同

——以中国国际电视台（CGTN）为例

近年来，中国作为发展中大国，已经跃升为世界第二大经济体。但在复杂多变的国际环境之中，受意识形态偏见等的影响，部分西方政客与主流媒体频繁炒作"中国威胁论"，并煽动阵营对抗，影响国际社会对我国的认同。因此，我国迫切需要提升国际传播能力，对外塑造积极、正面的国家形象，改善和增进他国对中国的认同。

党的二十大报告指出，要"增强中华文明传播力影响力"，"讲好中国故事、传播好中国声音，展现可信、可爱、可敬的中国形象"，"深化文明交流互鉴，推动中华文化更好走向世界"。[①] 讲好中国故事作为当下提高国际传播能力的有效方式，能够把弘扬时代精神、立足本国又面向世界的当代中国文化创新成果传播出去，更加鲜明地展现中国故事及其背后所蕴含着的思想力量和精神力量，也是增强国际社会对中国认同的决定因素之一[②]。中国传统体育作为中国文化的象征符号，根植于我国优秀的传统文化，孕育于中国传统特色的文化环境与思想土壤，是对外讲好中国故事的重要组成部分[③]。

---

① 习近平. 高举中国特色社会主义伟大旗帜　为全面建设社会主义现代化国家而团结奋斗——在中国共产党第二十次全国代表大会上的报告 [M]. 北京：人民出版社，2002：46.

② 方圆，李春. 从北京冬奥会看中华优秀传统文化的国际传播 [J]. 中国广播电视学刊，2022（4）：12-14.

③ 明平英. 彰显文化软实力讲好中国故事 [J]. 中国档案，2020（3）：60-61.

但在国际传播过程中，尚缺乏对中国传统体育文化的深度挖掘，使国外受众对我国传统体育文化缺少有效的认知，难以构建认同①。因此，有必要通过有效的叙事，对外塑造正面的传统体育形象，传递积极的价值理念，促进国际认同②。同时，在全球化背景下，主流媒体正逐步与国际接轨，并积极借助各类平台讲好中国故事，不断探索对外传播话语体系构建的新模式，也为讲好中国传统体育故事及其国际认同构建提供了契机③。此外，在讲述中国传统体育故事的过程中，不仅存在话语活动的"协商"，也贯穿着"修辞斗争"的实践④，进而呈现故事中的"政治性""公共性""社会性"特征⑤。由此，可以说主流媒体关于中国传统体育故事的修辞实践在对外构筑国家主流意识形态、维持和增强所谓"软性权力"（Soft Power）、构建国际认同等方面发挥重要作用⑥。然而，既有研究更多从理论角度，将讲好中国体育故事作为对外主流媒体的传播手段，探究其如何提升传统体育文化的国际传播能力，较少从修辞的角度，探究讲好故事的叙事策略及国际认同构建的路径与经验⑦。

鉴于此，本部分结合中国对外主流媒体讲述的中国传统体育故事，围绕"中国对外主流媒体讲好传统体育故事，建构国际认同的修辞策略"这一核心问题，逐步回答以下问题。①中国对外主流媒体关于传统体育故事的叙事在国际认同建构过程中呈现何种修辞规律？②中国对外主流媒体在叙事中，还存在哪些修辞上的不足？③未来中国对外主流媒体讲述传统体育故事，建构国际认同可以采用何种修辞策略。

---

① 王保龙，尹树来，谭朝文，等．我国民族传统体育文化国际传播能力建设探赜［J］．体育文化导刊，2024（1）：15-21.
② 卢兴，郭晴，荆俊昌．中国体育故事国际传播的显性要素与隐序路径——基于国际视频网站 YouTube 的叙事认同研究［J］．上海体育学院学报，2021，45（5）：1-9.
③ 沈雨敏．新型主流媒体讲好中国故事的对外传播话语路径［J］．传媒，2022（15）：74-76.
④ 丁云亮．媒介化社会国家认同的修辞建构［J］．学术界，2018（4）：110-120.
⑤ 鞠玉梅．"人类命运共同体"认同建构的修辞学路径探索［J］．中国外语，2024，21（3）：4-10.
⑥ 刘亚猛．追求象征的力量：关于西方修辞思想的思考［M］．北京：生活·读书·新知三联书店，2004.
⑦ 卢兴，郭晴，尹媛洁，等．价值期待与情感桥接：中国传统体育文化海外接受的实证研究［J］．上海体育学院学报，2022，46（9）：9-19.

第一节　相关概念与理论基础

一　相关概念：中国传统体育故事、国际认同

（1）中国传统体育故事。故事是人类个体、群体的叙述或叙事行为的结果，是对人类生活中发生的事件及其过程的记录，由故事语境（Context）、行动（Action）和结果（Result）三个部分构成①②。中国传统体育是相对于西方体育（外来体育）而设置的区分外来体育与本土体育内容的概念，指在中华民族大地上产生并流传至今的一切体育活动③④。而中国传统体育故事是传统体育文化的重要组成部分，可以理解为在国内外体育文化传播交流背景下，有关传统体育过往历史、当前存在形态、现状等的叙事。

（2）国际认同。认同本质上是一个关系概念，体现的是他者在与行为体自我互动中所生成的思想、情感和意识上的正面结果⑤。在认同建构的操作层面，伯克修辞学理论认为，人是由各种物质或特性组成的，认同的建构是通过语言或非语言的劝说行为实现的，即当我们与他人共同分享某些特性时，就实现了与他人的"同一"⑥。由此，从国家视角来看，关于国家的认同可理解为一种主体或单位层次的特征，其根植于国家行为体的自我领悟。这种自我领悟一方面源于国家内部，即国家内部认同，其核心是"对共同体价值的认同"，执行国家认同的主体为国家内部成员。另一方面，则是在国际语境下，将国家认同理解为其他国家行为体对本国行为的再现与本国自我领悟之间的一致⑦，即国家外部认同。具体包括其他国家

① 陈先红，于运全.中国好故事评价指标体系的建构［J］.新闻与写作，2019（7）：19-23.

② 阮静.文化传播背景下讲好中国故事的原则和策略［J］.西南民族大学学报（人文社科版），2017，38（5）：178-184.

③ 刁振东.民族传统体育概念界定与辨析［J］.沈阳体育学院学报，2009，28（6）：121-124.熊志冲.

④ 熊志冲.传统体育与传统文化［J］.体育文史，1989（5）：2.

⑤ 刘小燕，余跃洪.中国共产党国际形象传播认同机制解析［J］.山西大学学报（哲学社会科学版），2022，45（3）：59-67.

⑥ 肯尼斯·伯克.词语的战争［M］.何博超，译.上海：上海文化出版社，2022.

⑦ 温特.国际政治的社会理论［M］.秦亚青，译.上海：上海人民出版社，2000：265-306.

或其他国家的成员对本国所呈现的国家形象、价值理念等持有肯定和信任的态度，这种态度可以融于国际交往中，并接续促生一系列现实价值①。本部分所提出的国际认同源于国家外部认同的概念，在具体操作上，认同的建构即中国对外主流媒体通过传统体育故事的话语修辞实践，对外有效地呈现中国和中国体育相关的形象、价值理念等，从而增进他国民众对中国所传递的形象、价值的接受。

二　理论基础：修辞认同

修辞及其呈现的意识形态能够限制人类的选择，支配人类行为②。其中，伯克提出的修辞认同理论系统地阐释了人们如何应用语言符号改变他人态度。虽然该理论强调人与人是不可能相同的，但也指出，当修辞者与听众之间在质的方面具有相同或相似之处时，可以在保留修辞双方自身独特性的同时，在某方面成为共同体③。由此可见，该理论认为认同的建构需要传播者与受众在交往活动中保持一致性，并强调通过共同的或者相似的特性、情感、思想、价值构建认同。具体可以分为三个方面的修辞策略④。①同情认同（Identification by Sympathy），即修辞者与受众之间基于相同的思想、情感、价值、观点等心理因素而生成认同。同时，在互动修辞中，修辞者不一定总是明确表达与受众相同的情感或观点，而是将其蕴含于话语中，并能被受众领悟。②对立认同（Dentification by Antithesis），指修辞者与受众虽然存在相互对立的关系，但双方因为具有共同面临的对立面而相互认同，其中对立面可以指代共同面临的问题、挑战等。修辞者通过关于对立面的修辞，以突出双方共性特点，从而能够消除修辞双方的矛盾和差异，有利于认同形成。③无意识认同（Dentification by Inaccuracy），是双方有模糊、含混的，甚至错误的认知，修辞者无意识地使受众生成对修辞语言的认同。可以通过使用某些词语、图片等象征手段，使受众进入

---

①　李克，朱虹宇. 共情修辞视域下的国家外部认同建构［J］. 华东师范大学学报（哲学社会科学版），2022，54（2）：110-118+176.

②　丁云亮. 媒介化社会国家认同的修辞建构［J］. 学术界，2018（4）：110-120.

③　邓志勇. 修辞批评的戏剧主义范式略论［J］. 修辞学习，2007（2）：36-40.

④　Burke K. A Rhetoric of Motives［M］. London：University of California Press Berkeley，1794.

修辞者构建的场景之中，继而有利于促进受众对修辞内容从无意识认知到认可①。从国际认同角度来看，修辞认同也可以作为一种修辞者对外的实践策略，即运用各类修辞策略，对外传播能够塑造本国形象、价值理念的相关内容，以促进他国关于本国的正面认知。结合既有研究，不乏学者围绕叙事者的视频、演讲等内容，从同情、对立和无意识认同的维度，探究其如何构建国际认同②。

中国对外主流媒体讲好传统体育故事作为一种跨文化传播行为，本质上是通过话语活动的互动协商和修辞实践，实现他国对中国传统体育文化及国家形象、思想、价值观念等方面的认可，进而构建国际认同。因此，本章采用伯克修辞认同理论，通过分析中国对外主流媒体讲述传统体育故事中的修辞语言，了解讲好中国传统体育故事构建国际认同的特征和不足，并由此提出中国对外主流媒体讲好传统体育故事构建国际认同的有效建议。

第二节　研究设计

一　研究样本

本章选取中国国际电视台（CGTN）讲述的中国传统体育故事为研究样本，原因如下。①CGTN 是中央广播电视总台所属的面向全球播出的新闻国际传播机构，包括 6 个电视频道、3 个海外分台、1 个视频通讯社和新媒体集群，是当前中国最具国际影响力的对外主流媒体之一③。②CGTN 注重中国传统体育故事的对外传播，自 2019 年至今，已创设了"The Kung Fu Shaolin"（2019 年）、"China Kungfu"（2019~2022 年）、"Kungfu-wise"（2023 年至今）等系列视频和报道专栏，并且在社交媒体平台中具有较高的播放量。

目前 CGTN 不仅在官方平台展开报道，同时在 YouTube、X（原 Twit-

---

① 邓志勇．修辞理论与修辞哲学——关于修辞学泰斗肯尼斯·伯克的研究［M］．上海：学林出版社，2011.
② 陈建萍．短视频文本国际传播的修辞学认同分析——以李子柒短视频文本为例［J］．新闻爱好者，2020（10）：36-39.
③ 中央广播电视总台招贤纳士进行时［EB/OL］．［2019-06-09］．http://m.news.cctv.com/2019/06/07/ARTIeT9Rz5dIy734Ycb5RxlN190607.shtml.

ter）、Instagram 等社交平台设有官方账号，并对官方平台报道的内容进行多平台实时推送，可以与公众展开实时互动。因此，在数据获取上，采用跨平台的检索方式。①基于官方平台获取中国传统体育故事相关的案例，以分析不同修辞策略运用的基本情况。在时间范围设定上，CGTN 官方网站创办于 2016 年 12 月 31 日，为最大限度获取中国传统体育故事的样本，收集自网站创办至研究开始时（2016 年 12 月 31 日—2023 年 12 月 31 日）的中国传统体育相关报道数据，并以此进行后续故事筛选。在报道检索及故事筛选上，分为武术（咏春、太极等）、搏击（散打、擒拿、摔跤等）、养生（易筋经、六字诀、八段锦、五禽戏等）及其他常见项目（舞狮、射艺、舞狮、拔河等）四类①，以各类别及其包含项目（涉及知名人物或门派）依次进行检索。具体在武术类别的检索中，首先以 "Wushu" "Kungfu" "Martial Arts" 检索与中国武术整体相关的内容；其次，结合各类武术项目（如 "Tai Chi" "Yongchun" "Hongquan"）或武术项目相关的知名人物（如 "Bruce Lee" "Ip Man"）、门派（如 "Shaolin" "Wudang"）进行检索。在搏击类别的检索中，以 "Sanda" "grappling" "wrestling" 等为关键词；在养生类别的检索中，以 "Yi Jin Jing" "Six Character Formula" "Eight Section Brocade" "Five Animal Play" 等为关键词；在其他常见项目类别的检索中，以 "Dragon Dance" "Lion Dance" "tug-of-war" "swing" "kite" 等为关键词。初步得到相关样本 289 条。基于此，按照故事构成要素，所选择报道需要包含语境、行动和结果，获取中国传统体育故事 224 篇。②抓取对应故事在社交媒体平台的用户评论，探究不同修辞策略运用是否有利于受众产生认同。具体而言：首先，结合传统体育在各平台传播的基本情况，选取播放量较高的 YouTube 作为评论数据抓取的平台；其次，CGTN 官方平台的内容可能并非全部在社交媒体平台推送，因此，筛选出在社交媒体平台传播的传统体育故事；最后，考虑到较高的播放量与用户评论量是构建认同的基础，故剔除没有用户评论的故事。由此，最终得到 173 篇传统体育故事样本（见表 7-1）以及 18347 条评论数据，以此作为最终的研究样本。整体来看，目前，在社交媒体平台传播的故事主要基于官方平台中的语篇内容开展，

---

① 刘万武．民族传统体育理论与项目教学研究［M］．北京：中国水利水电出版社，2014.

且以武术为主，并具有较高的播放量，但用户评论数量相对较少。

表7-1　研究样本（部分）

序号	故事标题	时间	播放量（万）	评论量（条）
1	Shaolin iron palm	2019年12月	83.1	357
2	Confucian Fist: Promoting traditional Chinese etiquette and Confucianism	2019年9月	66.1	89
3	Chuojiao Fanzi Quan: Emphasize self-defense rather than attack	2022年7月	63.9	10
4	Extending one's full potential to the eight extremities	2022年7月	61.8	44
5	Nanzhi Quan: Befierce and forceful at every step	2022年6月	59.1	19
6	India's first shaolin master trains new generation of warriors	2017年7月	55.6	860
7	Wu Family Quan: Restrain the hand, squeeze the waist and hit with the palm	2022年7月	52.1	26
8	Two-handed Sword's uniqueness lies in dexterity	2022年7月	47.1	32
9	Wudang Monk Spade: The heaviest weapon of Taoists	2022年7月	46.8	31
10	Bagua Spear: More shaft, less spear head	2022年7月	45.9	16
……	……	……	……	……
173	Meet the American Kungfu coach in China's Kungfu academy	2021年3月	0.4	104

二　研究方法

为避免传统文本分析人工编码因样本规模较大或主观判断而引起的误差，采用语义网络分析和文本分析相结合的方式，探究中国对外主流媒体讲述传统体育故事，促进国际认同的修辞策略运用情况。

（1）语义网络分析法。对中国传统体育故事语篇中的关键词频次、相互关系以及聚类情况进行分析，了解语篇整体主题类型和具体内容规律，以便根据对立、无意识和同情修辞的特征，对故事修辞策略的运用情况进行归纳。研究过程中，采用Python、Vosviewer等工具，首先通过分词处理（由于无意识修辞策略主要通过人称指示语体现，故在分词过程中，保留"we""us"等词语，以便呈现运用情况，在整体语义网络分析中，则剔除人称指示词），获得故事文本的关键词（见表7-2）。其次，经过反复尝试，选取频次大于30的150个高频词分析效果最佳，以此构建关键词的共现矩阵，进而开展语义网络分析，得到关键词间的相互关系及聚类情况，以明晰CGTN关于中国传统体育故事叙事的内容特征。

表7-2 中国传统体育故事文本关键词（前50）

单位：次

序号	高频词	频次	序号	高频词	频次	序号	高频词	频次
1	Martial Arts	469	18	moves	112	35	ancient	73
2	Chinese	461	19	China's	110	36	techniques	72
3	Shaolin	243	20	province	100	37	skills	71
4	fist	216	21	world	100	38	learn	69
5	years	211	22	Emei	92	39	part	68
6	we	211	23	sword	91	40	Wudang	62
7	us	193	24	life	89	41	strength	60
8	China	178	25	students	87	42	day	59
9	Wushu	169	26	culture	86	43	Kungfu	58
10	martial	169	27	cultural	82	44	Taijiquan	55
11	traditional	147	28	master	80	45	year	55
12	practicing	142	29	training	79	46	Beijing	54
13	body	141	30	time	79	47	family	54
14	people	132	31	quan	78	48	show	53
15	art	127	32	Shifu	77	49	style	52
16	Tai Chi	124	33	film	76	50	fight	52
17	practice	122	34	Bruce Lee	76			

整体来看，语篇内容在以中国武术（"Chinese""Martial Arts"）为中心的基础上，根据不同关键词节点大小，形成了4个类群，并呈现两个特征，一是以"Shaolin""Wudang""Emei"为主要节点和以"sword""Taijiquan""fist"为主要节点的两个类群，表示中国传统体育故事的语篇主要基于特定门派或不同体育项目展开论述。二是以"martial""art""family"和"students""people""learn""training"为主要节点的两个类群，这表明，在具体的叙事过程中，主要围绕故事人物家庭、师生的训练关系、教学

细节开展论述。

（2）文本分析法。根据故事语篇叙事的特征规律，进一步结合同情认同、对立认同和无意识认同三个方面的内涵和既有研究设定标准，依次筛选具有相应修辞策略的故事（故事中通常包含一个或多个修辞策略），并对所呈现的修辞特征进行归纳。同时，进一步结合故事对应的评论，筛选用户基于该修辞策略对中国或中国传统体育形象、价值理念产生认同的评论文本。同情认同方面，体现在故事人物日常生活或练习过程中（如"training""learn"等对应文本），具有共同认知的人际关系（如"family""students"等对应文本）；对立认同方面，主要体现在个人在接触传统体育项目以及训练过程中（如"practice""training"等对应文本），克服心理（如"afraid"等对应文本）和生活环境（如"hunger"等对应文本）等带来的影响和阻碍；无意识认同方面，主要体现在通过对"我们"人称指示语的运用（如"we""us"等对应文本），构建修辞主体间的身份同一特征，并进一步强化同情和对立认同（见表 7-3）。

表 7-3　CGTN 讲述中国传统体育故事建构国际认同的修辞策略（部分）

单位：篇

修辞策略	特征	数量	代表性文本（及对应故事）	所对应的代表性反馈（及用户）
同情认同	以练习与教学中的互动细节凸显人际关系的共同情感	124	Yan Kaizhang is Yan Liangming's son. He has been practicing Wu Family Quan since he was a child, as his father hoped he would carry on the family tradition…improved practice helps in pursuit of greater goals, Yan added. （Wu Family Quan：Restrain the hand, squeeze the waist and hit with the palm）	Very interesting style, and story of the son who may carry on this tradition… not only to learn combat, but also just to develop one's own self, including mental resilience. （@ TikkyTakMoo）
			Kanishka's school has attracted students from all over India and abroad. One of his students, Siddhant Saxena, studied karate for over three years before attending Shaolin Gurukul…Kanishka said. "That's the secret of my being a martial artist." （India's first shaolin master trains new generation of warriors）	We must be open to learn from everyone and anyone, doesn't matter who he or she is. It does not really matter who started martial arts-Indians, Chinese, Africans, etc... （@ obheng）

续表

修辞策略	特征	数量	代表性文本（及对应故事）	所对应的代表性反馈（及用户）
对立认同	通过人物所处的艰难环境的刻画塑造贫困相关的对立面	59	When he was young, life was tough. Yet he never stopped practicing. Although living standards rose by the 1990s, martial arts endured a downturn. Many practitioners quit and looked for other ways to make a living…Hu Yashi's father, Hu Jianping, said. (70 Years Inherited：The spirit of Chinese martial arts)	Chinese kungfu is the practice for health of the body and the mind. It's fun and meaningful for life… to face anything and excels everything. It have water and fire elements such as… (@ freeworld88888)
	通过人物懒惰、胆小的刻画塑造性格问题相关的对立面	87	Iron palm, as the name suggests, requires hitting iron beads inthe sandbag over and over again to improve palm strength. In the beginning, he was reluctant to hit the beads. "Of course, I was afraid. I knew they were made of iron. I was scared of doing this with my bare hands. I didn't dare to do it." You start by training the body, but more importantly, you train the spirit. (Shaolin kungfu：Iron Palm)	With martial arts and gyms, sometimes it's like they say, you gotta go big or go home… in the beginning… with enough training and perseverance, the most daunting obstacles can be approached with ease and traversed… (@ michaelborror4399)
无意识认同	通过第一人称复数词运用模糊叙事者与他国受众关系	114	"Your kung fu develops day by day. If you stop practicing because you are tired today, it is not kung fu," Sun shared with us his philosophy about kung fu and life. (Nanzhi Quan：Be fierce and forceful at every step)	I feel like Asian martial arts is always very ceremonial and artsy if that makes sense… (@ qpleo)
	通过第一人称复数词运用模糊故事人物与他国受众关系	37	"Learn the rituals before going to the master. Know the morals before practicing the fist. We practice not to bully, but for justice, confidence and self-improvement," said Shao. (Red Fist：An important role in traditional Chinese martial arts)	Very interesting. I am more interested in ancient culture than of moder culture of today. (@ mattnobrega6621)
			"We have inherited traditional wushu, but in this era, we must not be restrained; it's better to combine traditions with modernity to adapt to this era," he said. (The two-handed sword's uniqueness lies in dexterity)	He may not be the 1 nor last of a 2 handed sword Kung Fu ~ I'm guessing that Chinese long history of martial arts fighting… Then again it maybe a start of revival. (@ angxiang 3186)

第三节　CGTN 讲述中国传统体育故事构建国际认同的修辞策略分析

结合 CGTN 讲述中国传统体育故事的基本情况，基于修辞认同理论的同情认同、对立认同和无意识认同三个方面，分析 CGTN 通过讲述中国传统体育故事构建国际认同的修辞策略。

一　通过刻画血缘和业缘关系，构建同情认同

同情认同是人际交往中最普遍使用的认同方式，几乎天然地存在于修辞双方之间关系中，主要强调修辞双方之间的共同情感和共同体验。当修辞者和受众对某一方面具有相同的思想或观点时，容易开展情感上的近距离交流，产生共同情感。相应内容的观点也更易被受众接受，以此促进认同。结合 CGTN 讲述的中国传统体育故事来看，能够凸显修辞双方共同体验的故事内容大多围绕人物的具体细节展开论述，并通过对人物在日常练习过程中的人际关系刻画，形成情感共鸣。在此基础上通过对传统元素的刻画增进他国受众对传统体育的认知认同。

代表性的故事为 CGTN 的"China Kungfu"系列，该系列故事通过讲述各类传统体育项目（如"sword""Taijiquan""fist"等），向世界介绍了中国悠久的历史、丰富的传统体育文化。在故事情节的叙事中通常会涉及人与人之间的关系刻画。具体而言，人际关系的组织安排和组织形式可分为亲情关系和社会关系。虽然在家庭关系层面，中西方存在一定差异。但在叙事中，"China Kungfu"系列故事并不会对中国传统大家庭或传统师门中复杂而众多的家庭或师徒关系进行过多刻画。而是局部呈现了与故事人物情感联系最为密切的单一或少数人物的血缘和业缘关系，以更加真实、细腻地描述传统体育项目传承人日常学习或传授传统体育项目的全过程（如"Wu Family Quan: Restrain the hand, squeeze the waist and hit with the palm""India's first shaolin master trains new generation of warriors"等）。而在不同地域的文化中，血缘和业缘关系一方面都强调了人际关系中的伦理和道德价值，构成了社会规范和行为准则的基础，使他国受众在跨文化交

流中找到共同的价值观和行为模式。另一方面，血缘关系和业缘关系都具有高度的情感和心理价值，通过这些关系的维系，个体能够获得情感支持和心理安慰，增强对中国社会价值和文化的认同感，以此形成他国受众对中国传统体育文化的认同基础①。对此，CGTN 在为他国受众描述了东方关系的基础上，形成了对人物之间情感的连接，从而在超越不同国家身份与文化阵营的结构性对立基础上，提取了人类认知和情感的公约数，进而有利于增进他国受众对中国人物以及中国传统体育形象的认知（如 "Very interesting style, and story of the son who may carry on this tradition…not only to learn combat, but also just to develop one's own self, including mental resilience"）。

二 通过讲述故事人物克服困难，构建对立认同

对立认同策略旨在通过建立相同的敌人或对立面来取得同一。相对于同情认同，对立认同需要建立在特定条件中，可以是个体或群体共同面临的困难和问题，也可以是共同反对的某一思想、意识、见解或环境。结合具体故事来看，目前关于传统体育 "内隐" 与 "无为" 的思维模式与西方快速的经济化、现代化和全球化的意识产生巨大冲突②。然而，CGTN 通过塑造其他对立面，消除中外关于传统体育价值理念的认知差异。主要体现在故事人物需要克服困难方面，以此体现传统体育不仅具有塑造人身体的功能，还具有磨炼意志、传教谋生等效用，以此增进他国受众的对立认同。

CNTN 讲述中国传统体育故事，主要以故事人物存在的性格问题塑造对立面，通过对故事人物练习传统体育从而改善性格问题的情节刻画，体现传统体育磨练意志的效用，增进价值认同。例如，在 "*Shaolin kungfu: Iron Palm*" 故事中，强调少林铁砂掌练习需要持之以恒，不断磨练意志，克服个体懒惰问题。侧面反映通过对传统体育的持续练习，不仅能够提高

---

① 吴阿娟，韩阳. 从文化符号到精神标识：对外传播中优秀传统文化的提炼与融通 [J]. 天津师范大学学报（社会科学版），2023（6）：43-51.
② 李凤芝，朱云，刘玉，等. 对我国武术文化国际传播中归化与异化问题的研究 [J]. 武汉体育学院学报，2015，49（10）：56-61.

身体能力，也能够磨炼人的意志，改善性格问题。同时，受众也对其价值功效予以认可（如"...with enough training and perseverance, the most daunting obstacles can be approached with ease and traversed..."）。究其原因，中国传统体育本身便崇尚身心和谐，强调对身体能力的提升和心智的塑造，并通过多样化的肢体动作发展身体能力与磨炼意志，诠释身体能力与道德品格和谐统一，对知、仁、勇、毅等品格的塑造具有积极影响。在具体练习过程中，一方面，传统体育在身体能力塑造上有着天然的优势，能够为身体进行复杂技术动作及提升身体素养提供保障；另一方面，传统体育也注重培养身心一体的认知理念，主要以格物穷理为致知的途径，借助身体、心智与环境的互动，促进练习者正确价值理念的形成，引导人们求真向善，养成正确的人生价值观①。因此，CGTN通过对故事人物性格问题以及传统体育练习的刻画，体现传统体育磨练个体心性和精神，帮助个体养成良好习性的实际效用②，有利于构建他国受众对传统体育的价值认知，在此基础上，也有助于传统体育的文化理念和思想的传递。

三　以同一性身份修辞构建无意识认同

无意识认同注重通过无意识的手段来取得受众认同，经常表现在人对自身处境的误同方面。结合人物心理角度来看，人们也常常会在毫无自觉意识的情况下，试图与我们心目中的对象形成同一，由此可见无意识认同是一种幻觉式认同。在文本的修辞中，主要通过使用"我们"及其附属词语，构建修辞主体之间身份同一，进而形成一种无意识的认同。结合CGTN讲述的中国传统体育故事来看，无意识认同主要体现在通过运用"我们"这一代表同一性身份的人称指示语（如"we""us"），模糊叙事者与他国受众、故事人物与他国受众的身份关系。同时，指示语语境对应的内容多反映故事人物和叙事者关于传统体育的价值理念，借此在同情和对立认同的基础上，有利于进一步增进他国受众对传播内容的接受，从而

① 相金星，赵玉颖，郭振华. 民族传统体育助力青少年身体素养提升的价值、机理与路径 [J]. 体育文化导刊，2023（8）：52-58.

② 刘国峰，银小芹. 武术文化铸牢中华民族共同体意识的内在逻辑与路径建构 [J]. 体育与科学，2024，45（1）：73-79.

构建认同。

（1）叙事者与他国受众身份同一构建方面：CGTN 作为叙事者在叙事中，通过"我们"一词的运用，拉近他国受众与叙事者的距离。诸如 *Nanzhi Quan: Be fierce and forceful at every step* 故事中，CGTN 在对南枝拳传承人关于其功夫的介绍中，将介绍客体用"我们"一词进行表述，使他国受众无意识地与叙事者构建了同一性的身份。在此基础上，指示语较多对应故事人物对南枝拳的客观介绍及其价值观念认知，有利于他国受众在同一身份基础上，了解该类传统体育项目所蕴含的价值理念（如"I feel like Asian martial arts is always very ceremonial and artsy if that makes sense..."）。既往研究指出，演说者可以通过"我们"一词的运用，让听话者产生与说话者拥有共同特点或共同利益的感觉，从而产生共同立场和共鸣。而 CGTN 通过这种"我们"的表达，跳过了劝服他国受众的这个过程，直接预设受众已被劝服或与自身本来就是一致的，从而使受众在对传统体育形成认知的基础上越过判断的环节，产生一种非真实内心所想的立场，有利于形成一种更广泛的价值取向。

（2）故事人物与他国受众身份同一构建方面：主要通过转述故事人物的话语，从而拉近他国受众与故事人物的距离。例如 *Red Fist: An important role in traditional Chinese martial arts* 故事中，CGTN 直接转述了洪拳传承人对洪拳价值理念的认知。并以"我们"为人称代词，展示洪拳练习具有自我完善等功能。这一修辞方式不仅可以使他国受众无意识地构建与传承人的身份同一，也进一步向他国受众传递了传统体育练习的目的，有利于增进受众对该类项目的价值认同，从而增进对传统文化的接受意愿（如"I am more interested in ancient culture than of moder culture of today"）。同时，CGTN 叙事不乏将"我们"一词运用于对国家领导人对外演讲内容的转述中，以此建立中外人民的模糊身份，促进双方的友谊与合作，并增进他国受众对中国外交理念的认同①。CGTN 通过这种同一性身份构建，更有利于使他国受众对于中国传统体育故事人物所传达的中国价值理念产生认同。

---

① 陈昌凤，吴珅. 以同一求认同：中国领导人对外传播的修辞策略研究——习近平海外媒体署名文章的分析 [J]. 兰州大学学报（社会科学版），2017，45（4）：125-133.

第四节　CGTN 讲述中国传统体育故事构建
国际认同的不足

CGTN 讲述中国传统体育故事通过刻画个人日常细节，叙述人物克服艰难环境及性格问题，以及建构同一身份，有利于同情认同、对立认同以及无意识认同的构建，进而实现国际认同的建构。但同时，CGTN 也存在诸如"他者"视角下的传统体育叙事较少，缺乏对全球视野下共通问题的呈现，群体身份指示词的修辞运用不足等问题，在一定程度上影响国际认同的构建。

一　"他者"视角下的传统体育叙事较少，影响同情认同的建构

在同情认同方面，CGTN 多通过"自我"视角下的日常叙事，实现受众的共同体验，进而增进其对各类传统体育及传承人的认知。然而，既有调查显示，目前武术、功夫等传统体育在欧美国家传播过程中，中国本土传统体育的整体结构并不存在。他国受众更多会从自身的意愿或实际需求出发，对各类传统体育固有结构进行拆解[①]。因此，相较于"自我"视角叙事，"他者"视角可能更有利于构建他国受众的同情认同。

从跨文化传播角度来看，文化认同的渊源表现在，持有同样文化的人们对他们本群体的过往和现在的感知和认可，反映的是共同的历史经验和文化符号，以及文化成员保护自己的生活方式和文化特性的本能和情感[②]。在同情修辞策略中，围绕"他者"视角展开传统体育叙事是增进不同文化互动交流的有效方式，可以从不同文化视野和话语系统出发，但又并非完全基于自己的话语逻辑描述传统体育相关内容，为不同文化间对话和认同构建提供可理解性的前提[③]。并且，当他国受众在接收过程中，看到属于

---

① 龚茂富. 美国"康村"武术的海外民族志研究 [J]. 上海体育学院学报，2018，42（6）：69-73+81.
② 叶刚. 从"一带一路"题材纪录片看我国对外传播的嬗变 [J]. 传媒，2021（11）：75-77.
③ 胡凯，秦舒娅."他者"视域下中国抗疫故事的叙事路径与价值创新 [J]. 传媒，2022（18）：94-96.

自己本民族的人物出现时，认同感和亲近感也油然而生。此外，目前少林、武当等传统功夫门派以及太极、咏春等传统体育项目已然具有海量的国际受众，并不乏国外受众注重对中国传统体育的练习和本土推广，为"他者"叙事提供丰富的素材。但当前 CGTN 关于"他者"视角下的故事题材数量相对较少，说明其在与他国的互动交往与对话中，更倾向于自我构建。而这种以"自我"视角为主导的叙事，难以使得他国受众对故事人物产生认同感和亲近感，进而导致故事内容的说服力和感染力不足，影响国际认同的构建。

二 缺乏对全球视野下共通问题的呈现，影响对立认同的建构

CGTN 在对外讲述中国传统体育故事过程中，受到国家间地缘政治、意识形态等因素的影响，不可避免地存在对立问题。目前，CGTN 从微观的角度，通过塑造人物生活和性格问题塑造了人们普遍面临的对立面，在一定程度上有利于对立认同的构建。但在全球视野下，关于霸权主义、恐怖主义等和平相关的问题也是各国需要共同面临的挑战。当前中国在人类命运共同体理念的驱动下，对外呈现了真诚包容、共生共荣的文化观①。结合传统体育的特征来看，中国传统体育表现出的对异质文化的吸纳、涵养、改造具有海纳百川的宽容性，与在人与人、国与国的关系上提倡的和平、温良、宽柔等理念一致②。因此，基于国际社会面临的关于和平发展相关的共同挑战，在叙事中凸显传统体育的价值理念，也有利于构建他国受众关于各国多元共存与发展的认知。然而，CGTN 在传统体育的叙事过程中，较少聚焦于国家间交往的深层意义，导致对全球视野下共通问题的对立面塑造较少，使得中国传统体育秉持的价值理念难以通过传统体育故事有效传递于海外受众，在一定程度上影响对立认同建构。

三 群体身份指示词的修辞运用不足，影响同一性构建

在文本类的语篇中，无意识认同策略着重体现在对群体身份指示词的

---

① 虞鑫，崔乃文. 从"走出去"到"走进去"：全球史叙事视野下中国国际传播能力建设路径 [J]. 人民论坛·学术前沿，2022（19）：90-94.
② 卢元镇. 中国体育文化纵横谈 [M]. 北京：北京体育大学出版社，2005.

运用上。具体包括人称复数指示词和象征群体身份的形容词。在对外传播的叙事中，叙事者通过运用群体身份指示词，可以使他国受众无意识地将自身划分至叙事者或叙事内容的主体所述群体的集合中。尤其在价值理念传递过程中，合理使用人称指示词也可能模糊他国受众的权力地位、意识形态、文化传统、国家利益等，从而建构价值认同。

但在 CGTN 的叙事中，多是采用单数形式的第一人称指示语，复数形式运用频次则相对较少，仅 37 个故事使用了"我们"等指示语，其余故事多为对人物话语的直接转述。此外，对传统体育爱好者、练习者等群体也多以第二人称复数指代词表述，较少采用象征群体身份的词语进行表达。说明 CGTN 在讲述故事时，仍主要采用客观性、记录性的叙事方式，缺少对无意识认同修辞的运用，从而在叙事中影响推动共同价值理念传递的同一性身份构建。

第五节　中国对外主流媒体讲述传统体育故事建构国际认同的建议

CGTN 讲述中国传统体育故事的实践中，在对立认同、无意识认同和同情认同等方面有利于国际认同构建，但在叙事视角以及修辞表达方面还存在不足。鉴于此，本章认为中国对外主流媒体可以优化中外视角下的叙事，凸显具有共同体验的传统体育要素；注重个人与全球视角下的对立认同建构，强化受众对传统体育的价值认知；注重中国传统体育故事同一性身份修辞，协同多主体间关系，从而构建国际认同。

一　凸显具有共同体验的传统体育要素，促进同情认同

在"理解他者"与"反思自我"的过程中，优化"自我"与"他者"的叙事，从而凸显具有共同体验的传统体育要素，促进同情认同。具体而言，①丰富"他者"视角下的叙事题材。中国传统体育在国外已然具有一定的历史积淀和受众群体，并经过他国再生产，进一步融入当地人的日常生活。比如康奈尔大学民众发明的"八卦气功"、美国康村武术等，皆演变自中国传统武术。因此，媒体可以深入了解他国受众对于传统体育及文

化的认知情况，明晰中国传统体育在他国的变迁规律和机制，以此开展他者视角下的叙事，并在提高传受双方共同体验的基础上，注重中国关于传统体育的价值理念的呈现，构建认同。②在对"他者"理解的基础上，优化"自我"叙事。在"自我"叙事过程中，应深入了解不同国家受众群体的偏好。诸如在欧美地区，教育、健康、防身、宗教等内容与民众日常生活紧密相关，多将传统体育作为一种日常生活方式。因此，在针对这一群体讲述的故事中，可以在刻画人物日常生活基础上，将国内传统体育人物相关内容与教育、儒释道文化、养生保健、防身格斗等方面相结合。从而在构建同情认同的基础上，进一步增进他国受众对于传统体育多元功能的认知，以此建构他国受众的认同。

二 注重以个人与全球视角增进受众对传统体育的价值认知，促进对立认同

基于个人和全球角度，呈现对立内容，并结合传统体育的多元功效，增进他国受众对传统体育的价值认同。①在个人视角方面，媒体可以通过对人物坎坷经历的刻画，塑造共同对立。在此基础上，充分挖掘中国传统体育的功效，突出其对故事人物的影响，以构建对立认同。此外，也可以利用国内外在传统体育的健康价值方面的共识，在叙事中围绕当前人类共同面临的健康问题塑造对立面，并基于传统体育的健康功效，做好相关题材的叙事。例如，对太极拳运动改善患者类风湿性关节炎、心血管疾病、原发性骨质疏松等健康问题的内容进行叙事①。②在全球视角方面，媒体可以通过突出当前国际社会普遍面临的和平与发展等方面的现实挑战，塑造共同对立，进而突出传统体育所蕴含的"天人合一""睦邻友好"等和谐思想，以构建他国受众与我国的对立认同。具体可以围绕中国传统体育在外交方面的内容展开叙事，体现中国借助传统体育助力他国体育事业发展的和平外交理念。从而促进他国受众与故事人物对于中国传统体育思想、中国体育外交理念等方面的认可，以此构建中国传统体育"走出去"

---

① 黎在敏，赵斌. 中美报纸的中国武术形象表达异同研究——以《中国日报》和《纽约时报》为例［J］. 体育学研究，2020，34（6）：86-94.

的空间正义，实现国际认同的构建。

三　注重同一性身份修辞，协同多主体间关系，促进无意识认同

结合 CGTN 关于中国传统体育故事的叙事可以看到，无意识认同修辞策略仅应用于少数故事中。对外主流媒体在讲述中国传统体育故事中，可以适当调整对人称代词的运用，注重同一性身份修辞在中国传统体育故事中的运用，协同多主体间关系。①运用第一人称指示词构建身份同一。中国对外主流媒体在传统体育叙事中，可以从第一人称视角展开叙事，并以传统体育为核心，用第一人称指示语的复数形式（"我们"）替换单数形式，以扩大主体边界，构建多主体身份的一致性。进而结合故事中在传统体育方面的一致性观念，淡化对外主流媒体与他国受众的身份边界，并使他国受众在无意之间，形成对中国传统体育的认同。②运用群体关系的形容词构建身份同一。在应用第一人称代词的基础上，对外主流媒体可以通过"一起""共同"等词语，深化身份一致性，突出与他国受众正在或应当采取的与传统体育相关的同一性行为。如中外主体一同进行武术练习、一同推进传统体育发展等相关行为，从而有助于进一步强化无意识认同。

○ 下 篇

第八章

新媒体环境下讲好中国体育故事促进
国家认同的问题

"讲好中国故事"思想提出以来，结合新媒体环境下讲好中国体育故事促进国家认同的实证研究可以看出，我国媒体在讲述中国体育故事以促进国家认同的实践中积累了丰富的经验，在很大程度上有利于对内维系认同，对外塑造国家形象建构国际认同。但同时新媒体环境下，立足国家认同建构的现实需求以及对外传播中进一步展现可信可爱可敬可亲的中国形象的目标，以讲好中国体育故事为渠道，促进国家认同在更大程度和更广泛意义上的建构，仍在一定程度上面临叙事困境，突出表现在以下几个方面。

第一节　讲好中国体育故事促进国家认同的实践
尚未形成完善的故事体系

"讲好中国故事"的实现，需要围绕"叙述者"（谁讲故事）、"文本"（什么故事）以及"接受者"（谁听故事）三个核心环节，建立清晰而明确的中国叙事观[①]。然而，当前我国面临着"中国故事很精彩，中国话语很贫乏"的尴尬现实，尚未形成一套系统完整的话语体系[②]。在这种

---

① 陈先红，宋发枝."讲好中国故事"：国家立场、话语策略与传播战略［J］. 现代传播（中国传媒大学学报），2020，42（1）：40-46+52.
② 陈先红，宋发枝."讲好中国故事"：国家立场、话语策略与传播战略［J］. 现代传播（中国传媒大学学报），2020，42（1）：40-46+52.

大背景下，讲好中国体育故事促进国家认同的实践同样也尚未形成完善的故事体系。

一 文本：讲好中国体育故事促进国家认同的宏大叙事与微观叙事不平衡

如何通过讲述中国体育故事，向世界展现一个真实、立体、全面的中国，是我国面临的重大课题。当代体育传播更多的是通过赛事（夏/冬季奥运会、夏/冬季残奥会、青奥会、体育单项赛事等）[①] 以及赛事所造就的体育明星（职业联盟、俱乐部、球队、明星运动员、冠军运动员等）来实现的[②]。因此中国体育故事主要侧重宏大式、理论灌输式的叙事模式[③]，传达中国体育价值观念。叙事者多以民族、国家、政府、人民等宏大概念统领丰富多样的个体需求，或者将个体事件冠以宏大主题，将其"抽象化"为宏大叙事的一个符号、一组数字，而较少重视话语形式的个体表达与细节挖掘，从而导致中国体育故事表达不务实、题材不全面、情节不生动。由此使得部分受众对中国的认知存在局限，不能真实、全面地了解中国，加剧了传受双方融通性不强的问题。

相比于宏观叙事，微观叙事有利于消解国家之间的二元格局，在更广泛的共享意义空间寻求"同感共情"，更能激发共情、构建认同。然而当前中国体育故事缺少微观叙事，使相关议题难以引起共鸣，难以获得广泛的国家认同。同时，缺乏对中国故事内容本身共情价值的挖掘，使情感叙事与说理叙事相分离，导致受众的情感能量难以得以积攒、迸发和共享，难以形成受众之间的共同归属感，个人与国家之间的情感无法形成最大合力，国家认同效果也大打折扣。

---

① Andrews D L. Reflections on Communication and Sport：On Celebrity and race［J］. Communication & Sport，2013，1（1-2）：151-163.
② Jackson S. Reflections on Communication and Sport：On Advertising and Promotional Culture［J］. Communication & Sport，2013，（1-2）：100-112.
③ 郭信峰. 对外讲好中国故事的困难挑战与对策建议［J］. 党的文献，2020（1）：28-30.

二　讲述者：讲好中国体育故事促进国家认同中的话语权具有非对称性

一是官方媒体统合式的国家体育叙事不适应离散化的新媒体环境，不利于柔性的国家认同话语阐释。随着新媒体平台的快速发展，传统主流媒体的报道方式有所转变。但是长期以来形成的国家宣传模式并没有根本改变。在生产和传播国家体育话语的过程中依然存在重立场、轻情感的问题，因此，官方媒体的体育叙事缺乏亲和力。

二是民间新媒体过度自我观照，缺少国家体育话语内容，难以发挥促进国家认同效用。随着我国国力的增强，国家话语能力已经不仅仅依靠官媒等来彰显，还体现在国民的话语能力上①，尤其是在新媒体蓬勃发展的当下，国民的话语能力显得更为重要。新媒体实现了体育话语传播主体多元化，话语内容的多样化，但是也产生了新的问题。故事讲述者自身所有的价值观念、文化传统和思维习惯等影响着其对故事内容、呈现方式、传播途径的选择。当前，在中国体育故事的传播中，故事讲述者仍存在从自身已有的价值观念和思维逻辑来选择故事内容和表达方式的问题，对受众完整、准确地理解中国故事的内容和意义，提高受众主动了解中国体育故事的兴趣和意愿，以及提升中国故事对外传播的效果都具有负面影响②。而来自民间的故事讲述者虽然拥有独特且精彩的中国体育故事资源，但是难以通过专业化和系统性的手段来放大创意、构建国家认同③。

三　聆听者：以中国体育故事建构国家认同中不够重视目标受众的差异

在新媒体背景下，存在多重话语空间，如官方话语空间、民间话语空

---

①　陈汝东．论国家话语能力［J］.北京大学学报：（哲学社会科学版），2011，48（5）：66-73.

②　邓春燕．视域融合理论下讲好中国故事的路径阐述［J］.昆明理工大学学报（社会科学版），2019，19（6）：44-48.

③　金霄，金昌庆．短视频时代中国故事的生产与传播——以在华外国人的短视频呈现为例［J］.学海，2021（2）：166-173.

间。不同话语空间的话语性质、立场、旨趣和叙述风格各不相同，因而其"赋意后赋权"的话语实践也特色各异。从叙事学的故事—话语理论模型来看，中国体育故事话语的语义转化不是取决于叙事模式，而是取决于阅读模式。换句话说，受众的阅读习惯和解释模式决定了中国体育故事话语的渗透发散和话语权力的提升①。

体育自始至终都带有国家主义竞争的色彩，奥林匹克文化在促进国家认同过程中自带优势。而面对不同民族与国家的受众，讲述中国体育故事构建国家认同就存在一定程度的阻力。因此如何根据目标受众差异，构建不同叙事的中国体育故事话语体系是亟待解决的问题。很多媒体往往在对外讲述中国故事、塑造中国国家形象时，将国外受众和国内受众的特征混淆在一起，没有把握清楚对外传播的特殊规律，用"中国立场""中国思维""中国叙事"向国外受众讲述中国体育故事，加之部分媒体的文风缺乏趣味性、生动性，带有浓重意识形态宣传色彩，讲观点、讲立场、讲口号过多，讲例子、讲故事太少。这样的现状与做法，不仅容易带来不良的评价，更加达不到预期的传播效果②。此外，文化差异引起的隔阂是讲好中国体育故事面临的最大困境之一。尤其是中西文化差异，不同的语言环境、文化理念、教育背景，造成了对同一事件的不同解读。

第二节　体育故事过度采用苦难叙事和辉煌叙事，不利于全面、立体地建构国家认同

中国体育故事与其他故事一样具有历时性和共时性的特征。苦难叙事与中国体育历史具有天然的联系，特别是1840年鸦片战争之后现代体育传入中国，苦难叙事在某种意义上构成了中国体育历史故事的主要基调，通过体育苦难史可以形成对中国近代历史的反思，给国民巨大的精神震撼，为救赎和超越创造基础。受到中国近代历史背景的影响，新媒体平台的中

---

① 陈先红，宋发枝."讲好中国故事"：国家立场、话语策略与传播战略［J］.现代传播（中国传媒大学学报），2020，42（1）：40-46+52.
② 姚旭，展姿.讲好中国故事 塑造国家形象［J］.新闻爱好者，2017（2）：79-81.

国体育历史故事不乏以苦难为主题开展叙事。而中国重返奥运大家庭之后，随着国力的增强，中国当代体育尤其是竞技体育取得举世瞩目的成就，当代中国体育故事更多地关注国家成就，对悲惨历史救赎与超越的辉煌叙事也成为新媒体争相生产的叙事主题。苦难叙事和辉煌叙事的实证基础来自新媒体平台。以B站为例，以"中国""体育"为主题词搜索视频，截至2022年12月17日，浏览量前30的自媒体视频中（见表8-1），苦难叙事占27%，辉煌叙事占57%，其他占16%[①]。

表8-1　B站中国体育故事视频排名前30的叙事主题分类

排名	视频名称	播放量（万）	点赞数（万）	评论数（条）	主题
1	范志毅："中国足球脸都不要了！"	1768.0	54.9	35142	苦难
2	乒乒乓乓	1684.2	130.8	26854	辉煌
3	穷开摆	1610.1	152.1	23372	苦难
4	还记得那个国足采访吗	1425.5	50.5	9027	苦难
5	最强体育王	1157.7	355.4	27156	其他
6	《八段锦》国家体育总局	941.3	8.8	5354	其他
7	武大靖：就是让你们追不上我 就是不给你们一丁点儿犯规的机会	695.7	32.8	1977	辉煌
8	中国足球最耻辱一幕	684.9	10.0	9400	苦难
9	这人喊这么大声一定不太会短道速滑吧？	670.2	54.1	3595	辉煌
10	中国军人硬核过障碍赛，霸气上演贴地飞行，碾压外国军人！	645.7	2.0	306	辉煌
11	2008北京奥运会开幕式	620.8	63.2	21113	辉煌
12	100米跑进10秒有多难，1亿人中间才能出1个，全亚洲仅仅有3个	593.2	6967	113	辉煌
13	蒙牛×谷爱凌 最新广告片来袭，燃动冰雪要强中国！	587.2	4.9	0	辉煌
14	他哭着连说三个"对不起"，可我们谁都不配接受他的道歉	581.8	41.5	7981	苦难
15	张国伟创造中国跳高历史，夺得世锦赛银牌！	572.0	8.5	328	辉煌

① 中国+体育［EB/OL］.［2022-12-17］. https://search. bilibili. com/all? keyword =%E4% B8%AD%E5%9B%BD+%E4%BD%93%E8%82%B2&from_ source = webtop_ search&spm_ id_ from =333. 1007&search_ source =5&order =click.

排名	视频名称	播放量（万）	点赞数（万）	评论数（条）	主题
16	"小时候我一直以为：水花越大分越高"	556.2	55.5	6695	辉煌
17	尴尬！队长吴曦射门挑战，20米大圆环，不忍直视！和其他球星对比！	544.3	15.9	4286	苦难
18	好像突然懂了，原来视频的意思是，当球门扩大的时候，男足才有几率取得进球！！	532.5	32.9	6153	辉煌
19	中国第二名哈哈哈哈哈~	493.3	27.1	4160	辉煌
20	史上最燃的弹珠大赛	483.6	35.7	7194	其他
21	破了世界纪录、拿了60块金牌！却被全民网暴13年！	479.1	44.8	35440	苦难
22	1200万顶薪国脚停球5米远，解说员没忍住笑出声	476.2	5.4	2900	苦难
23	奥尼尔转发中国勾手老大爷打球视频！外国网友：贾巴尔都不如他！	439.4	10.5	1714	辉煌
24	中国人修仙这件事是瞒不住了！	431.1	53.0	7827	辉煌
25	中国队最后一投完成不可能完成的任务！逆转瑞典获得冠军！太不容易了！	425.9	48.3	1967	辉煌
26	中国专业跳绳比赛。外国观众：作弊，看不见绳子	413.4	9.0	870	辉煌
27	"我有一双很丑的脚，但我有最美的梦想！"	413.0	36.6	1723	辉煌
28	当她挥手向观众致意，却发现偌大的体育场，没有一面中国国旗	394.8	39.4	2789	辉煌
29	我的世界方块轩动画之今天有体育课的你	387.9	1.3	40	其他
30	刘华强不负众望拿下金牌！	380.1	31.2	4374	其他

其中，历时性的苦难叙事，将中国体育确立为悲惨受害者，为之后中国体育实现救赎和超越确立了国家认同的精神支撑。但将外部描绘为侵略者，内外的身份对立不利于在对外传播中实现理解、达成共识，获得国际认同；共时性的辉煌叙事过度标榜成就，对内为中国体育发展道路、理论创新和文化自信确立了合理性基础，但不利于在国际竞争以及体育竞赛的背景下获得更多的可接受性。

一 历时性的中国体育故事过度采用苦难叙事不利于形成国家认同

无论是机构媒体还是新媒体创客生产的中国体育历史故事，都更多地将中国近代史与体育发展联系起来，展现中国社会经历的苦难。中国体育史是中国历史的重要组成部分，中国体育发展根植于中国历史大背景之下。近代体育发展史作为一种痛楚的集体记忆，深刻影响着新媒体环境下的中国体育故事生成，尤其是国家主义的体育叙事无不与之相联系。历史苦难这一宏大的公共议题被建构在国家体育叙事之中，最终与之后的国家强大、民族复兴紧密联系在一起①，以此激励中国在现代化进程中继续发挥体育激发民族精神的作用，也赋予了体育促进民族国家建设的作用，为今后进一步加深民族主义情感奠定了体育史的基础。同样，新媒体叙事者将中国体育历史故事置于中国历史的社会苦难背景中，在悲惨的中国近代史语境下展现体育历史故事的社会意义，以此激励和凸显现在的来之不易。但在当下的新媒体传播中，一味或者过度强调民族的苦难叙事，在讲好中国体育故事的全球语境下，受制于文化、历史、价值观等的差异，很大程度上不利于国家认同的建构。

二　共时性的中国体育故事过度采用辉煌叙事不利于提升国家认同

在中国现代化的征程中，尤其是改革开放之后，中国竞技体育得以迅速发展，中国竞技体育取得了举世瞩目的成就，成功举办 2008 年夏季奥运会和 2022 年冬季奥运会等国际重大赛事。在当代中国体育叙事中，基于对历史的超越，更加注重将个人与民族、与世界联系起来，并使用"世人瞩目、共同愿望、起来了、伟大"等修辞呈现从"东亚病夫"到体育强国②的辉煌叙事。这种叙事方式在对内传播中，可以很好地激发民众爱国主义情怀和民族主义情感。同时，"以体载道"的辉煌叙事有利于确立中国体育治理、体育文化、体育发展道路的合理性。例如 B 站"为了国家争光，为了成绩辉煌，干干净净痛痛快快赢了这场比赛""他要让其他国家的军官看一下什么是中国速度""不断挑战黄种人极限，最终才达到这个成绩""百折不挠的我们，准备好要强登场吧"等内容，能够为国内民众

①　胡庆山，曹际玮．中国共产党百年群众体育实践的领导历程、模式转向与经验启示［J］．体育科学，2021，41（6）：10-20.
②　胡德平，朱兰芳．"东亚病夫"的污名化构建与体育的正名机制［J］．天津体育学院学报，2020（12）：80-89.

提供情感上的认同基础。但过度采用彰显自身成就的辉煌叙事策略则不利于在国际传播领域提升中国体育故事的可接受性，不利于获得海外受众的认同。

第三节　对外主流媒体促进国家认同的体育叙事中对同一性身份构建不足

媒介化背景下，国家认同的发生与媒介行为的助推密不可分①。随着新媒体的普及，中国主流媒体也积极通过海外新媒体平台开展叙事。创新了具有中国特色的体育故事集群，但结合诸多叙事实践来看，并没有依据与其他国家体育的"同"进行"自我类化"，缺乏与世界其他国家之间的联系，难以形成群体的归属感，也就是"认同"。具体体现在两个方面：一是对外主流媒体讲述中国体育故事时缺乏同一性的身份建构，二是体育精神在强化体育故事同一性建构中的作用有待进一步发挥。

一　对外主流媒体讲述中国体育故事时缺乏同一性的身份建构

新媒体环境下的中国对外主流媒体叙事中，对中国体育故事加以类化和修饰能力不足，不利于拉近与海外受众之间的距离。同一性的身份建构需要克服对外传播话语的说服性修辞、跨文化传播中的"外位性"、自我话语重复等问题。身份同一性建构更多要自觉、主动将中国体育故事加以修饰，将中国体育故事升格为世界大同的国际叙事。在修辞上更多地使用"我们""大家""一同""共同""人类""携手"等词语。但结合部分对外主流媒体的体育叙事来看，并未呈现这一特征。

二　体育精神在强化体育故事同一性建构中的作用有待进一步发挥

新媒体环境下对外主流媒体讲述中国体育故事过于强调中国奥运成就，弱化了"体育精神"的同一性建构。在对外传播中难免存在主客体之间的差异性，也直接影响国家认同的建构。而主客体之间的同一性可以推

---

① 曹国东. 国家认同建构中的媒介逻辑［J］. 传媒，2019，（20）：90-93.

动认同发生和发展①。实际上各国的体育发展历史背景不同，所处的发展阶段不同，所取得的成绩不同，竞技体育发展的模式也不相同，这确立了认同主体（中国体育）与认同客体（其他国家）之间的"差异"。但是作为人类文明的共同财富，现代体育尤其是奥林匹克所表现出来的"更高、更快、更强、更团结"的精神文化对于全人类来说是"一样"的，这确立了"认同"的基础。体育不可能在类化中实现相同，也不可能在区别中完全异化。莱布尼茨认为"凡物莫不相异"，但体育作为共通的语言有全球共通的话语空间。对外主流媒体在讲述中国体育故事的过程中对"体育精神"的世界同一性的表达不够明显，表现在奥运报道所生成的体育话语更多地以报道代表团成就为主。虽说这是基于中国代表队所取得的成就事实，但是如何将成就话语与奥林匹克精神话语相结合，在突出自我情感观照的同时，如果能够更多地寻找竞技体育中的"同一性"，体现中国取得的成就属于全世界，中国运动员所突破的奥运纪录是全人类挑战自我极限的一次成功，则有利于大大增强中国体育故事的价值"同一性"，也能够在与"他者"的对话中获得更多的认同基础。

第四节　数字化记忆实践下的中国体育故事存在 话语撕裂带来的认同风险

通过现代技术将信息转化成存储于脑外的能被计算机运算、提取和传送的数据②，数字记忆成为中国体育故事的承载方式之一。数字化发展趋势深刻影响着中国体育故事的创新、生成、传播和消费。但是信息化进程对人类记忆是"双刃剑"，新媒体背景下中国体育故事数字化记忆实践改变了传统媒体统合式的叙事格局，以短视频为主的各类平台的崛起使得个体用户深度参与中国体育故事的书写，他们以相对平民化、接地气、多样

---

① 洪跃雄.差异性和同一性：中国梦认同问题探析的二维视角［J］.东南学术，2016（5）：14-19.

② 赵培.数字记忆的困境——基于斯蒂格勒技术观对数字记忆的反思［J］.自然辩证法通讯，2022（8）：43-50.

化的方式呈现中国体育故事，即便是同一故事也存在不同的赋意和解读，在一定程度上给国家认同的建构带来风险。

一 数字化记忆实践影响讲好中国体育故事促进国家认同的话语空间

数字化记忆实践下书写中国体育故事的主体呈现弥散的状态，压缩了讲好中国体育故事促进国家认同的话语空间。基于雅各布森与拉斯韦尔传播模式，从中国体育故事的"发送者"来说，传统媒体时代，机构媒体在突出和传播国家概念方面发挥了至关重要的作用[①]。尤其是国家主流媒体将认同情感放入重大体育赛事传播框架中，用以影响民族国家的认同。这种认同情感由运动本身引起，也主要由媒体对事件的情感化框架建立[②]。新媒体环境下，传受空间由"一对多"变成了"多对多"，民众获得中国体育故事的平台已从传统主流媒体转向各类新媒体平台。因此，传统媒体的认同建构空间正随着数字化发展趋势不断压缩。原本由官方统合的国家叙事主体通过电视、广播、新闻、报纸等传播媒介生成和传播中国体育故事，转变为在数字技术加持下由全民传播和书写中国体育故事。中国体育故事也由"国家宏大叙事"走向"新媒体小叙事"。民众获得体育资讯的渠道也由主流媒体转向多种途径，《中国新媒体发展报告（2020）》显示，新媒体（微信、微博、抖音等）已成为中国网民获取新闻信息的重要渠道，原本官方媒体所能统合的媒介传播，已经受到了弥散的新媒体平台冲击。尤其"饭圈"文化、"粉丝"文化作为亚文化群体在社交媒体平台逐渐形成的亚文化圈层，在中国体育故事的书写中，在一定程度上形成对国家认同的主流社会秩序和情感认同的冲击，透过体育促进国家认同的话语空间被分割为不同的话语圈层，逐渐压缩了中国体育故事促进国家认同的话语空间。

---

① Ličen S, Mateja L, Nicolas D, et al. International Newspaper Coverage of the 2013 EuroBasket for Men [J]. Communication and Sport, 2017 (4): 448-470.

② Meier H E, Michael M. Sport-Related National Pride in East and West Germany, 1992-2008 [J]. SAGE Open, 2016 (3).

二　数字化记忆实践下中国体育故事的话语消费影响国家认同的建构

数字化记忆实践下民众对中国体育故事的消费呈现"话语撕裂"倾向，在一定程度上影响着国家认同的建构。数字记忆背景下，民众对于中国体育故事的解读已经不是对主流意识形态的二次加工，而是超出了传统主流媒体统一性的话语阐释，并受多重因素的影响。数字环境下的网络空间具有自由、民主、边界模糊、不易监控的特点①，导致传统媒体、网红、意见领袖、民众等不同主体赋予了同一体育故事多重含义，不同的主体对同一体育事件的看法也不尽相同，有时候甚至是截然相反的。各种网络社会思潮在新媒体平台交融、碰撞、交锋，使得圈层内外的"撕裂"成为一种常态。开放式平台的中国体育故事数字化记忆实践从"一元"话语走向"多元"的话语模糊撕裂，也进一步带来各种价值观、意识形态的相互交流和碰撞，给社会舆论治理带来极大风险。因此，在数字化空间无边界、无差异、弱监管、隐蔽性、开放性、自由化的传播背景下，中国体育故事主流价值认同的统合效用减弱，由此或多或少地加大了大众媒体建构认同的难度。

第五节　对中国体育故事的语境不够重视，不利于发挥故事背景促进国家认同的作用

讲好中国体育故事能够促进国家认同，其中，语境是完整故事结构的重要组成部分，制约着受众对话语的理解②。根据众多语言学家的研究和语言的实际情况，可将语境分为两类：上下文（语言）语境和情景语境。上下文语境指词语前后的词语，或是一个词与另一个词同现或搭配的可能性，这是一种静态语境。也就是说，把语境当作客观存在的事物，包括上

---

① 黄楚新，吴梦瑶. 主流媒体如何占领网络阵地 [J]. 中国广播，2020（9）：4-7.

② Sgall P，Hajicová E，Panevová J. The Meaning of the Sentence in Its Semantic and Pragmatic Aspects [M]. Boston：D Reidel Publishing Company，1986：107-108.

下文（语言语境）以及言语事件发生于其中的物理环境和社会文化环境（非语言环境）。从该角度来说，语境可包括故事的时间地点、故事的主人公、主人公的目标及主人公取得的成绩①。情景语境指与交际有关的人物、场合、时间、社会、文化和政治背景，以及我们在交际推理过程中产生的认识，这是一种动态语境。先前话语、对未来的期盼、科学假设、宗教信仰、逸事记忆、传统习俗、对说话人心理状态的固有看法等都包括在这种动态的语境范围内②。语境对中国体育故事的讲述效果有较大影响，目前在中国体育故事的讲述过程中，对语境的重视程度仍不够，难以充分发挥其在促进国家认同时应有的作用，主要表现在中国体育故事文化叙事与中国运动员奥运会夺冠故事等方面。

一 体育叙事过于依赖大型赛事语境，对普通人日常体育活动语境关注不够

近年来，中国积极承办并参与一系列大型体育赛事，如承办 2008 年北京奥运会、2021 年大运会、2022 年北京冬奥会等，这些大型体育赛事的举办为讲述中国体育故事和促进国家认同带来了重要契机。大型体育赛事将传播内容与竞技度高、观赏性强的体育比赛相结合，能够将赛前、赛中、赛后各个时间段完整串联，有利于发挥持续性叙事效果与传播效能③。基于大型体育赛事形成的中国体育故事属于宏大叙事，其以高度统一的国家意识形态为叙事内核④，强调集体意识和家国观念。与之相比，日常体育活动则未能引起足够的重视。虽然日常体育活动的专业水平和竞技程度不如国际大型体育赛事，但其接近性、参与性和趣味性往往要高于大型体育赛事⑤，或有助于激发受众的情感共鸣，提高中国体育故事在受众心中

① 陈先红，于运全．中国好故事评价指标体系的建构［J］．新闻与写作，2019（7）：19-23.
② 白解红．语境与意义［J］．外语与外语教学，2000（4）：21-24.
③ 耿煜傑．西安国际马拉松赛事网络传播特点分析研究［D］．西安：西安体育学院，2018.
④ 全燕．从独白到复调：超越国家叙事的对外传播话语想象［J］．社会科学，2020（7）：160-167.
⑤ 韦路，何明敏．体育国际传播的"新世界主义"路径［J］．成都体育学院学报，2021（6）：9-13.

的接受度，为建构国家认同奠定坚实的基础。此外，在上述国家叙事模式中，高度抽象的宏大叙事几乎遮蔽了具体可感的生命存在，个人在国家叙事中往往沦为"工具的人"，是作为集体和国家的叙事符号，人物的行为和动机充满了"国家理性"，却缺少了"个体感性"，极易落入只见国家不见个人的叙事程式①。

二　中国体育故事文化叙事，忽视了对符号意义的交流、理解和语境的阐释

文化常表现为各种符号，人类的器具用品、行为方式、思想观念都能成为文化符号②，文化叙事常常借助符号传达意义。因此，创造中国特色的体育文化符号，展现中华传统文化是中国体育故事文化叙事的要义所在。但既往的体育文化叙事模式过多聚焦于符号及其意义的创造，忽略了符号意义的交流、理解和语境阐释③。例如，武术素有"国术"之称，今有"国粹"之誉，是中华优秀传统文化的代表符号。从应然层面上说，武术文化传播能有效促进受众的国家认同。然而，无论是国外受众，还是国内公众，对武术的理解往往局限于"中国功夫"。甚至在一些语境中，武术常被附着神秘、玄奥、强大等标签，甚至有时会被视为"故弄玄虚""不堪一击""花架子"，造成对武术文化的误读。加上近年来引爆网络舆论风潮的武术社会事件频发，使中国武术，尤其以传统武术为代表的强调技击作用与内涵的武术，饱受大众的指摘与质疑④，这削弱了武术文化传播促进国家认同的作用。造成上述局面的重要原因是对武术文化的语境阐释关注不够，因为文化的叙事效果一方面涉及文化符号自身与被表征物之间的复杂关系，另一方面又和特定语境中的交流、传播、理解和解

① 游迎亚，王相飞，宋菲菲．讲好中国体育故事提升国际话语权的价值维度与叙事策略［J］．武汉体育学院学报，2021（5）：12-19．
② 斯图尔特·霍尔．表征——文化表象与意指实践［M］．徐亮，陆兴华，译．北京：商务印书馆，2003．
③ 游迎亚，王相飞，宋菲菲．讲好中国体育故事提升国际话语权的价值维度与叙事策略［J］．武汉体育学院学报，2021（5）：12-19．
④ 陈新萌．中国武术舆论危机与困局的化解——基于知识史视角的问题开释与认识纠偏［J］．武汉体育学院学报，2021，55（10）：56-62．

释密切相关①。尤其是在目前传媒生态不断变革的背景下，各种文化符号及其意义通过各种不同的媒介生产出来，并以历史上从未有过的速度和规模在不同文化之间不断循环。若忽视了对中国传统体育故事语境的阐释及不同文化交流的语境，就极易导致文化叙事沦为独奏，难以获得他者的认同。

第六节　情感叙事在讲好中国体育故事促进国家认同中的积极作用有待进一步发挥

国家认同主要包括个人层面与国家层面。个人层面上更多地展现了个性、差异的"自我证明"和"自我预期"。从个人层面看，"具体的国家认同在很大程度上影响着一个人的各种行为和基本偏好"；从国家层面看，认同在经济激励上实现经济福利生产和再生产，制度组织上确定国家的符号边界②。中国体育故事能促进国家认同，但在故事的传播实践中，存在叙事偏差与传播不畅等困境③，致使中国体育故事未能完全发挥出其在促进国家认同中应有的作用。将情感叙事运用至中国体育故事的传播中，或是解决上述困境的可操作路径，从方法论上讲，"讲情感"是讲好中国故事的重要方法论之一，首先，从情感的作用方式看，情感能引起受众注意、参与受众认知并唤起其情感共鸣，这是情感服务于讲好中国体育故事促进国家认同的逻辑前提。蕴含情感的信息比不含情感的信息相对更容易引起受众注意，且情感影响受众的认知决策④，情感共鸣是个体间共同感的重要来源之一⑤。其次，从情感传播的特征看，情感传播具有行为的亲

---

① 斯图尔特·霍尔. 表征——文化表象与意指实践［M］. 徐亮，陆兴华，译. 北京：商务印书馆，2003.
② 金太军，姚虎. 国家认同：全球化视野下的结构性分析［J］. 中国社会科学，2014（6）：4-23+206.
③ 游迎亚，王相飞，宋菲菲. 讲好中国体育故事提升国际话语权的价值维度与叙事策略［J］. 武汉体育学院学报，2021（5）：12-19.
④ Poma A，Gravante T. "This Struggle Bound Us"：An Analysis of the Emotional Dimension of Protest Based on the Study of Four Grassroots Resistances in Spainand Mexico［J］. Qualitative Sociology Review，2016（1）：142-161.
⑤ 韦红，马赟菲. 论灾难外交中人类命运共同体的共同情感建设［J］. 2021（2）：163-172.

近性、情感的移情性和沟通的对话性①②③，建立在共情基础上的叙事内容及叙事方式，更可能被受众所理解和接受④。情感是认同的根基⑤，结合情感讲故事即情感叙事，其本质在于用语言文字等方式的共情传播唤醒受众情感，以情感激发共鸣并获得认同⑥。情感叙事有助于增强中国体育故事的表现力，使内容更加充实且更有说服力。在讲好中国体育故事促进国家认同的过程中，情感叙事能发挥积极作用。然而，在目前中国体育故事的传播实践中，情感叙事对促进国家认同的积极作用还未充分发挥，主要原因在于中国体育故事的情感叙事方式存在优化空间，以及中国体育故事的媒体叙事逻辑与"泛情绪化"的网络环境所带来的挑战。

一 中国体育故事的情感叙事方式有待优化，影响个人层面国家认同的建构

在全球化不断发展的时代背景下，国家认同正日益成为一个重要问题。互联网技术与社交媒体的发展消解了既往个体层面较为确定的空间边界和交往网络。随着物理边界的不断变化，民族国家这样较为稳定的组织载体被淹没在流动的现代性中。加之不确定性下风险的点、线、面增至泛滥，使得个人认同基础由本体性安全沦为本体性焦虑，而国家认同则遭遇认同主体上的模糊失范与客体上的无从参照⑦。所谓"本体性安全"，是指"对自然界与社会世界的表面反映了它们的内在性质这一点的信心或信任，

① 崔莉. 媒介之媒介：论电视情感传播的工具性价值 [J]. 现代传播（中国传媒大学学报），2010（9）：143-144.
② 李建军，刘娟. 辨析情感传播相关概念 [N]. 中国社会科学报，2020-03-23（3）.
③ 徐明华，李丹妮. 情感通路：媒介变革语境下讲好中国故事的策略转向 [J]. 媒体融合新观察，2019（4）：14-17.
④ 唐润华. 用共情传播促进民心相通 [J]. 新闻与写作，2019（7）：1.
⑤ 彭茜. 论国家认同的"情感转向"及其教育意蕴 [J]. 西北师大学报（社会科学版），2022（1）：69-79.
⑥ 徐书婕. 现实题材电视剧的情感叙事及其认同建构研究 [J]. 中国电视，2019（4）：54-58.
⑦ 金太军，姚虎. 国家认同：全球化视野下的结构性分析 [J]. 中国社会科学，2014（6）：4-23+206.

包括自我认同与国家认同的基本存在性衡量因素"①，是作为国家普通成员在国家生活中维持生计的底线。在这一背景下，个人层面的国家认同更多基于计算、批判、怀疑，于是理性主义与怀疑主义在认同危机中"大行其道"，而个体在国家认同的稳定性预期及如何走出认同危机方面便缺乏应有的考量②。中国体育故事有助于帮助个人走出认同危机，相比其他类型的中国故事，中国体育故事具有独特性，其政治、文化和外交属性使其在叙事上具有共通性和兼容性的天然叙事优势，对建构个人层面的国家认同具有重要价值。然而，回顾既往中国体育故事的相关传播，情感叙事的方式存在进一步优化的空间，表现为在既有的中国体育故事模式中，比较常见的是国家叙事和夺冠叙事。国家叙事属于宏大叙事，其以高度抽象和统一的国家意识形态为叙事内核③，强调集体意识和家国观念。这种叙事模式虽然在某种程度上能引发国人的情感共鸣，但很容易遭遇文化壁垒，落入"自说自话"的叙事困境，使中国体育故事在不同语境的传播过程中引发新的误读和偏见。此外，对 2022 年北京冬奥会中国运动员夺冠故事进行情感分析后发现，其未能很好地展示出国家"人文关怀"，影响夺冠故事中国家认同的建构。进一步说，中国运动员奥运会夺冠故事的情感叙事过于强调夺冠结果，围绕夺冠结果的价值进行叙事，忽略了对中国运动员奥运会夺冠所体现出"国家优越性"特点的探讨，影响了受众个人层面国家认同的建构。

二 "泛情绪化"环境下，体育叙事逻辑给国家关系层面的认同带来挑战

国家认同理论把认同视为一个区分内、外群体的过程。认同是个体归属的一种自我与他者的构建，通过辨识共同特征而归属于"我"国家，并

---

① 安东尼·吉登斯. 社会的构成：结构化理论大纲 [M]. 李康，李猛，译. 北京：中国人民大学出版社，2016：524.

② 金太军，姚虎. 国家认同：全球化视野下的结构性分析 [J]. 中国社会科学，2014 (6)：4-23+206.

③ 全燕. 从独白到复调：超越国家叙事的对外传播话语想象 [J]. 社会科学，2020 (7)：160-167.

同时产生"我"国家偏好和"他"国家偏见。个体通过实现或维持积极的
国家认同来获得心理安全保障,积极的心理安全保障则来源于"我"国家
与相关的"他"国家的比较①。通过这种比较,受众就可能会形成在国家
关系层面的国家认同。从这个层面来说,在中国体育故事的叙事过程中存
在被误读及"走出去易,走进去难"等现象。国家主流媒体是中国体育故
事的重要叙事主体,也是促进国家认同的重要载体,从情感叙事的角度来
看,主流媒体的媒介属性在"泛情绪化"的网络环境影响下,极易给国家
认同带来挑战。

　　从主流媒体的媒介属性来看,大众传媒内在逻辑削弱情感叙事强度。
在官方主流意识形态场域,就中国体育故事的叙事而言,中国体育故事经
常被附着较强的意识形态色彩。有研究发现,在中国体育事业"举国体
制"和大众消费社会的商业逻辑下,主流媒体报道经常成为国家意识形态
和商业营销的舞台,奥运冠军的报道传播不可避免会染上政治和商业色
彩。媒体的这种叙事逻辑可能会消解中国体育故事的多元性,使其遭到部
分受众的怀疑与误解,从而削弱情感叙事的强度。这种叙事逻辑虽在某种
程度上能促进公众在国家关系层面的国家认同,但也经常会造成情感能指
与所指的偏离。

---

① 金太军,姚虎. 国家认同:全球化视野下的结构性分析 [J]. 中国社会科学,2014 (6):
　　4-23+206.

第九章

新媒体环境下讲好中国体育故事促进
国家认同的策略

通过对新媒体环境下讲好中国体育故事促进国家认同的理论与实证研究，基于当前存在的诸如讲好中国体育故事促进国家认同的实践尚未形成完善的故事体系；体育故事过度采用苦难叙事和辉煌叙事，不利于全面、立体地建构国家认同；对外主流媒体促进国家认同的体育叙事中对同一性身份构建不足；数字化记忆书写下的中国体育故事存在话语撕裂带来的认同风险；对中国体育故事的语境不够重视，不利于发挥故事背景促进国家认同的作用；情感叙事在讲好中国体育故事促进国家认同中的积极作用有待进一步发挥等一系列问题，本章认为应从以下几个方面进一步完善叙事策略。

第一节 立足全球视野，形成促进国家认同的中国
体育故事多元叙事体系

讲好中国故事的战略需要围绕"文本""讲述者""聆听者"三个环节展开，建立中国本土叙事话语体系①，以此形成多元并存的叙事格局，才能向世界讲述全面、立体、真实的中国故事。

---

① 何竞，刘慧梅. 讲好中国故事："龙井问茶"之"问"的话语建构［J］. 河南大学学报（社会科学版），2022（5）：130-135+156.

一　"大—中—小"三层次体育叙事，创设国家认同语境

"文本"是重中之重，讲好中国故事首先要选好中国故事。讲好中国故事在内容维度上，要聚焦于大叙事—中叙事—小叙事三个叙述层次，形成多元的叙事内容体系。大叙事又称"元叙事"，是指在每一个时代占据主导地位的、具有合法化功能的宏观叙事。中国体育故事的大叙事多从国家命运、民族前途、社会变迁等角度出发，讲述以国家领导人和大型体育交流文化活动为主的故事，提升民众对体育精神、文化的认同。中叙事即中观叙事，是指讲述群众体育事业相关的故事，提升民众对体育物质文化的认同。小叙事是微观叙事，指着眼于一些具体的、多样性的、日常生活化的叙事，多从个性化的角度出发，是讲述中国老百姓的体育故事①。中国体育故事集多种精神符号、情感符号于一体，凭借小叙事真实、"接地气"的特性，通过温暖的表述将观众带入情感阈限之内从而产生国家认同。

新媒体环境下讲好中国体育故事要把握体育故事的叙事层次关系，将宏观、中观、微观层面的故事相结合。在宏观层面表现为中国体育故事与社会、国家的关系，在中观层面表现为中国体育故事与经济、文化的关系，在微观层面表现为个人之间的关系。这种立体的中国体育故事内容体系能够为受众打造共同的身份语境，而共同的身份能为不同民族提供相同的情感和心理基础，使不同民族、身份的群体都能感受到自己是社会整体成员的一部分或者一员，促进不同民族间的融合，加深彼此的包容和理解，打破异质性要素对彼此交往造成的壁垒②，从而传播中国声音，促进国家认同，增强国际影响力与吸引力。

二　官方与民间的多元话语生产与互动，拓宽促进国家认同的渠道

习近平总书记指出："讲好中国故事，不仅中央的同志要讲，而且各级领导干部都要讲；不仅宣传部门要讲、媒体要讲，而且实际工作部门都

---

① 陈先红，宋发枝."讲好中国故事"：国家立场、话语策略与传播战略［J］. 现代传播（中国传媒大学学报），2020（1）：40-46+52.

② 张军. 民族互嵌式社会结构的意义、特征及生成路径研究［J］. 烟台大学学报（哲学社会科学版），2017（6）：81-90.

要讲、各条战线都要讲。"① 新媒体环境下中国体育故事的叙事者应包括从政府到组织、个体，从精英到草根。

一是官方话语。政府是对外传播系统中的政策与行为规则制定者，是国家话语体系中的重要传播者，通过对叙事权、表达权和舆论引导权的掌握，起到引领对外话语方向的作用。官方话语的对外传播更容易获取受传国政治精英的认同，提升政治认可度。在新媒体环境下中国体育故事的话语体系建设中，官方对外话语应充分发挥官方话语议程引领和设置的作用，紧扣广受国际社会关注的热点、焦点问题，提炼标识性概念，加强术语管理，提升对外话语议程设置和议题控制能力，增强官方话语的国际传播力和影响力。

二是民间话语。"国之交在于民相亲，民相亲在于心相通"。在当前传播主体多元化的情况下，社交媒体逐渐成为信息传播的重要渠道，民间声音的影响力日益扩大。因此要提升讲好中国体育故事促进国家认同的效果，可以借助民间话语的灵活性强、可信度高等特点，以真实情感拉近与受众的距离，弥合官方话语的不足，丰富中国体育故事话语体系的层次。特别是随着媒介终端的社交化、智能化、移动化发展，民间话语日益成为参与国际传播与话语交流的重要力量。应充分发挥民间话语的优势，统筹民间传播力量，为国内外受众了解中国体育故事提供多样化话语，尤其需要激发与体育故事息息相关的主体利用新媒体平台传播中国体育故事的行为意识。引导体育事件、体育赛事的旁观者，参与正能量体育故事的传播，包括中国女排故事、中国奥运冠军故事、中国传统体育故事和中国民间体育故事等。同时，针对民间话语碎片化、分散化的特点，积极探索政府引导、官方和民间话语相结合的对外传播机制②。

讲好中国体育故事就是要紧跟时代潮流，满足受众的心理需求，适应分众化、差异化的传播趋势，形成官方与民间相结合、传统与现代相结合、专业与业余相结合的"传播矩阵"，构建讲好中国体育故事的大格局，

---

① 把中国故事讲得愈来愈精彩 让中国声音愈来愈洪亮（习近平讲故事）［EB/OL］.［2021-03-18］. http://politics. people. com. cn/n1/2021/0318/c1001-32054103. html.

② 王晗，赵琳. 新时代中国共产党国际传播能力建设的话语建构与叙事转向［J］. 聊城大学学报（社会科学版），2022（5）：86-94.

最终起到塑造民众国家认同的思想意识、价值取向、思维方式和道德情操的作用，实现国家认同意识的最大化。

三　讲述"在地化"中国体育故事，构建国际维度的国家认同

体育可以作为国际通用性语言，大型体育赛事具有世界范围的高关注度，是讲述中国故事的重要场景。但讲述中国体育故事的过程中，会因文化语境不同、叙事体系不同甚至是立场不同，不可避免地存在传播不畅的问题①。因此要凝练概括出一套融通中西、适应南北的新范式、新概念、新范畴来有效、科学地表述当代中国体育故事，既要使新概念、新范畴符合中国实际，具有鲜明的中国特色，又要与西方主流话语体系、表达方式相连接，生产国外受众愿意听、听得懂和听得进的话语。

各类媒体要加快"走出去"步伐，实施海外"在地化"战略，更加精准地定位中国体育故事的传播内容和传播对象，以符合国外受众语言特点和使用习惯的方式讲好中国体育故事，尽力做到中国故事叙事的"在地化"语义表达，实施国际分众传播策略，提高国际传播的精准性。要探索中国体育故事对外传播的新方式、新方法，根据传播对象群体所在区域和国家及时调整和优化对外传播策略，主动议程设置，提升中国体育故事国际传播的实效性。讲述中国体育故事要特别注意与受众地文化的契合，多运用以小见大等跨文化传播技巧和策略，讲述真正让当地人感兴趣的中国体育好故事。采用与当地文化的融合策略讲述中国体育故事，不仅可以让当地受众更容易接受和认同，且可以体现出中国作为大国的包容与博大，消除因为文化的冲突可能带来的对外传播阻隔②。

第二节　形成中国体育故事的全球表达，讲好"世界的中国体育故事"

当下，受制于中国与外部世界话语体系的差异、故事讲述方式的单一

---

① 张铤. 讲好中国故事的时代价值与传播策略［J］. 中国出版，2019（13）：54-57.
② 郑珊珊. 北京冬奥：讲好中国体育故事［J］. 人民论坛，2021（33）：83-85.

等结构性因素，中国体育故事的国际认同明显不足①。讲好中国体育故事，促进国家认同要兼顾国内外语境、受众差异、文化差异。采用苦难和辉煌叙事对内能够获得国家认同的情感基础，具有一定的适用性，但在多元语境中讲述中国体育故事促进国家认同的过程中，应尽可能避免过度的苦难叙事和辉煌叙事。需要形成中国体育故事的全球表达，避免采用具有过度政治色彩的表达方式。应将中国体育故事视为世界体育故事的一部分，共同打造人类命运共同体。

一 基于全球化视角讲述中国体育故事，促进国家认同

西方体育不能代表世界体育，中国的也是世界的、中国的就是世界的。中国体育故事要在全世界获得皮尔斯"共同解释项"的意义，需要实现中国体育故事的文化与价值汇通，在国际传播中坚持中国体育故事原型，体现中国情感与世界共通的价值观。新媒体作为主流媒体的补充，通过视听者的视角以"体验者"身份拉近与海外观众的距离，有利于以平等的姿态给海外受众带来沉浸式的体验并使其了解中国体育发展的历史与成就。这一过程中，不仅要肯定现代体育带给中国的变化，展现中国体育为世界体育发展作出的贡献，也要适当呈现存在的不足，以全面、真实、立体的方式将中国体育故事转化为被全世界所接受的世界故事。通过历史故事促进海外观众对中国体育和中国的了解、理解，通过成就故事形成激励全世界的示范效应。新媒体环境下更应该避免过度地以政治宣传和自我情感观照为目的的宏大叙事，在话语表达上应通过满足海外观众的需求，助推其对中国体育的想象升级，以中国体育故事带动中国体育的价值传递、形象塑造和国家认同。同时，在国际传播中确立中国体育故事全球表达的故事内核，基于全球化视野，在新媒体空间以平等、互通的叙事策略实现对主流媒体宏观叙事的补充，以达到传播者和接受者在认同上的契合。

---

① 卢兴，郭晴，荆俊昌.中国体育故事国际传播的显性要素与隐序路径——基于国际视频网站 YouTube 的叙事认同研究 [J].上海体育学院学报，2021（5）：1-9.

二　规避国家体育辉煌叙事的局限性，促进国家认同

对外主流媒体在传播中国体育故事的过程中，应避免以辉煌叙事为主和以宣扬"自我"为主的国家体育叙事观。不仅要借助奥运会、世锦赛、冬奥会等国际大赛宣扬中国体育事业发展所取得的成就，确立中国体育发展道路的合理性，实现对内凝聚民心，更要意识到竞技体育之所以被世界所接纳，在于人类认同其"更高、更快、更强、更团结"的精神。竞技成绩并非所有参与者、观众所能获得的，但是精神对于每一个人都具有示范效应和感召价值。因此，对外主流媒体在讲述中国体育故事的同时，既要发挥辉煌成就的影响力，更要借助体育精神等人类共有价值，生成中国体育故事。无论是对冠军运动员还是非冠军运动员，健康运动员还是残疾人运动员的叙事，都可以将体育叙事的落脚点聚焦到体育精神的内涵上来，实现在自我观照民族情感的同时，通过中国体育故事中的体育精神影响他人，从而使中国体育故事获得更广泛的国际认同。

第三节　对外体育叙事中凸显同一性身份修辞，强化国际认同

新媒体环境下，讲好中国体育故事促进国际认同，需要对外主流媒体意识到国家叙事的自我性，以全球性修辞重塑中国体育叙事。

一　将全球性修辞作为中国体育叙事的修辞自觉，促进同一性身份建构

使用海外新媒体的中国组织用户以主流媒体为主，且具有明显的官方背景。国家作为中国体育故事形式上的"自我"，要与海外广泛的受众拉近距离，采用"同一性"修辞生产中国体育故事。在满足海外受众对中国特有属性的体育故事好奇心的同时，还应该将同一性作为一种传播策略，在突出中国体育发展特色的同时，更多地使用"我们""全世界""人类"等全球性修辞，生成彰显世界大同、人类命运共同体理念的体育故事，从而拉近与海外受众之间的距离，确立中国体育故事与世界体育故事的"相

同之处",将中国体育故事类化为世界体育故事,从而成为人类共同的故事。今后的国际传播中,通过体育促进中国国际认同的叙事中,需要更多地传递人类命运共同体理念,强化同一性思维,并将其作为一种修辞自觉融入中国体育故事,促进世界同一性的建构。

二 重视体育精神的世界同一性,提升中国体育故事的国际认同

世界的中国体育故事,是全球共同关注的议题在中国体育领域的具体体现。一国对于全球公共议题的落实往往能够直接影响其在世界其他国家政府、媒体、社会组织、民众心中的形象,也直接关系一个国家的国际认同度,例如气候变化、公共卫生防疫、生物多样性、贫困等。讲好中国体育故事需要遵循创意、生产、传播、消费的故事全生态逻辑①,利用新媒体的亲民性,接地气的情感表达,提升体育故事的可接受性,以讲故事的方式将中国体育的深度体现出来,淡化政治目的、价值输出和道德教育。另外,还需注重世界受众的情感观照,将中国体育故事作为世界体育故事的一部分,通过中国体育故事实现关怀全球公共议题的人类共同理想,强化"全人类"意义上的中国体育故事创意与生产,例如女性权益、人权保障、贫困等议题。比如可以借助新媒体平台对 2020 年东京奥运会期间朱婷维权事件进行持续的传播,讲述中国体育维护女性权益的故事;以中国优秀运动员的学习生活经历,讲述中国维护运动员教育权益的故事;以中国运动员创业经历,讲述促进运动项目推广和体育产业发展的故事。以故事创意为基础,将显性的中国体育故事置于世界视角下,结合全球公共议题,生产和传播全球受众所感兴趣的中国体育故事,才能实现消费者对隐含的中国体育故事价值的接受,最终提升中国在世界上的认同度。

第四节 引导数字化实践下的体育叙事,规避社群文化、
    "粉丝"文化带来的国家认同风险

在中国体育故事的数字化实践下,消解话语撕裂带来的舆论风险,夯

---

① 解学芳,祝新乐.新全球化时代基于区块链的中国故事传播:技术赋能与范式创新 [J].
同济大学学报(社会科学版),2022(3):46-60.

实国家认同基础，既需要坚持党的二十大报告强调的"建设具有强大凝聚力和引领力的社会主义意识形态"，加强主流媒体对意识形态的引领，还要在网络圈层中发挥意见领袖的影响力，从圈层内外规避社群文化、"粉丝"文化带来的国家认同风险。

一　进一步发挥主流媒体在促进国家认同中的体育叙事引导作用

以专业性、权威性的主流媒体叙事引导新媒体环境下中国体育叙事的方向，充分发挥体育促进国家认同的价值。新媒体环境下，主流媒体和新媒体在形成数字化体育记忆中有各自的优势。新媒体环境下人人都是中国体育故事的传播者，需进一步发挥主流媒体的专业性、权威性优势，发挥其对社会舆论的引领作用，从而提升网络空间的话语权，回应撕裂的焦点问题，净化国家认同的空间生态。主流媒体可以进一步加强自身话语能力建设，提升专业的中国体育故事内容生产能力，阐释中国体育故事的时代价值。在书写中国体育故事的过程中坚持正确的舆论引导，通过体育故事设置主流意识形态相关的议题，坚持以国家认同建构为导向，走好群众路线，传递专业的新闻、体育故事产品，例如可以在新媒体平台生成专业的短视频、照片、系列视频等中国体育故事集。同时在体育公共事件中，主动把握体育领域舆论走向，迅速回应体育领域意识形态问题，从而发挥主流媒体在促进国家认同中的作用。

二　利用好意见领袖在体育故事讲述中赋意国家认同的价值

在社群文化和"粉丝"文化圈层内鼓励意见领袖为体育故事赋意，发挥其在国家认同建构中的价值。新媒体"趋同排异"的算法造就了很多互联网亚文化圈层，而在各自的圈层中，意见领袖往往具有一定的舆论引导力。"网络意见领袖"因其在社会地位、职业身份等个人属性方面存在优势，而在短时间吸引大量的粉丝关注，其言论会被迅速关注，能够对其他人的看法、观点、行为产生深远影响①。例如热门体育博主黄健翔拥有

---

① 祝阳，张汝立."网络意见领袖人"与"网络意见领袖帖"的概念及内涵分析［J］. 情报杂志，2016（6）：70-74+143.

2279 万个粉丝，签约快手、抖音等新媒体平台。他们构成中国体育故事信息的重要来源，并能左右多数人的态度倾向①。新媒体环境下，可以进一步发挥意见领袖在社群和粉丝群体中意见扩散、影响力辐射的重要角色作用②，借助其影响力在其圈层内为中国体育故事赋予正能量的话语含义，为主流意识形态赋意，推动中国体育故事由表层传播向构建国家认同深层价值上转化，以塑造民众国家认同的思想意识、价值取向、思维方式和道德情操。此外，从技术、题材、调性把握来看，网络意见领袖具有明显的社群和主题互动特征，借助团队或者商业模式支持能够保证内容更新的连续性。相较于普通个体，网络意见领袖传播的内容更具整体性，更具影响力，故事更具内涵和价值。为此，讲述中国体育故事不仅是对大型体育赛事、体育事件以故事的形式输出，可在一定范围内，鼓励体育领域的"大V""网红""名人"等意见领袖利用其公共或私人平台强化体育故事中的国家认同价值观，使他们成为中国体育故事的讲述者和国家认同的促进者。

第五节　重视中国体育故事的语境，进一步发挥背景叙事在促进国家认同中的作用

个体形成国家认同的充分必要条件是其发现与国家集体内的个体存在契合点，若个体能够寻找到该契合点，就可能在心理上认为自己归属于该国家集体，意识到自己具有该国成员的身份资格。在有他国存在的语境下，构建出归属于"某国"的"身份感"，将自己放置在该国家的范畴中，即国家认同③。

---

① 陈绍博，杨帅，廖文．网络意见领袖的特征分析及引导策略［J］．领导科学论坛，2022（4）：85-87+107.
② 徐翔．社交网络意见领袖的内容特征影响力及其传播中的趋同性［J］．上海交通大学学报（哲学社会科学版），2021（2）：89-104.
③ 苏晓龙．浅论中文语境中的国家认同［J］．科学社会主义，2008（6）：76-79.

一　讲述中国体育故事时，注重讲好普通人日常体育故事及其故事背景

更好地促进国家认同，离不开对普通人日常生活的关注和共同情感的建构。相比较为宏大的体育故事，日常生活故事正因为来自"日常"，更容易被绝大多数人理解，进而产生共情乃至认同。因而，发掘普通人日常生活中多样的体育活动，向受众讲述中国多元化的体育故事，是进一步促进国家认同的可行路径之一。首先，坚持从中国体育故事传播的整体立场出发，避免中国体育故事过度精英化。应加强故事传播的开放性，关注中国普通人多样且富有创造性的体育生活，以实现价值汇通①。在中国几乎每种体育项目（无论是不是奥运项目）都有众多的参与者，尤其是"非专业""非职业"的参与者。比如，即便是经济门槛较高的马术运动，中国也有 2160 家俱乐部（截至 2019 年 8 月 31 日）②。在人口如此庞大的普通人体育生活背后不乏大量的中国故事，它们值得也应该被"讲出去"。应充分利用社交媒体等新媒体平台，通过短视频等全媒体形态，采取受众熟悉的表达方式来讲好中国普通人的日常体育故事，使其纳入更多受众的认知地图中，为国家认同的建构提供认知基础。其次，在讲述普通人日常体育故事时，应注重刻画其故事背景。因为这是促进受众对普通人日常体育故事理解的前提条件。背景性信息是促成行动的主要原因，"行动者的知识是通过长期实践而积累起来的经验知识，亦即实践定义中的背景性信息，正是这一要素推动行动者采取某一种行动而非另外一种行动"③。有了背景性信息，人们才能对某种存在的事物加以理解，才能对某种外在的事实作出充分诠释。因此，在讲述普通人日常体育故事时，要注重挖掘故事的背景及所要表达的主题，以人类关怀、世界视野促进价值共享、情感

---

① 卢兴，郭晴，荆俊昌. 中国体育故事国际传播的显性要素与隐序路径——基于国际视频网站 YouTube 的叙事认同研究［J］. 上海体育学院学报，2021（5）：1-9.

② 中国马术俱乐部数量 2019 年增长 17%［EB/OL］.［2020-01-07］. https://www.bbtnews. com.cn/2020/0107/331280.shtml.

③ 秦亚青. 行动的逻辑：西方国际关系理论"知识转向"的意义［J］. 中国社会科学，2013（12）：181-198+208.

共鸣。

二 优化中国体育故事的文化叙事模式，强调符号意义的语境阐释

在通过中国体育故事进行体育文化叙事时，应逐渐从单一独白形式转向复调话语模式①，强调意义的共同建构与符号意义的语境阐释。以武术文化传播为例，想摆脱当前的困境涉及对武术的文化定性。武术发展也伴随着文化的发展，武术的文化意涵离不开社会进步，中国武术一旦上升到文化层面，就开始由"武术"到"武学"转变。以人为始，围绕人生存的衣、食、住、行及其发展的观念、思想与意识等文化内容，强调武术文化背后意义的语境阐释，可通过对武术的具体动作、招式与技法的讲解，钩沉其历史，理解具体动作演变的历史缘由。在进行体育文化叙事时，应注重对特定体育项目的演进历程进行强调，提高相关故事的可信度并增强趣味性，以激发更多受众的兴趣。另外，应在注重对本土体育文化符号的创造的同时，如"女排精神""乒乓球"等，注意符号意义在不同文化语境中的阐释与理解。比如，虽然"中国女排精神"符号是目前本土文化符号较为成功的典型，但其叙事仍有进一步优化的空间。除了关注女排文化的拼搏精神、集体主义和家国情怀，还应关注其形成过程中我国与不同语境国家的经验互鉴，以及赛场上不同语境运动员的共同参与和彼此成就，通过叙事话语意义的相互交流和共同阐释②，更好地发挥体育文化叙事的效果，促进国家认同。

第六节 以讲情感强化共识、共鸣与共情，形成体育故事与情感对国家认同的累加效应

情感叙事包含的个人结构特征和社会现实性正是国家认同在个人层面和国家层面一体两面的内涵体现。因此应通过讲情感强化共识、共鸣与共

① 全燕.从独白到复调：超越国家叙事的对外传播话语想象［J］.社会科学，2020（7）：160-167.
② 游迎亚，王相飞，宋菲菲.讲好中国体育故事提升国际话语权的价值维度与叙事策略［J］.武汉体育学院学报，2021（5）：12-19.

情，形成体育故事与情感对国家认同的累加效应。可以通过感性叙事构建公民个人层面的国家认同，以及通过理性情感叙事构建公民关于国家关系层面的国家认同。

一　通过中国体育故事的感性叙事构建个人层面的国家认同

情感对个人意义的主观体验包括两个方面。其一，每个人的情感总是基于自己过去的历史是一种"库存性情感"；其二，每个人的情感总是源于个人所处的当下环境，是一种"场域性情感"①。中国体育故事中对于公民个人层面的国家认同构建主要从库存性情感叙事和场域性情感叙事两个层面展开。

（1）讲述中国体育故事时通过库存性情感叙事构建国家认同。一方面，可以通过中国体育故事的库存性情感唤醒情感记忆，构筑国家认同的共识基础。情感记忆是一种能量转换器，蕴含着强烈而巨大的能量，会在特定的场景或语境下被唤醒和激活，迸发强大的能量。通过库存性情感叙事可以把这些能量转换为意识形态认同的积极力量，也可以缓和消极的意见冲突，将情感记忆中蕴含的能量储备导向权力所期待的方向，转化成一种建构共识、巩固认同的能量，进而实现特定的意识形态目标②。中国体育故事是传播中华传统体育文化、体育精神和体育道德价值观念的一种中国体育历史记忆形式③。通过中国体育故事中的库存性情感叙事，共同体成员之间能够通过软性的情感力量来调适和弥合差异，为最终形成精神追求和价值观念的共识搭建桥梁，而这些共识最终会促进共同体的内部团结，强化公众的国家归属感。

另一方面，可以通过中国体育故事的库存性情感重构情感记忆，延续历史意义链。国民对于中国体育故事的情感记忆不是一成不变的，而是不

---

①　郭景萍.试析作为"主观社会现实"的情感——一种社会学的新阐释［J］.社会科学研究，2007（3）：95-100.

②　赵爱霞，左路平.论文化记忆及其意识形态功能［J］.思想教育研究，2022（2）：80-86.

③　沈晶，王千慧.新时代高校体育课程思政"讲好中国体育故事"的价值意蕴与实践路径［J］.体育教育学刊，2022，38（5）：46-50.

断与时俱进更新变化的。通过讲情感可以唤起辉煌记忆，能激活国民心中的荣耀感，创伤记忆亦能激活耻辱感，借此共同建构国家认同。"创伤记忆"可以形成一种激发民众为国奋斗的情感叙事，潜移默化地使国民将个人的奋斗和祖国的发展建立起一种紧密的关联，促进认同的形成。

（2）讲述中国体育故事时通过场域性情感叙事构建国家认同。"场域性情感"可理解为身处"场景"中的人们的"即时性"情感，具有较强的情感能量。"场域性情感叙事"往往是叙述者借助一定的情景表达在这种场景下的情感，使受述者在相同的场域下通过"情绪传染"引发共情。中国体育故事中的场域性情感叙事主要存在于比赛场域内外。两种场域性的情感叙事协同发挥作用，能够增强受众对于国家认同的广度、深度和效度。

一方面，可以通过比赛场域内的情感叙事促进国家认同。格莱德斯坦于1983年提出了共情双成分理论，认为共情包含情绪共情和认知共情两种成分[1][2][3][4]。中国体育故事中的场域情感叙事是一种从情绪共情（移情关心）转换到认知共情（观点采择）的方式。中国运动员在赛场上无论是否夺冠，国民都会根据他们的表现及情绪作出相应的反应，把运动员们的情感同化到自己的身上，内化为国家荣辱感。此外，体育赛事中的颁奖仪式，以奏国歌、升国旗的形式把运动员的个人成就同国家和民族的荣誉紧密联系在了一起，也能够建构"想象的共同体"。通过颁奖仪式场域的情感叙事，"分化的个体"在这场颁奖仪式中找到相互连接的身份纽带，投射共同的精神情感与价值信仰，寻找到社会群体的认同，加深对身份、民族的归属感[5]。

① Decety J, Lamm C. Human Empathy Through the Lens of Social Neuroscience [J]. Sci World J, 2006 (6): 1146-1163.
② Decety J, Michalska K J, Kinzler K D. The Developmental Neuroscience of Moral Sensitivity [J]. Emot Rev, 2011 (3): 305-307.
③ Huang H Q, Su Y J. The Development of Empathy Across the Lifespan: A Perspective of Double Processes (in Chinese) [J]. Psychol: Psychol Dev Educ, 2012 (28): 434-441.
④ 黄翯青, 苏彦捷. 共情的毕生发展: 一个双过程的视角 [J]. 心理发展与教育, 2012 (28): 434-441.
⑤ 孙菲. 从空间生产到空间体验: 历史文化街区更新的逻辑考察 [J]. 东岳论丛, 2020 (7): 149-155.

另一方面，通过比赛场域外的情感叙事促进国家认同。"体育强则中国强，国运兴则体育兴。"体育是国家实力的象征、国民健康程度的标尺、国家文化强盛和国家影响力的标志、现代经济的增长力来源之一，体育发展水平可以体现民族的精神状态①。通过比赛场域外的情感叙事，把中国体育故事中主角的个人成功故事延伸到国家背后的付出，有利于公众真切地感受、理解国家的教育、培养理念，使公民个人思想与国家理念在一定程度上达成共识，给予国家认同以有利的生成环境。

二　通过中国体育故事的理性叙事构建国家关系层面的国家认同

当叙述者的叙事倾向从感性转向理性，视角从关注受众的个人情感世界进一步扩大到关注社会情感世界的时候，受众的情感世界便又多了一层结构。在这个领域中，人与人的情感世界相遇并互动，相互作用的结果总是表现出一种合纵连横的集体力量②。通过理性叙事讲述中国体育故事，主要体现在对国家关系层面的关注上。通过理性叙事讲述中国体育故事，能够让受众对自己所属的国家实现一种由感性国家认同到更高级的理性国家认同的思维转变。具体的叙事思路是，首先对"自我"与"他者"的身份进行区分，建立国家异同感与立场感，然后基于我国构建"人类命运共同体"的倡议，构建作为"负责任大国"的国家理想感。

（1）借助中国体育故事中的"自我"与"他者"开展情感叙事，构建国家认同。在主体间的国家关系对照中，"他者"是构建、界定和完善"自我"的必要手段③。对中国体育故事中的"自我"与"他者"进行情感叙事，能够通过相对身份假设，形成国际比赛中的国家异同感，唤醒并强化"自我"的共同感与一体感，明晰国家身份归属，提升国家认同。认同本质上是个比较性的概念，产生国家认同的前提为有他国存在。对"自我"与"他者"开展叙事，能够使受众感受到自己有某些特殊的属性与他

---

① 张胜，焦德武. 体育强国梦与中国梦息息相关 [N]. 光明日报，2019-11-18 (16).
② 赵爱霞，左路平. 论文化记忆及其意识形态功能 [J]. 思想教育研究，2022 (2)：80-86.
③ 张鑫. 新世纪以来 BBC 拍摄的中国题材纪录片中中国形象的呈现与分析 [D]. 济南：山东大学，2017.

国国民不一样，这些不同给予了受众一种"我是谁"的身份感。自我在情感上或行为上与他人在心理上趋同、联结，导致了个体与个体、群体与群体抑或个体与群体之间的交往中所产生的异同、归属或离叛①。采用情感叙事讲述中国体育故事中的"自我"与"他者"，能够使公众基于群体内和群体外的异同，将自己归属或区别于某一群体，并从认知、情感和行为上获得群体内的积极情感力量。

（2）借助中国体育故事开展情感叙事，传递人类命运共同体理念，构建国家认同。在感知到"自我"与"他者"的差异性后，采用中国体育故事中人民友善、国家友好方面的情感叙事，使受众通过对健康国家交往关系的思考来感知所属国家的理念，从而产生理性的爱国意识以及胸怀大局的情怀。国家立场与国际立场是可以统一起来的，如果没有国家立场，国际立场就失去了根基；如果没有国际立场，国家立场就会变得非常狭隘；过分强调爱国主义容易导致狭隘的民族主义倾向，需要以国际主义的博大胸怀加以平衡②。国家认同并不能只强调中国发展的"一枝独秀"，而是应强调大国担当和胸怀天下的正义感、责任感和使命感③。因此，通过情感叙事传递中国体育故事中的"人类命运共同体"理念，既能诠释奥林匹克精神的重要内涵，也体现了中国作为一个负责任大国，从世界整体出发主动承担国际责任，让国民以及全世界看到了中国气派、中国风范。

---

① 陈新．人民主体性视阈下中华民族共同体认同构建［J］．中南民族大学学报（人文社会科学版），2021（9）：20-26.
② 郑小九．奥林匹克运动与爱国主义精神［J］．思想政治工作研究，2008（8）：22-24.
③ 何生海．习近平关于国家认同重要论述初探［J］．北方民族大学学报，2020（1）：5-13.

第十章

结论与研究不足

第一节　主要结论

第一，讲好中国奥运故事，促进国家认同——以抖音短视频平台为例。结合数字叙事理论，采用内容分析法，以抖音平台讲述的中国奥运故事为例，探究其构建国家认同的叙事策略。研究发现：在符号方面，叙事者主要通过语言与图像互文，呈现中华文化意涵和体育发展成效，凝聚共同体意识；在语义方面，通过刻画运动员克服逆境和国家参赛历史，构建共通的价值认知和记忆，强化情感认同；在情境方面，通过对人称和镜头的运用，构建身份同一的叙事情境，促进国家身份认同。但仍存在诸如缺乏数字转译的可视化语言呈现；过度渲染民族情绪易引起；同一性身份构建等不足，影响国家认同构建。建议短视频平台运用图像化叙事语言，展现赛事成绩和中华文化，强化形象认知与文化认同；深化全球与国家视角下叙事，促进情感认同；注重同一性身份叙事，优化叙事体验，促进身份认同。

第二，讲好中国运动员奥运会夺冠故事，促进国家认同——以人民网讲述的 2022 年北京冬奥会夺冠故事为例。从国家认同的层面出发，对 2022 年北京冬奥会中国运动员夺冠故事的不同结构进行具体情感分析，探究其使用的情感叙事策略及其对国家认同的促进。发现夺冠故事的语境部分以优异成绩和伤病背景，展现热爱效忠之情，建构忠诚感；行动部分以完美表现，激发民族自豪感，建构异同感和归属感；结果部分以金牌价值和赛后感慨，引发情感共鸣，激发受众忠诚感。但也在一定程度上因缺少对具有亲和力内容的体现、缺少对国家人文关怀的展示、缺少对具有积极指向的"国家优越性"的描述，不利于受众形成高层次的国家认同。未来进一步以情感叙事讲好中国运动员奥运会夺冠故事，促进国家认同的实践中，可以在语境部分，注重对夺冠运动员"中国式"背景的描述，以情感认同强化受众归属感；在行动部分，协同积极情感与消极情感叙事，强化忠诚感激发异同感；在结果部分，以积极情感叙事关联国家与社会，突出理想感和立场感。

第三，社交媒体讲好中国女排故事，促进国家认同。运用叙事理论，从故事层次、文本层次和叙事行为层次构建社交媒体讲好中国女排故事，促进国家认同的研究框架。以抖音、快手、小红书、B站平台中274个女排相关视频和对应的国家认同相关评论为研究对象。采用可解释性机器学习技术、定性比较分析法，对影响国家认同建构的相关条件变量及其组态路径进行探索。研究发现：中国女排故事的表达主体、推送设置、故事主题等8个条件是影响用户国家认同建构的主要因素，但单一条件并非影响国家认同建构的必要因素。从条件组合来看，可以归纳为官方价值建构型、专业解读互动型、个人实时分享型3条促进国家认同的组态路径，且分别对应官方叙事者、专业个人叙事者和普通个人叙事者3类叙事者。由此，对不同叙事者提出启示：持续发挥官方叙事者高组织化优势，在叙事中注重对女排精神的价值引导；增进专业个人叙事者关于女排题材的挖掘和阐释能力，推动女排记忆在社群中延续，增进国家情感；引导普通个人叙事者基于个体体验，积极书写对中国女排的正面认知。

第四，讲好"双奥之城"北京故事，促进国家认同。基于视觉叙事分析理论，从人际意义、概念意义和组篇意义三个方面，对抖音短视频平台"双奥之城"北京故事的视觉叙事与国家认同的建构进行分析，发现"双奥之城"北京故事在人际意义层面主观视角与异化表征较少，不利于以情感促进认同；在概念意义层面转喻表征较少，弱化了象征符号对建构国家认同的作用；在组篇意义层面投射关系较少，影响"双奥之城"北京故事国家认同价值的凸显。基于此，提出短视频讲好"双奥之城"北京故事促进国家认同的视觉叙事策略，即人际意义层面，适当加大主观视角和异化表征比例，激发受众国家自豪感；概念意义层面，以转喻表征展示国家集体象征符号，唤起受众共同体意识组篇意义层面，以投射关系体现"双奥之城"北京故事的国家意义，塑造受众的国家荣誉感。

第五，讲好中国体育故事，建构国际认同。中国体育故事存在国际认同不足等困境，如何基于文化陌生感的语境建构中国体育故事跨文化传播的国际认同，是亟待思考的现实议题。本书以共情传播理论，指出中国体育故事中的共情元素、共性历史、共同诉求和共通价值，为跨文化传播中建构国际认同提供了共情可能。并以国际认同的建构为导向，构建了中国体育故事在跨文化传播中的共情传播模式，认为承载不同价值观、不同主题的中国体育故事，在相应的跨文化传播场域，能够经由共情传播建构国际认同。本书基于这一模式提出了中国体育故事跨文化传播中建构国际认同的路径：提炼中国体育故事与世界的共情元素，消解认知偏差；从平民视角和他者视角讲述中国体育故事，强化情感认同；强化中国体育交流故事传播中的聚合效应，以共识促认同。

第六，国家级主流媒体讲好体育外交故事，促进国际认同。运用数字共通理论，以 YouTube 平台中《人民日报》《中国日报》以及新华社和中国国际电视台讲述的 79 个体育外交故事为研究对象，采用可解释性机器学习技术和定性比较分析法，围绕共享、共鸣和共通 3 个方面，探究影响国际受众认同建构的叙事因素及组态路径。研究发现：国家级主流媒体讲述体育外交故事的传播受众规模、平台规模、活跃度等 9 个条件是影响用户认同程度的主要因素，并可以进一步归纳为多元主题型、实时呈现型和情感建构型 3 条路径。这给我们带来如下启示：围绕各类体育外交活动，开展分众化叙事，实现多元群体的认同建构；借助国际体育赛事平台，注重个体中外交流中的体验性叙事，深化国家形象认同；运用多模态方式增强共情叙事效果，以此隐喻体育外交理念，促进价值认同。

第七，中国对外主流媒体讲好传统体育故事，促进国际认同——以中国国际电视台（CGTN）为例。讲好中国传统体育故事是对外弘扬中华优秀传统文化，提升中国传统体育文化国际传播能力，促进国际认同的有效方式。中国对外主流媒体是讲好传统体育故事，促进国际认同的重要主体。本书以 CGTN 对外讲述的中国传统体育故事为研究对象，结合修辞认同理论，探讨构建国际认同的修辞策略。研究结果显示，CGTN 讲述中国传统体育故事过程中，通过刻画血缘和业缘关系，构建同情认同；通过讲述故事人物克服困难，构建对立认同；以同一性身份修辞构建无意识认同。同时，也存在"他者"视角下的传统体育叙事较少；缺乏对全球视野下共通问题的呈现；群体身份指示词的运用不足等问题。由此建议，中国对外主流媒体可以优化中外视角下的叙事，凸显具有共同体验的传统体育要素；注重以个人与全球视角增进受众对传统体育的价值认知；注重同一性身份修辞，协同多主体间关系，从而促进国际认同构建。

第八，针对新媒体环境下讲好中国体育故事促进国家认同中存在的问题，即讲好中国体育故事促进国家认同的实践尚未形成完善的故事体系；体育故事过度采用苦难叙事和辉煌叙事，不利于全面、立体地建构国家认同；对外主流媒体促进国家认同的体育叙事中对同一性身份构建不足；数字化记忆书写下的中国体育故事存在话语撕裂带来的认同风险；对中国体育故事的语境不够重视，不利于发挥故事背景促进国家认同的作用；情感叙事在讲好中国体育故事促进国家认同中的积极作用有待进一步发挥，提出未来新媒体环境下基于讲好中国体育故事促进国家认同的实践中，可以从以下几个方面进一步优化媒介叙事：立足全球视野，形成促进国家认同的中国体育故事多元叙事体系；形成中国体育故事中的全球表达，讲好"世界的中国体育故事"；对外体育叙事中凸显同一性身份修辞，强化国际认同；引导数字化实践下的体育叙事，规避社群文化、"粉丝"文化带来的国家认同风险；重视中国体育故事的语境，进一步发挥背景叙事在促进国家认同中的作用；以讲情感强化共识、共鸣与共情，形成体育故事与情感对国家认同的累加效应。

第二节　研究不足

（1）本书基于讲好中国体育故事和国家认同的内外面向，搭建框架，相较于研究报告，现有设计类似于论文集。立足新媒体环境，基于新时代讲好中国体育故事思想及其理论观点，以及国家认同建构中的对内认同和对外认同维度，将新媒体环境下讲好中国体育故事置于内宣和外宣两大语境，开展理论和实证研究。尽管研究逻辑和框架设计相对合理，整个研究根据不同类型的中国体育故事形成各个部分不同的研究主体内容，将讲好中国体育故事与国家认同衔接起来，但各部分之间的内容同时可以独立成文。因此，相对于研究报告，现有研究设计更加接近论文集的形式。未来的研究中，可以进一步拓展理论研究，借助基础理论研究形成有机关联性更强的整体。

（2）本书立足广义的新媒体环境，没有对新媒体技术给现代国家认同建构带来的变革进行系统研究。目前的内容是将研究置于整个新媒体环境之下，语境范围比较大。这一环境既涵盖媒介技术变革本身，也包括当下讲好中国体育故事促进国家认同所处的媒介环境，同时也可以具体到新媒体环境下不同的媒体传播形式、传播平台等。但在现有条件下，对整个新媒体环境下的各个面向进行全面研究在很大程度上难以实现。因此，在研究过程中，主要是将这一论题置于广义的媒介环境下，兼顾多种媒介样态，尽可能呈现当下讲好中国体育故事促进国家认同的媒介图景。未来对讲好中国体育故事与国家认同的研究，可以聚焦新媒体传播技术，关注新媒体传播技术给讲好中国体育故事以促进国家认同建构带来的影响。

参考文献

一 中文专著

崔乐泉.中国民族传统体育学［M］.北京：科学出版社，2018.

刘国强.媒介身份重建——全球传播与国家认同建构研究［M］.成都：四川大学出版社，2009.

南长森.西北地区少数民族新闻传播与国家认同研究［M］.西安：陕西师范大学出版社，2014.

阿伦·古特曼.从仪式到纪录：现代体育的本质［M］.花勇民，钟小鑫，蔡芳乐，译.北京：北京体育大学出版社，2012.

马克斯·韦伯.经济与社会（第1卷）［M］.阎克文，译.上海：上海世纪出版集团，2010.

威尔伯·施拉姆，威廉·波特.传播学概论（第二版）［M］.何道宽，译.北京：中国人民大学出版社，2010.

申丹，王丽亚.西方叙事学：经典与后经典［M］.北京：北京大学出版社，2010.

邓晓芒.在张力中思索［M］.福州：福建教育出版社，2009.

塞缪尔·亨廷顿.文明的冲突与世界秩序的重建［M］.周琪，刘绯等，译.北京：新华出版社，2010.

盖伊塔奇曼.做新闻［M］.麻争旗，刘笑盈，徐扬，译.北京：华夏出版社，2008.

理查斯·希尔，玛格丽特·赫尔墨斯.定义视觉修辞［M］.新泽西州：劳伦斯·厄尔鲍姆联合公司，2004：36.

斯图尔特·霍尔. 表征——文化表象与意指实践 ［M］. 徐亮, 陆兴华, 译. 北京: 商务印书馆, 2003.

本尼迪克特·安德森. 想象的共同体: 民族主义的起源与散布 ［M］, 吴叡人, 译: 上海: 上海人民出版社, 2003.

梵迪克. 作为话语的新闻 ［M］. 曾庆香译. 北京: 华夏出版社, 2003.

齐格蒙特·鲍曼. 共同体 ［M］. 欧阳景根, 译. 南京: 江苏人民出版社, 2003.

常昌富. 当代西方修辞学: 演讲与话语批评 ［M］. 顾宝桐, 译. 北京: 中国社会科学出版社, 1998: 161.

江宜桦. 自由主义、民族主义与国家认同 ［M］. 台北: 扬智文化事业股份有限公司, 1998.

热拉尔·热奈特. 新叙事话语 ［M］. 王文融, 译. 北京: 中国社会科学出版社, 1990.

二　中文期刊论文

张克旭, 臧海群, 韩纲, 等. 从媒介现实到受众现实——从框架理论看电视报道我驻南使馆被炸事件 ［J］. 新闻与传播研究, 1999 (2): 2-10+94.

佐斌. 论儿童国家认同感的形成 ［J］. 教育研究与实验, 2000 (2): 33-37+72-73.

白解红. 语境与意义 ［J］. 外语与外语教学, 2000 (4): 21-24.

鞠玉梅. 肯尼斯·伯克新修辞学理论述评——戏剧五位一体理论 ［J］. 外语学刊, 2003 (4): 73-77.

卫京伟, 王勇. 从奥运历史看现代奥林匹克与政治的关系 ［J］. 体育学刊, 2006 (2): 15-18.

杨宜音. 个体与宏观社会的心理关系: 社会心态概念的界定 ［J］. 社会学研究, 2006 (4): 117-131+244.

齐爱军. 关于新闻叙事学理论框架的思考 ［J］. 现代传播, 2006 (4): 142-144.

刘红霞. 媒介体育中国家认同的再现与建构 ［J］. 体育科学, 2006 (10):

3-14.

邓志勇．修辞批评的戏剧主义范式略论［J］．修辞学习，2007（2）：36-40.

潘天强．英雄主义及其在后新时期中国文艺中的显现方式［J］．中国人民大学学报，2007（3）：140.

李春华．体育在国家认同形成与强化中的功能［J］．武汉体育学院学报，2007（7）：21-24.

陶倩，梁海飞．体育对民族精神的塑造作用［J］．体育科研，2008（1）：52-58.

贺金瑞，燕继荣．论从民族认同到国家认同［J］．中央民族大学学报（哲学社会科学版），2008（3）：5-12.

何平立．认同政治与政治认同——"第三条道路"与西方社会政治文化变迁［J］．江淮论坛，2008（4）：50-56.

苏晓龙．浅论中文语境中的国家认同［J］．科学社会主义，2008（6）：76-79.

刘莉．伯克新修辞学同一理论探析［J］．广西社会科学，2008（8）：175-177.

田秋霞，胡娅娟．金牌榜传播：话语权博弈和文化认同［J］．青年记者，2008（35）：9-10.

唐励．论主流媒体在倡导社会主义核心价值体系中的使命［J］．新闻界，2009（2）：52-54.

李健．论"明星体育"机制中的传媒叙事策略［J］．当代传播，2009（5）：101-104.

周平．论中国的国家认同建设［J］．学术探索，2009（6）：35-40.

徐和建．讲好中国故事：主流媒体微纪录片的场域、视角与叙事［J］．新闻与写作，2019（12）：49-53.

韩震．论国家认同、民族认同及文化认同——一种基于历史哲学的分析与思考［J］．北京师范大学学报（社会科学版），2010（1）：106-113.

梁林．对我国优秀运动员商业价值的开发探析［J］．山东体育学院学报，2010（1）：33-36.

崔莉．媒介之媒介：论电视情感传播的工具性价值［J］．现代传播（中国传媒大学学报），2010（9）：143-144.

王沛，胡发稳. 民族文化认同：内涵与结构［J］. 上海师范大学学报，2011（1）：101-107.

汪涛，周玲，彭传新，等. 讲故事塑品牌：建构和传播故事的品牌叙事理论—基于达芙妮品牌的案例研究［J］. 管理世界，2011（3）：112-123.

袁娥. 民族认同与国家认同研究述评［J］. 民族研究，2011（5）：91-103+110.

孙湉. 从伯克的"认同论"再探"后窗文化"［J］. 福建论坛：人文社会科学版，2012（S1）：58-59.

黄璐. 新闻媒体建构国家认同的价值发现——伦敦奥运会国际媒体报道案例［J］. 体育成人教育学刊，2013（1）：7-9+99.

袁影，蒋严. 论叙事的"认同"修辞功能——香港新任特首梁振英参选演说分析［J］. 当代修辞学，2013（2）：76-82.

陈振勇，童国军. 节庆体育的集体记忆与文化认同——以凉山彝族自治州火把节为例［J］. 体育学刊，2013（4）：124-128.

刘红霞，凡菲，蔡晓楠，张雪.《中国体育报》北京奥运与伦敦奥运报道国家认同议题框架分析［J］. 沈阳体育学院学报，2013（6）：34-37.

瞿明安. 人类学视野中象征的构成要素［J］. 贵州社会科学，2013（8）：40-43.

许峰，朱雯. 肯尼斯·伯克话语修辞观视角下的国家形象塑造——以习近平主席的外交演讲为例［J］. 理论月刊，2014（8）：63-67.

董进霞，陆地，李璐玚. 全球化世界中的体育与国家认同、伦敦奥运及女子体育——国际体育社会学协会主席 Pike 女士、副主席 Jackson 先生学术访谈录［J］. 体育与科学，2014（1）：86-90+96.

何博. 历史记忆与国家认同［J］. 思想理论教育，2015（1）：54-58.

何承林，郑剑虹. 叙事认同研究进展［J］. 中国临床心理学杂志，2016（2）：376-380.

洪跃雄. 差异性和同一性：中国梦认同问题探析的二维视角［J］. 东南学术，2016（5）：14-19.

黄啟元. 新媒体环境下讲好体育故事的六个维度——兼论国外优秀体育记

者采写手法 [J]. 传媒观察，2016 (8)：62-64.

程征. 讲好中国故事的几个路径创新 [J]. 中国记者，2016 (9)：27-30.

常江，杨奇光. 重构叙事？虚拟现实技术对传统新闻生产的影响 [J]. 新闻记者，2016 (9)：29-38.

李艳霞. 曹娅. 国家认同的内涵、测量与来源：一个文献综述 [J]. 教学与研究，2016 (12)：49-58.

张伟. 国家形象的文化塑造——基于价值认同的视角 [J]. 理论视野，2017 (3)：23-27.

陈昌凤，吴坤. 以同一求认同：中国领导人对外传播的修辞策略研究——习近平海外媒体署名文章的分析 [J]. 兰州大学学报（社会科学版），2017 (4)：125-133.

王润斌，肖丽斌. 中国奥林匹克运动与国家形象建构：历史逻辑与现实关照 [J]. 思想战线，2017 (4)：136-143.

阮静. 文化传播背景下讲好中国故事的原则和策略 [J]. 西南民族大学学报（人文社科版），2017 (5)：178-184.

陈小慰. "认同"：新修辞学重要术语 identification 中译名辩 [J]. 当代修辞学，2017 (5)：54-62.

王开永，李松，章洁. 奥运经济乘积效应对举办国经济增长的研究 [J]. 广州体育学院学报，2017 (5)：45-50.

吴玫，朱文博. 符号策略与对外传播：一个基于主题分析法的案例 [J]. 对外传播，2017 (6)：34-36.

曾向红，陈科睿. 国际反恐话语双重标准的形成基础与机制研究 [J]. 社会科学，2017 (9)：3-15.

朱智宾，蒋玉鼐. 国家领导人海外社交媒体报道效果评估与优化思考——新华社、人民日报、央视 2017 年上半年习近平总书记 Twitter 报道观察 [J]. 中国记者，2017 (11)：72-75.

段鹏，孙浩. 试论媒介融合背景下如何利用影像讲好中国故事 [J]. 当代电影，2017 (12)：109-111.

韩蕾. 用国际语言和中国范式讲好中国故事 [J]. 新闻战线，2017 (19)：95-97.

郝勤. 体育史观的重构与研究范式的转变——兼论体育的源起与概念演进 [J]. 成都体育学院学报, 2018 (3): 7-13.

高成军. 宪法共识: 价值多元社会的认同共识 [J]. 甘肃社会科学, 2018 (4): 166-172.

李曦珍. 融媒时代讲好"中国故事"的文化价值取向 [J]. 甘肃社会科学, 2018 (6): 30-38.

吕夏颋, 李晓栋. 体育故事的述与听——兼论"叙事"何以成为一种体育人文社会科学研究方法 [J]. 武汉体育学院学报, 2018 (12): 9-17.

李学梅. 向世界讲好中国故事 [J]. 中国政协, 2019 (1): 30-31.

王真真, 王相飞, 李进, 周金钰, 崔琦瑶. 人民网体育频道在对里约奥运会报道中的国家认同建构 [J]. 体育学刊, 2019 (2): 21-26.

刘瑞生, 王井. "讲好中国故事"的国家叙事范式和语境 [J]. 甘肃社会科学, 2019 (2): 151-159.

廖云路. 新中国成立 10 年前后的西藏地方新闻叙事分析——以记者郭超人著作《西藏十年间》为例 [J]. 西藏大学学报, 2019 (3): 13-20.

李吉, 黄微, 郭苏琳, 等. 网络口碑舆情情感强度测度模型研究——基于 PAD 三维情感模型 [J]. 情报学报, 2019 (3): 277-285.

管健, 郭倩琳. 国家认同概念边界与结构维度的心理学路径 [J]. 西南民族大学学报 (人文社科版), 2019 (3): 214-221.

周金钰, 王相飞, 王真真, 延怡然. 奥运夺冠短视频的新媒体传播与国家认同构建——以 2016 年里约奥运会为例 [J]. 山东体育学院学报, 2019, 35 (4): 19-25.

彭国强, 陈庆杰, 高庆勇. 从单一到多元: 新时代体育在国家发展中的价值定位研究 [J]. 武汉体育学院学报, 2019 (4): 11-18.

徐书婕. 现实题材电视剧的情感叙事及其认同建构研究 [J]. 中国电视, 2019 (4): 54-58.

徐明华, 李丹妮. 情感通路: 媒介变革语境下讲好中国故事的策略转向 [J]. 媒体融合新观察, 2019 (4): 14-17.

黄良奇. 新时代讲好中国故事: 价值引领、议题方略与对外传播意义 [J]. 当代传播, 2019 (5): 54-60.

吴敏苏，王鹏宇．讲好人类命运共同体构想下的中国故事——中国日报社"新时代大讲堂"传播模式研究［J］．中国编辑，2019（5）：10-14.

欧阳宏生，徐书婕．新世纪以来现实题材电视剧的情感呈现研究［J］．西南民族大学学报（人文社科版），2019（5）：135-139.

刘健，杨越，马文博．改革开放40年中国体育外交改革与发展高层论坛综述［J］．体育成人教育学刊，2019（6）：73-76.

陈先红，于运全．中国好故事评价指标体系的建构［J］．新闻与写作，2019（7）：19-23.

唐润华．用共情传播促进民心相通［J］．新闻与写作，2019（7）：1.

王昀，陈先红．迈向全球治理语境的国家叙事："讲好中国故事"的互文叙事模型［J］．新闻与传播研究，2019（7）：17-32+126.

李畅，万婷．人类命运共同体思想对外传播的视像化构建理路研究［J］．新闻界，2019（8）：88-94.

张卓．媒体融合视角下中国故事的讲述理路与传播路径［J］．中国广播电视学刊，2019（10）：71-74.

国家体育总局宣传司．新中国体育文化宣传工作发展研究［J］．体育文化导刊，2019（10）：19-30.

张子荣．习近平关于讲好中国故事的方法论维度［J］．学校党建与思想教育，2019（12）：26-28+32.

高莹．用大众文化讲好中国故事［J］．人民论坛，2019（29）：138-139.

陈先红，宋发枝．讲好中国故事：国家立场、话语策略与传播战略［J］．现代传播，2020（1）：40-46+52.

李晓静，张奕民．VR媒体对情绪、认知与行为意愿的传播效果考察［J］．上海交通大学学报：（哲学社会科学版），2020（3）：115-128.

张传泉．新时代中国特色社会主义话语权探析［J］．科学社会主义，2020（5）：75-81.

于京东．现代爱国主义的情感场域——基于"记忆之场"的研究［J］．社会科学战线，2020（5）：131-139.

郑奥成，郑家鲲．习近平总书记关于体育工作重要论述研究述评：特征与展望［J］．武汉体育学院学报，2020（5）：5-11.

王真真，王相飞，徐莹．中国女排新媒体传播中的集体记忆与国家认同构建——以里约奥运会为例 ［J］．山东体育学院学报，2020（6）：36-43.

林楠．思政课视域下讲好中国故事的三个维度 ［J］．中国青年社会科学，2020（6）：45-51.

梁凯音，刘立华．跨文化传播视角下中国国际话语权的建构 ［J］．社会科学，2020（7）：136-147.

全燕．从独白到复调：超越国家叙事的对外传播话语想象 ［J］．社会科学，2020（7）：160-167.

赵文刚．海外华文媒体讲好中国故事的路径探析 ［J］．对外传播，2020（8）：46-48.

徐明华，李丹妮．互动仪式空间下当代青年的情感价值与国家认同建构——基于 B 站弹幕爱国话语的探讨 ［J］．中州学刊，2020（8）：166-172.

王汉平．运用影像式叙事对外讲好中国故事 ［J］．对外传播，2020（8）：29-31.

周翔，仲建琴．智能化背景下"中国故事"叙事模式创新研究 ［J］．新闻大学，2020（9）：79-94+122.

周翔，仲建琴．智能化背景下"中国故事"叙事模式创新研究 ［J］．新闻大学，2020（9）：79-94+122.

朴勇慧．价值共创视域下北京冬奥会官方微博营销策略 ［J］．北京体育大学学报，2020（10）：21-36.

肖贵清，车宗凯．新时代思想政治理论课如何讲好全面建成小康社会故事 ［J］．思想理论教育导刊，2020（11）：97-104.

田维钢，温莫寒．价值认同与情感归属：主流媒体疫情报道的短视频生产 ［J］．现代传播（中国传媒大学学报），2020（12）：9-14.

丁秋玲，张劲松．融媒体视域下对外讲好中国故事的叙事建构 ［J］．学习论坛，2020（12）：12-19.

中国国际电视台．向世界讲述真实的武汉故事——记全国抗击新冠肺炎疫情先进个人、中国国际电视台英语频道记者葛云飞 ［J］．新闻战线，2020（18）：28-29.

邵西梅. 主流媒体讲好中国抗疫故事的策略透视 ［J］. 青年记者，2020
　（35）：68-69.

王真真，王相飞，延怡冉. 大型体育赛事的新媒体话语策略与国家认同构
　建 ［J］. 成都体育学院学报，2021（1）：101-105.

赵欣. 国际传播视野中的中国故事叙事之道——"第一主讲人"人类命运共
　同体意涵的国际分享 ［J］. 新闻与传播研究，2021（1）：5-25+126.

韦红，马赟菲. 论灾难外交中人类命运共同体的共同情感建设 ［J］. 2021
　（2）：163-172.

金霄，金昌庆. 短视频时代中国故事的生产与传播——以在华外国人的短
　视频呈现为例 ［J］. 学海，2021（2）：166-173.

张志扬，杨海晨. 讲好体育故事：《中国女排》电视纪录片的多模态话语
　分析 ［J］. 体育与科学，2021（3）：82-88.

岳游松，郭敏. 百年来中国共产党领导人体育观形成与演进的语境分析
　［J］. 天津体育学院学报，2021（4）：373-377+419.

韦路，何明敏. 体育国际传播的"新世界主义"路径 ［J］. 成都体育学院
　学报，2021（6）：9-13.

王婷，杨文忠. 文本情感分析方法研究综述 ［J］. 计算机工程与应用，
　2021（12）：11-24.

曾祥明，曹海月. 习近平对外文化交流重要论述研究的回顾与展望 ［J］.
　南方论刊，2021（3）：28-31.

刘思雨，季峰. 共情传播与价值认同：主流媒体报道体育新闻的当下逻
　辑——基于《人民日报》微博东京奥运会报道的分析 ［J］. 传媒观
　察，2021（10）：63-68.

杨茜，郭晴. 历史叙事与身份建构：奥运转播史线上档案研究 ［J］. 体育
　科学，2021（9）：90-97.

胡庆山，曹际玮. 中国共产党百年群众体育实践的领导历程、模式转向与
　经验启示 ［J］. 体育科学，2021，41（6）：10-20.

徐龙稷. 讲好中国故事背景下新闻短视频的创作与实践探索 ［J］. 传媒论
　坛，2021（22）：81-82.

游迎亚，王相飞，宋菲菲. 讲好中国体育故事提升国际话语权的价值维度与

叙事策略［J］. 武汉体育学院学报，2021，55（5）：12-19.

吴赟，牟宜武. 中国故事的多模态国家翻译策略研究［J］. 外语教学，2022（1）：76-82.

彭茜. 论国家认同的"情感转向"及其教育意蕴［J］. 西北师大学报（社会科学版），2022（1）：69-79.

任海. 新残疾观视域中的残疾人体育［J］. 体育学研究，2022（2）：1-8.

王锡苓，崔家勇，郑诗雨. 重大公共卫生事件主流媒体传播对海外留学生国家认同之影响［J］. 新闻爱好者，2022（2）：25-29.

钟新，金圣钧，林芊语. "一起向未来"：人类命运共同体视域下冬奥口号倡议的意义嬗变、价值追溯与国际诠释［J］. 武汉体育学院学报，2022（2）：12-19.

易剑东. "双奥之城"的历史意蕴、时代使命及未来愿景［J］. 西安体育学院学报，2022（3）：263-273.

佘双好，郭维. 习近平讲好中国故事的三重维度：话语体系、思想逻辑和价值意蕴［J］. 南昌大学学报（人文社会科学版），2022（3）：5-13.

李克，朱虹宇. 共情修辞视域下的国家外部认同建构［J］. 华东师范大学学报（哲学社会科学版），2022（2）：110-118+176.

魏伟. 提升体育国际话语权的媒介化、外交与软实力路径研究［J］. 北京体育大学学报，2022（3）：26-36.

刘曼. 新媒体语境下国家形象的多模态隐喻研究——以《人民日报》微信公众号疫情防控海报为例［J］. 外语研究，2022（4）：23-28.

张盛. 新时代中国体育国际传播创新的内在逻辑与实践路径［J］. 成都体育学院学报，2022（4）：21-25.

方圆，李春. 从北京冬奥会看中华优秀传统文化的国际传播［J］. 中国广播电视学刊，2022（4）：12-14.

关天如，袁冉东，吴恺帆. 社会认同如何影响国际传播：一项改善美国民众对华态度的实证研究［J］. 新闻大学，2022（5）：105-116+123.

戴长征，毛闰铎. 从安全困境、发展安全到总体国家安全观——当代国家安全理念的变迁与超越［J］. 吉林大学社会科学学报，2022（6）：29-44+231-232.

李晓霞，宣长春．海外英文媒体"一带一路"新闻报道情感倾向研究[J]．新闻大学，2022（6）：62-74+121．

尹梓熹．网络诠释社群的国家认同建构——知乎"觉醒年代"话题的辞屏构建及认同修辞分析[J]．传媒观察，2022（8）：45-53．

张馨月，李红涛．"北京奥运yyds"：媒介事件的数字重访与连接记忆的激荡[J]．现代传播（中国传媒大学学报），2022（8）：28-39．

李智，齐尧珲．《从北京到北京》：奥运题材纪录片的记忆互构与价值互嵌[J]．中国广播电视学刊，2022（9）：86-88．

王溥，张瑞希．历史文献纪录片的记忆叙事特征及效果——《抗美援朝保家卫国》评析[J]．中国广播电视学刊，2022（9）：79-82．

周榕，周肖，万晓红．从国际均衡到自我凸显：现实建构主义视域下我国主流媒体"双奥"报道框架的转向[J]．武汉体育学院学报，2022（10）：30-37+43．

吕小玉．国家意识视阈下英雄记忆的形塑：价值、挑战及实践理路[J]．理论导刊，2022（10）：112-117．

王润秋．北京冬奥会背景下主流媒体传播中华体育精神研究——基于《人民日报》微博对北京冬奥会报道的分析[J]．西部广播电视，2022（18）：87-90．

三　英文专著

Hogan P. Affective Narratology：The Emotional Structure of Stories [M]．Lincoln & London：University of Nebraska Press，2011.

Ellestrom L. Media Borders，Multimodality and Intermediality [M]．Houndmills：Pal-grave，2010.

Herman D. The Cambridge Companion to Narrative [M]．Cambridge：Cambridge University Press，2007.

Spiegel G M. Practicing History：New Directions in Historical Writing after the Linguistic Turn [M]．New York and London：Routledge，2005.

Sroufe L. Socioemotional Development [M]．NewYork：Wiley，1979.

四 英文论文

Tonkiss K. Locating the Post-National Activist: Migration Rights, Civil Society and the Practice of Post-Nationalism [J]. Ethnic and Racial Studies, 2019 (2): 159-177.

Elihu K, Daniel D. L'esprit de L'escalier: 25 Years of Hindsight [J]. Media, Cul-ture&Society, 2018 (1): 144-151.

Lams L. Examining Strategic Narratives in Chinese Official Discourse under Xi Jinping [J]. Journal of Chinese Political Science, 2018 (23): 387-411.

Poma A, Gravante T. "This Struggle Bound Us": An Analysis of the Emotional Dimension of Protest Based on the Study of Four Grassroots Resistances in Spain and M-exico [J]. Qualitative Sociology Review, 2016 (1): 142-161.

Graham S E. Emotion and Public Diplomacy: Dispositions in International Co-mmunications, Dialogue, and Persuasion [J]. International Studies Review, 2014 (4): 522-539.

Jackson S. Reflections on Communication and Sport: On Advertising and Promo-tional Culture [J]. Communication & Sport, 2013, 1: 100-112.

Andrews D L. Reflections on Communication and Sport: On Celebrity and race [J]. Communication and Sport, 2013 (1): 151-163.

Richard D, Kay D, McLaughlin-Volpe T. An Organizing Framework for Collec-tive Identity: Articulation and Significance of Multidimensionality [J]. Psychological Bulletin, 2004 (1): 80-114.

Escalas J E. Narrative Processing: Building Consumer Connections to Brands [J]. Journal of Consumer Psychology, 2004 (1-2): 168-180.

Escalas J E. Imagine Yourself in the Product: Mental Simulation, Narrative Transportation, And Persuasion [J]. Journal of Advertising, 2004 (33): 37-49.

Mc Kee R. Storytelling that Moves People [J]. Harvard Business Review, 2003 (6): 51-55.

Hekman S. Beyond identity [J]. Feminist Theory, 2000 (3): 289-308.

Burnner J. Life as Narrative [J]. Social Research, 1987 (1): 11-32.

McDemott R. The Feeling of Rationality: The Meaning of Neuroscientific Advances for Political Science [J]. Perspectives on Politics, 2004 (4): 691-706.

后　记

在数字化浪潮席卷全球的今天，新媒体已成为人们获取信息、交流思想、表达情感的主要渠道，并以其前所未有的传播力、影响力和渗透力，深刻改变着信息传播的方式与格局。体育作为跨越国界、凝聚人心的文化现象，在新媒体的赋能下，更是焕发出前所未有的活力与魅力。如何有效利用新媒体，讲好中国体育故事，促进国家认同，成为一个时代课题。《讲好中国体育故事促进国家认同研究》一书，不仅是我对新媒体时代体育传播的一次深刻反思，也是通过体育故事、体育传播深化国民对国家认同的深入思考。

我从2015年便开始从事关于体育传播与国家认同的研究，因此，本书一方面是对上一个国家社科基金项目——大型体育赛事的新媒体传播与国家认同构建研究（15BTY091）的拓展和延续；另一方面也是2021年国家社科基金项目——新媒体环境下讲好中国体育故事促进国家认同研究（21BTY017）的主要成果，同时也是自己对讲好中国体育故事的一些积累和思考。希望通过系统的理论分析与实证研究，探索出一条符合中国国情、具有中国特色的体育传播与国家认同建构的路径。

然而，讲好中国体育故事促进国家认同并非易事，要求我们必须具备敏锐的洞察力、深刻的思考力和创新的传播力。在理论构建上，如何将讲好中国体育故事与国家认同这两个看似独立的领域有机融合，形成一套逻辑严密、体系完整的理论框架，是我们面临的首要问题。我们反复研读习近平总书记关于讲好中国故事的重要论述和相关文献，借鉴多学科的研究成果，经过多次的论证与修改，最终形成了本书的理论体系。在实证分析上，如何科学、客观地评估中国体育故事在促进国家认同方面的作用与效果，同样是一项艰巨的任务。我们在研究过程中采用了情感分析、文本分析定性比较分析等多种研究方法，力求数据的真实性与分析的准确性。可以说，本书的撰写过程，既是一次学术上的深度挖掘，也是一次心灵上的洗礼与成长。但不可否认的是，最终成果仍有不尽完美之处，也期待此书出版后能够收到来自同行们的积极反馈。

本书主要是由我和我的学生们一起完成的，感谢王真真、康益豪、李乾丙、徐莹、周黎婕、范钰晨、吴明惠。如果说讲好中国体育故事关键在于传承和发展，学术研究又何尝不是。所以，相比作为研究者获取新知、收获新成果的喜悦，我更开心的是作为老师能够看到学生们的进步，并与他们一起成长。另外，本书得以出版，还要感谢厦门大学刘秀霞博士、清华大学刘国纯博士、武汉大学延怡冉博士的支持。

感谢周琼编审的辛苦付出。

随着全球化的深入发展，如何讲好中国体育故事，通过体育这一媒介共同构建人类命运共同体将会成为一个重要的话题。本书的出版，是我在这一领域探索的又一个新起点。未来，也期待更多的学者、媒体人及社会各界人士能够加入这一行列，用体育的力量凝聚人心、汇聚力量，通过我们的不懈努力建构中国自主的知识体系，自主建设中国特有的哲学社会科学认识和经验系统，向全球知识系统贡献说得出、立得住、传得开的中国智慧和中国经验。

王相飞

2025 年 6 月

图书在版编目(CIP)数据

讲好中国体育故事促进国家认同研究／王相飞著.
北京：社会科学文献出版社，2025.7. --ISBN 978-7
-5228-5262-1

Ⅰ. G812

中国国家版本馆 CIP 数据核字第 20255F38P5 号

讲好中国体育故事促进国家认同研究

著　　者／王相飞

出 版 人／冀祥德
责任编辑／周　琼
文稿编辑／徐　磊
责任印制／岳　阳

出　　版／社会科学文献出版社·马克思主义分社（010）59367126
　　　　　地址：北京市北三环中路甲 29 号院华龙大厦　邮编：100029
　　　　　网址：www.ssap.com.cn
发　　行／社会科学文献出版社（010）59367028
印　　装／三河市东方印刷有限公司

规　　格／开本：787mm×1092mm　1/16
　　　　　印张：14.5　字数：225 千字
版　　次／2025 年 7 月第 1 版　2025 年 7 月第 1 次印刷
书　　号／ISBN 978-7-5228-5262-1
定　　价／85.00 元

读者服务电话：4008918866